Über dieses Buch

Dies ist eine Anthologie besonderer Art. Sie versammelt mehr als zweihundert Gedichte – Metren, freie Rhythmen, Sonette, Lieder, Parodien, Spottverse – bedeutender Dichter über ihre ebenso bedeutenden »Berufskollegen« von der Antike bis zur Gegenwart. Während es Sammlungen mit prosaischen Äußerungen von Dichtern über Dichter mehrfach gibt – in Essays, Würdigungen, Reden, Rezensionen usw. –, erschien bisher noch keine Ausgabe mit Gedichten über Dichter. Ausgewählt wurde nach dem Gesichtspunkt der Qualität der Gedichte und des Bekanntheitsgrades sowohl des Dichtenden als auch des Bedichteten. Die Skala der Titel reicht von Hans Erich Nossack über Aeschylos, Grass über Goethe, Zuckmayer über Klabund, Sarah Kirsch über die Droste bis zu Böll über Peter Huchel, Reinhard Lettau über Handke, Härtling über Christa Reinig und Reiner Kunze über Wolf Biermann, um nur einige Beispiele zu nennen. Jedes Gedicht ist im Anhang mit Kurzbiographien der Dichtenden und Bedichteten versehen. Da die Auswahl vor allem solche Gedichte berücksichtigt, die neben dem Reiz des Persönlichen und der lyrischen Form auch eine Vorstellung von den Beziehungen zwischen dem Dichtenden und dem Bedichteten vermitteln, ist diese Sammlung eine Literaturgeschichte in Versen voller Überraschungen, selbst für Kenner.

Der Herausgeber

Edgar Neis, Dr. phil., geboren 1907 in Jekaterinoslav/Ukraine. Abitur in Görlitz. Studium der Germanistik, Anglistik und Philosophie in Wien, Berlin und Frankfurt am Main. Gymnasiallehrer. Veröffentlichung von Interpretationen, Anthologien, stilkundlichen und didaktischen Darstellungen, Aufsätzen zur klassischen und modernen Literatur, u. a. »Struktur und Thematik der traditionellen und modernen Erzählkunst« (Paderborn 1976); »Klassiker wieder aktuell« (Freiburg 1979); »Dichtung in Theorie und Praxis« (Hollfeld 1980–82).

Gedichte
über Dichter

Herausgegeben von
Edgar Neis

Fischer
Taschenbuch
Verlag

Originalausgabe
Fischer Taschenbuch Verlag
März 1982
Umschlagentwurf: Jan Buchholz / Reni Hinsch
Fischer Taschenbuch Verlag GmbH, Frankfurt am Main
© 1982 Fischer Taschenbuch Verlag GmbH, Frankfurt am Main
Gesamtherstellung: Hanseatische Druckanstalt GmbH, Hamburg
Printed in Germany
980-ISBN-3-596-22156-0

Inhalt

Vorwort 13

Gedichte über Dichter der Antike

FRIEDRICH LEOPOLD GRAF ZU STOLBERG,
Homer 19
AUGUST VON PLATEN, Homers Odyssee 20
JOHANNES BOBROWSKI, Sappho 21
ODA SCHAEFER, Sappho 21
HANS ERICH NOSSACK, Aeschylos 22
FRIEDRICH HÖLDERLIN, Sophokles 22
AUGUST VON PLATEN, Sophokles 22
BERTOLT BRECHT, Der Schuh des Empedokles . . . 23
ERICH FRIED, Empedokles 26
ERNST MEISTER, Anfang mit Pindar 27
JOHANNES BOBROWSKI, Pindar 27
AUGUST VON PLATEN, Pindar 28
EDUARD MÖRIKE, Theokrit 28
EDUARD MÖRIKE, Tibullus 29
MORITZ AUGUST VON THÜMMEL,
Der Leser des Horaz 29
BERTOLT BRECHT, Beim Lesen des Horaz 29
KARL KROLOW, Stele für Catull 30
ECKART KLESSMANN, Vergil 30

Gedichte über deutsche Dichter
vom Mittelalter bis zur Gegenwart

WALTHER VON DER VOGELWEIDE,
Reinmar von Hagenau 35
GOTTFRIED VON STRASSBURG, Dichterkatalog:
Hartmann von Aue – Heinrich von Veldeke –
Reinmar von Hagenau – Walther von der Vogelweide 36

RENÉ SCHICKELE, Gottfried von Straßburg 38
RUDOLF VON EMS, Dichterkatalog: Heinrich von
Veldeke – Hartmann von Aue –
Wolfram von Eschenbach – Gottfried von Straßburg . 39
HUGO VON TRIMBERG,
Her Walther von der Vogelweide 41
GÜNTER EICH, Unterm Schlern
(Oswald von Wolkenstein) 41
WILHELM SZABO, Wernher der Gartenaere:
Meier Helmbrecht 42
JOHANN WOLFGANG VON GOETHE,
Hans Sachsens poetische Sendung 43
PETER HUCHEL, Alt-Seidenberg *(Jakob Böhme)* . . . 47
FRIEDRICH BISCHOFF, Werkstatt zwischen Himmel
und Erde *(Jakob Böhme)* 48
CHRISTOPH MECKEL, Meletomenus
(Andreas Gryphius) 50
FRIEDRICH BISCHOFF, Andreas Gryphius 51
FRIEDRICH VON HAGEDORN,
Hofmann von Hofmannswaldau 51
GOTTHOLD EPHRAIM LESSING, Klopstock 52
AUGUST VON PLATEN, Klopstock und Horaz 52
JOHANNES BOBROWSKI, An Klopstock 52
JOHANN WILHELM LUDWIG GLEIM,
Lessing und Kunz und Klaus 53
FRIEDRICH HEBBEL, Lessing und seine Nachfolger . 53
FRIEDRICH HEBBEL, Die alten Naturdichter Brockes,
Geßner und ihre modernen Nachzügler
wie z. B. Adalbert Stifter 54
HERMANN CLAUDIUS, Matthias Claudius 54
PETER RÜHMKORF, Variation auf das »Abendlied«
von Matthias Claudius 55
OSKAR LOERKE, Beim Lesen Herders 56
NIKOLAUS LENAU, Am Grabe Höltys 57
PETER HUCHEL, Lenz 57
BERTOLT BRECHT, Über das bürgerliche Trauerspiel
»Der Hofmeister« von Lenz 60
CHRISTOPH MECKEL, Widmung an J. P. Hebel . . . 60
CHRISTOPH MARTIN WIELAND, Goethe 61
FRIEDRICH HEBBEL, Goethes Biographie 62
HEINRICH VON KLEIST, Herr von Goethe 62

CARL AUGUST VARNHAGEN VON ENSE,
Goethes Werke 62
AUGUST VON PLATEN, Goethes Romane 62
FRIEDRICH SCHILLER, An Goethe 63
AUGUST VON PLATEN, Das Sonett an Goethe 64
FRIEDRICH RÜCKERT, Östliche Rosen –
Zu Goethes West-östlichem Diwan 65
HOFFMANN VON FALLERSLEBEN, Goethescher
Farbenwechsel 66
FRIEDRICH NIETZSCHE, An Goethe 67
STEFAN GEORGE, Goethe-Tag 67
GÜNTER GRASS, Goethe oder Eine Warnung
an das Nationaltheater zu Mannheim 68
FRIEDRICH HEBBEL, Schiller und Napoleon 69
FRIEDRICH HEBBEL, Schiller in seinen ästhetischen
Aufsätzen 69
GOTTFRIED BENN, Räuber-Schiller 69
BERTOLT BRECHT, Über Schillers Gedicht
»Die Glocke«/Über Schillers Gedicht »Die Bürgschaft« 70
GÜNTER KUNERT, Schillers Bett 71
CONRAD FERDINAND MEYER, Schillers Bestattung . 72
JOHANN WOLFGANG VON GOETHE, Epilog zu
Schillers Glocke 72
HERMANN HESSE, Ode an Hölderlin 75
GEORG HERWEGH, Hölderlin 76
GEORG WILHELM FRIEDRICH HEGEL,
Eleusis – An Hölderlin 77
PETER HÄRTLING, Hölderlin 78
PETER HÄRTLING, Nürtingen, Marktstraße,
Hölderlin und Bordeaux 79
HANS-JÜRGEN HEISE, Der Herr Hofmeister
Hölderlin 80
HELGA M. NOVAK, dunkle Seite Hölderlins 81
JOHANNES BOBROWSKI, Hölderlin in Tübingen . . . 82
PAUL CELAN, Tübingen, Jänner *(An Hölderlin)* . . . 83
RAINER MARIA RILKE, An Hölderlin 84
FRANZ GRILLPARZER, Jean Paul 85
AUGUST VON PLATEN, An Jean Paul 85
FRIEDRICH HEBBEL, Kleist 86
BERTOLT BRECHT, Über Kleists Stück
»Der Prinz von Homburg« 86

HANS ERICH NOSSACK, Kleist	87
KARL ALFRED WOLKEN, Kleists Ende	88
HANS ERICH NOSSACK, Kleists Totenmaske	89
ACHIM VON ARNIM, An Tieck	89
NOVALIS, An Tieck	90
LUDWIG TIECK, An Novalis	92
OTTO HEINRICH GRAF VON LOEBEN, An Novalis	93
GEORG ANTON FREIHERR VON HARDENBERG, An Novalis	93
EMANUEL GEIBEL, An Ludwig Achim von Arnim	94
GÜNTER EICH, Wiepersdorf, die Arnimschen Gräber	95
SARAH KIRSCH, Wiepersdorf *(Bettina von Arnim)*	96
PETER HUCHEL, Wiepersdorf	97
JOHANNES BOBROWSKI, Brentano in Aschaffenburg	98
ARNO HOLZ, Eichendorff	99
JOHANNES BOBROWSKI, Eichendorff	100
FRIEDRICH BISCHOFF, Das Lied der Ewigkeit	101
PETER RÜHMKORF, Auf eine Weise des Joseph Freiherrn von Eichendorff	102
DIETER HOFFMANN, Justinus Kerner	103
GEORG HERWEGH, Ludwig Uhland	104
FRIEDRICH HEBBEL, Platen	104
GEORG HERWEGH, Platen	105
SARAH KIRSCH, Der Droste würde ich gern Wasser reichen	105
ERICH JANSEN, Annettes Kutsche auf Rüschhaus	106
DETLEV VON LILIENCRON, An Lenau	107
CHRISTOPH MECKEL, An Mörike	107
PETER HÄRTLING, Mörike	110
HEINZ PIONTEK, Erscheinung eines Österreichers *(Adalbert Stifter)*	111
GEORG HERWEGH, Heinrich Heine	111
PETER HÄRTLING, Heine	113
HUGO VON HOFMANNSTHAL, Zu Heinrich Heines Gedächtnis	115
PETER HACKS, Der Heine auf dem Weinbergsweg	116
PETER RÜHMKORF, Heinrich-Heine-Gedenk-Lied	116
FERDINAND FREILIGRATH, Bei Grabbes Tod	117
GEORG HERWEGH, Zum Andenken an Georg Büchner	119

GOTTFRIED BENN, Der junge Hebbel 122
PAUL HEYSE, Hebbel 122
HANS ERICH NOSSACK, Hebbel 123
GOTTFRIED KELLER, Herwegh 123
ARNO HOLZ, An Gottfried Keller 124
DETLEV VON LILIENCRON,
An Conrad Ferdinand Meyer 124
ARNO HOLZ, An Joseph Viktor von Scheffel 125
STEFAN GEORGE, Nietzsche 125
RICHARD DEHMEL, Nachruf auf Nietzsche 126
BERTOLT BRECHT, Über Nietzsches »Zarathustra« . . 128
ERICH KÄSTNER, Nietzsche – sein Porträt 128
FRANZ GRILLPARZER, Richard Wagner 128
ARNO HOLZ, Richard Wagner als »Dichter« 129
CARL ZUCKMAYER, Trinkspruch für
Gerhart Hauptmann 129
MAX HERRMANN-NEISSE,
Die Hauptmann-Menschen 130
FRIEDRICH BISCHOFF, Carl Hauptmann 131
ELSE LASKER-SCHÜLER, Richard Dehmel 132
JOHANNES BOBROWSKI, Else Lasker-Schüler 133
HANS ERICH NOSSACK, Barlach 134
ELSE LASKER-SCHÜLER, Theodor Däubler 134
GOTTFRIED BENN, Für Oskar Loerke 135
HERMANN KASACK, Zum 60. und 70. Geburtstag
von Hermann Hesse 136
ELSE LASKER-SCHÜLER, Giselher dem Tiger
(*Gottfried Benn*) 137
HANS-JÜRGEN HEISE, Gottfried Benn 138
PETER RÜHMKORF, Lied der Benn-Epigonen 138
CARL ZUCKMAYER, Kleine Sprüche
aus der Sprachverbannung (*Für Thomas Mann*) . . . 139
ERNST JANDL, rilke reimlos
rilkes gewicht 140
HANS EGON HOLTHUSEN, Mit Rosen in Raron . . . 141
MICHAEL GUTTENBRUNNER, Raron 142
GOTTFRIED BENN, Für Klabund 142
CARL ZUCKMAYER, Totenlied für Klabund 143
ELSE LASKER-SCHÜLER, Paul Zech 144
FELIX BRAUN, Auf den Tod des Dichters
Georg Heym 145

WOLFGANG HÄDECKE, Heym	145
RICHARD ANDERS, Traum vom Tod Georg Heyms	147
HORST LANGE, Der Strom *(In memoriam Georg Heym)*	148
ELSE LASKER-SCHÜLER, Georg Trakl	150
JOHANNES BOBROWSKI, Trakl	151
ELSE LASKER-SCHÜLER, Franz Werfel	151
JOHANNES BOBROWSKI, An Nelly Sachs	152
PAUL CELAN, Zürich, Zum Storchen *(Für Nelly Sachs)*	153
ELSE LASKER-SCHÜLER, Ernst Toller	154
JOHANNES BOBROWSKI, Gertrud Kolmar	155
PETER HUCHEL, Widmung *(Für Hans Henny Jahnn)*	156
JOHANNES BOBROWSKI, Trauer um Jahnn	157
WOLFGANG WEYRAUCH, Tod des Brecht	157
WOLF BIERMANN, Herr Brecht	159
KURT BARTSCH, Chausseestraße 125	159
ERICH FRIED, Beim Lesen der Gesammelten Werke Bertolt Brechts	160
GEORG VON DER VRING, Grabstätte der Ricarda Huch	162
MARIE LUISE KASCHNITZ, Auf Elisabeth Langgässers Begräbnis	162
PETER HÄRTLING, Für die Kaschnitz	163
HORST BIENEK, Schattengestalt *(Für Peter Huchel)*	164
WOLF BIERMANN, Ermutigung *(Peter Huchel gewidmet)*	165
MARIE LUISE KASCHNITZ, Für Peter Huchel	166
REINER KUNZE, Zuflucht noch hinter der Zuflucht *(Für Peter Huchel)*	167
ODA SCHAEFER, Die Verzauberte *(Für Peter Huchel)*	167
HEINRICH BÖLL, Für Peter Huchel	168
PETER HUCHEL, Gehölz *(Für Heinrich Böll)*	169
HANS-JÜRGEN HEISE, Günter Eich	169
PETER HÄRTLING, Franz Tumler	171
PETER HÄRTLING, Karl Krolow	172
ROLF HAUFS, Bei Johannes Bobrowski	173
RAINER BRAMBACH, Brief an Hans Bender	173
EDWIN WOLFRAM DAHL, Celan in Memoriam	174

PETER HÄRTLING, Für Christa Reinig 175
EDWIN WOLFRAM DAHL, Nach dem Tod
von Ingeborg Bachmann 176
JOHANNES BOBROWSKI, Nußknacker
(Günter Grass) 176
REINHARD LETTAU, Der Liebhaber
von Originalsprachen *(Günter Grass)* 177
PETER HÄRTLING, Für Günter zum Fünfzigsten . . . 178
REINER KUNZE, Wolf Biermann singt 178
REINHARD LETTAU, Interessante Begegnung
(Peter Handke) 179
REINHARD LETTAU, Wie entsteht ein Gedicht?
(Peter Rühmkorf) 179

Gedichte über ausländische Dichter

HUGO VON HOFMANNSTHAL,
Nach einer Dante-Lektüre 183
JOHANNES BOBROWSKI, Villon 184
WOLF BIERMANN, Ballade auf den Dichter
François Villon 184
FRIEDRICH HEBBEL, Ariost 188
JOHANNES BOBROWSKI, Rabelais 188
FRANZ GRILLPARZER, Lope de Vega 189
FRIEDRICH HEBBEL, Shakespeare 190
FRIEDRICH HEBBEL, Shakespeares Testament 190
AUGUST VON PLATEN, Corneille 191
CONRAD FERDINAND MEYER, Miltons Rache . . . 191
AUGUST VON PLATEN, Racine 193
GÜNTER GRASS, Racine läßt sein Wappen ändern . . . 193
ABRAHAM GOTTHELF KÄSTNER, Voltaire's Taufe . . 194
HEINRICH VON KLEIST, Voltaire 194
AUGUST VON PLATEN, Voltaire 195
PAUL HEYSE, Voltaire 195
GOTTHOLD EPHRAIM LESSING,
Grabschrift auf Voltaire 1779 195
FRIEDRICH GOTTLIEB KLOPSTOCK,
Gespenstergeschichte *(Voltaire)* 195
AUGUST VON PLATEN, Parini 196
JOHANNES BOBROWSKI, Ode auf
Thomas Chatterton 196

JOHANN WOLFGANG VON GOETHE, Lord Byron	198
GEORG HERWEGH, Shelley	198
ECKART KLESSMANN, Percy Bysshe Shelley	199
RAINER MARIA RILKE, Zu der Zeichnung, John Keats im Tode darstellend	200
RAINER MARIA RILKE, Sonett *(Auf Elizabeth Barret-Browning)*	200
HERMANN BROCH, Zum Beispiel: Walt Whitman	201
RAINER MARIA RILKE, Baudelaire	201
HANS ERICH NOSSACK, Strindberg	202
KARL SCHWEDHELM, Rimbaud in Luxor	202
JOHANNES BOBROWSKI, Joseph Conrad	204
BERTOLT BRECHT, Grabschrift für Gorki	205
JOHANNES BOBROWSKI, Proust	205
PETER JOKOSTRA, Bei Proust	206
WOLFGANG WEYRAUCH, Ezra Pound	206
PAUL CELAN, In memoriam Paul Eluard	207
PETER JOKOSTRA, Ode an Lorca	208
HEINZ PIONTEK, Auf den Tod Hemingways	209
WALTER HELMUT FRITZ, Cesare Pavese	210
WALTER GROSS, An Cesare Pavese	211
WALTER HELMUT FRITZ, Albert Camus zum Gedenken	211
JOHANNES BOBROWSKI, Dylan Thomas	212
REINER KUNZE, 8. Oktober 1970 *(Alexander Solschenizyn)*	213
Autorenverzeichnis	215
Quellenverzeichnis	267

Vorwort

In dieser Anthologie äußern sich Dichter über ihre »Berufsgenossen« nicht wie so oft in Prosa, sondern in metrischer Form, freien Rhythmen, strophischer Gliederung, in enthusiastischen Hymnen, feierlichen Oden, kunstvollen Sonetten, schlichten Liedern, pointierten Epigrammen, treffsicheren Parodien und derben Spottversen, in Gedichten aller Art. Während Zusammenstellungen prosaischer Äußerungen von Dichtern über Dichter wiederholt erschienen sind (Aufsätze, Betrachtungen, Essays, Laudationen, Reden, Rezensionen, Würdigungen oder Nekrologe), gibt es auf dem Buchmarkt keine Sammlung von Gedichten über Dichter.
Diese Anthologie ist eine Auswahl aus Hunderten von Gedichten, die der Herausgeber jahrelang zusammengetragen hat. Ausgeschieden wurden bis auf einige Ausnahmen Gedichte von weniger bekannten Autoren und solche, die weniger bekannte porträtieren. Auch Gedichte, die lediglich germanistisches oder literarhistorisches Interesse beanspruchen oder deren Zeitbezüge nicht mehr allgemein verständlich sind, blieben unberücksichtigt. So wurden zum Beispiel weder Quirinus Kuhlmanns Grab-Schriften von 1668 auf Martin Opitz, den »schlesischen Homerus«, auf Andreas Gryphius, den »teutschen Sophocles«, auf Friedrich von Logau, den »schlesischen Martial«, aufgenommen noch solche Gedichte wie das Sonett von Johann Heinrich Voß an Goethe, dessen antiquierte Sprachform heute kaum noch genießbar ist:

> Auch du, der sinnreich durch Athenes Schenkung,
> Sein Flügelroß, wann's unfügsam sich bäumet
> Und Funken schnaubt, mit Kunst und Milde zäumet,
> Zum Hemmen niemals, nur zu freier Lenkung:
>
> Du hast, nicht abhold künstelnder Beschränkung,
> Zwei Vierling und zwei Dreiling uns gereimet?
> Wiewohl man hier Kernholz verhaut, hier leimet,
> Den Geist mit Stümmlung lähmend und Verrenkung?

> Laß, Freund, die Unform alter Truvaduren,
> Die einst vor Barbarn, halb galant, halb mystisch,
> Ableierten ihr klagendes Sonetto;
>
> Und lächle mit, wo äffische Naturen
> Mit rohem Sang und Klingklang afterchristisch,
> Als Lumpenpilgrim, wallen nach Loretto.

Aber auch an Autoren mit niedrigerem literarischen Niveau gerichtete Verse wurden nicht in diese Sammlung aufgenommen, wie zum Beispiel die folgenden von Arno Holz auf Friederike Kempner (1836–1904), deren Novellen, Dramen und vor allem Gedichte ihrer unfreiwilligen Komik wegen einstmals hohe Auflagen erlebten.

> Powrer noch als Zink und Zinn
> ist die deutsche Dichterin.
>
> Vor der ersten gelben Primel
> leiert sie ihr Lenzgeschwimel.
>
> Lilien, Heliotropen, Rosen
> wiegen sie in Duftnarkosen.
>
> Hyazinthen und Azalien
> frißt ihr Vers wie Viktualien.
>
> Zwischen Rittersporn und Malven
> knallt sie ihre Liedersalven.
>
> In Salbei und Türkenbund
> weint sie sich die Äuglein wund.
>
> Hinter ihr mit ernster Miene
> runzelt sich die Georgine.
>
> Erst die herbstlich blaue Aster
> [...] klebt auf ihre Wunde Pflaster.

In dieselbe Kategorie fällt das Spottgedicht des gleichen Verfassers auf den Unterhaltungsschriftsteller Hans Hopfen (1835–1904), der zeitweilig Generalsekretär der Deutschen Schillerstiftung war:

> Hans Hopfen.
> Von seiner Prosa war die Welt besopfen.
> Doch seine Verse legte sie ad acta –
> Facta!

Diese Sammlung berücksichtigt lediglich Gedichte, die in Form und Aussage auch heute noch literarische Gültigkeit haben, Gedichte, in denen – um mit Gottfried Benn zu sprechen – die »beschwörende Kraft des dichterischen Wortes« erhalten geblieben ist. Ein weiteres Auswahlkriterium galt den Gedichten, die eine besondere Vorstellung von den persönlichen oder geistigen Beziehungen zwischen Dichtendem und Bedichtetem vermitteln.
Obwohl die Dichter durch die Jahrhunderte hinweg vorwiegend positive Leitbilder ihrer literarischen Entwicklung auswählten, Lob sich häufiger findet als Tadel, reicht die Skala der Ausführungen von überschwenglichen Preisungen und um objektive Würdigung bemühten Darstellungen bis zu sarkastischen Bissigkeiten und aggressiven Konfrontationen. Hier und da begegnen wir auch verschlüsselten Porträtgedichten wie zum Beispiel Günter Eichs Gedicht »Unterm Schlern«, hinter dem die Gestalt Oswald von Wolkensteins steht, Peter Huchels »Alt-Seidenberg«, das Jugendeindrücke Jakob Böhmes nachzeichnet, oder Hans Egon Holthusens Gedicht »Mit Rosen in Raron«, das sich auf Rilke bezieht. In diesen Zusammenhang gehören auch Gedichte wie Günter Kunerts »Schillers Bett« und Erich Jansens »Annettes Kutsche auf Rüschhaus«. Immer aber wird hinter den Gedichten die Persönlichkeit nicht nur des Porträtierten, sondern auch die des Porträtierenden sichtbar, reflektieren sie in der schöpferischen Auseinandersetzung eine innere Beziehung zwischen Dichter und Bedichtetem.
Die Subjektivität aller Äußerungen ist offensichtlich. Sie wird besonders deutlich, wenn ein Porträtierter in mehrfachen Spiegelungen erscheint, das heißt, wenn er von mehreren Dichtern aus kontroversen Sichtweisen oder in verschiedenen Epochen dargestellt wird.
Einige Gedichte mußten ihres allzu großen Umfangs wegen gekürzt werden, wie zum Beispiel Wielands und Schillers Goethe-Gedichte, Goethes »Epilog zu Schillers Glocke«, Hegels Hölderlin-Gedicht »Eleusis«, Herweghs »Zum Andenken an Georg Büchner«. Andere wurden trotz ihrer Länge ungekürzt oder nur leicht gekürzt wiedergegeben, weil eine Kürzung dem Verständnis des Gedichts abträglich gewesen wäre, wie zum Beispiel Goethes »Hans Sachsens poetische Sendung«, Peter Huchels »Lenz« und einige andere.

Bei den mittelhochdeutschen Gedichten wurde auf die Wiedergabe einer Übertragung ins Neuhochdeutsche verzichtet, um für Kenner den Reiz der ursprünglichen Fassung zu erhalten, aber auch der des Mittelhochdeutschen nicht kundige Leser wird die ausgewählten Texte durchaus verstehen können. Dagegen wurde die Schreibweise der älteren Gedichte in unsere heutige Orthographie transkribiert.

Die Anordnung der Gedichte erfolgte nach literaturgeschichtlichen Prinzipien. Sie richtet sich nach den Geburtsjahren der porträtierten, nicht der porträtierenden Dichter; somit stellt dieses Buch gewissermaßen eine »Literaturgeschichte in Versen« dar. Allerdings ist dieses Prinzip der Anordnung nicht ganz streng eingehalten worden und wird da durchbrochen, wo eine Einordnung der Gedichte nach bestimmten Zusammenhängen erforderlich schien; so ist – um ein Beispiel zu nennen – Georg von der Vrings Gedicht »Grabstätte der Ricarda Huch« nicht dem Geburtsjahr der Dichterin entsprechend, sondern vor dem Kaschnitz-Gedicht über das Begräbnis der kurz nach Ricarda Huch verstorbenen Elisabeth Langgässer eingefügt worden.

Die Kurzbiographien der Autoren und der von ihnen Dargestellten im Anhang wollen ohne Anspruch auf biographische Vollständigkeit nur kurze Informationen geben und hier und da etwaige Beziehungen der Porträtierenden zu den Porträtierten erhellen oder einige Bezüglichkeiten verständlich machen.

Abschließend sei der Dank des Verlags und des Herausgebers allen Verlagen und Rechtsinhabern ausgesprochen, die durch Gewährung der Abdrucksgenehmigungen das Zustandekommen dieses Bandes ermöglicht haben.

EDGAR NEIS

Gedichte über Dichter der Antike

FRIEDRICH LEOPOLD GRAF ZU STOLBERG

Homer

Heil dir Homer!
Freudiger, entflammter, weinender Dank
  Bebt auf der Lippe,
  Schimmert im Auge,
  Träufelt wie Tau
Hinab in deines Gesanges heiligen Strom!

  Ihn goß von Ida's geweihtem Gipfel
    Mutter Natur!
  Freute sich der strömenden Flut,
    Die, voll Gottheit,
  Wie der sonnenbesäte Gürtel der Nacht,
  Tönend mit himmlischen Harmonien,
Wälzet ihre Wogen in das hallende Tal!
  Es freute sich die Natur,
  Rief ihre goldgelockten Töchter,
Wahrheit und Schönheit beugten sich über den Strom,
Und erkannten in jeder Welle staunend ihr Bild!

    Es liebte dich früh
    Die heilige Natur!
  Da deine Mutter im Tale dich gebar,
  Wo Simois in den Skamander sich ergeust,
Und ermattet dich ließ fallen in der Blumen Tau,
  Blicktest du schon mit Dichtergefühl
    Der sinkenden Sonne,
  Die vom Thrazischen Schneegebirg
  Über purpurne Wallungen des Hellesponts
Dich begrüßte, in ihr flammendes Gesicht!
    Und es strebten sie zu greifen

Deine zarten Hände,
Vor ihrem Glanze rötlich, in die Luft empor!

Da lächelte die Natur,
Weihte dich und säugte dich an ihrer Brust!
Bildete, wie sie bildete den Himmel,
Wie sie bildete die Rose
Und den Tau, der vom Himmel in die Rose träuft,
Bildete sorgsam den Knaben und den Jüngling so!
Gab dir der Empfindung
Flammenden Blick!
Gab was nur ihren Schößlingen sie gibt,
Tränen jegliches Gefühls!
Die stürzende, welche glühende Wangen netzt,
Und die sanftre, die von zitternder Wimper
Rinnt aufs erbleichte Gesicht!
Gab deiner Seele
Einfalt der Tauben und des Adlers Kraft!
Gleich deinem Liede
Sanft nun, wie Quellen in des Mondes Schein,
Donnernd und stark nun, wie der Katarakte Sturz!

AUGUST VON PLATEN

Homers Odyssee

Dich zum Begleiter empfehl ich dem Reisenden; aber vor allem
Wann des italischen Meers hohes Gestad er umschifft:
Wunder und doch Wahrheit, Ehrfurcht vor dem Göttlichen lern er,
Lerne das Menschengemüt kennen und Menschengeschick.
Schönstes Gedicht! Nichts kommt dir gleich an Behagen und Anmut:
Unter den Neuen erschuf Ähnliches bloß Ariost.

JOHANNES BOBROWSKI

Sappho

Sappho, Freundin, Träume der Mädchen deine
Lieder: goldne Nägel im Bogentore
dieser Nacht, die dein war und die die unsre
ist und unendlich.

Gönnst dem Länderfremden an deines Verses
Stufe eine Zeit, ein Verweilen; sieh, er
taumelt fort, dem Chaos entkommen für den
Zug eines Atems.

ODA SCHAEFER

Sappho

Es ist Nacht.
Die Dinge ruhn
Und haben ihre Namen
Abgetan.
Jetzt ist die Stunde
Da du sie neu erkennst
Und das Unsagbare
Benennen darfst.

Doch unbeschreiblich
Ist der Glanz
Der großen Augen
Dort im Dunkel
Das Lächeln
Der geschloßnen Lippen
Auf die sich
Der erhobene Finger legt.

HANS ERICH NOSSACK

Aeschylos

Wie Schatten in mein Zwielicht hingemalt,
Fast ohne Umriß und nur erste Ahnung;
Wie Alb dann, schwerer, deutlicher und Mahnung;
Gestalt jetzt, unerbittliche Gewalt,

Beherrschst du ewig ordnend die Gedanken,
Gesetz des Mannes: Aufrecht-Stehn im Nichts!
Gesetz, das gilt am Tag des Gerichts,
Wenn alle Wesen krank sind, und die schwanken

Grenzen, die ihrer schrankenlosen Liebe
Die Frauen und dem todesbangen Triebe
Nach Macht gesetzt, – wenn sie vor dir vergehn.

Urahnung, die sich in mir aufgehoben,
Befiehlst du mir zu strafen und zu loben,
Weiß ich dich hinter meinem Urteil stehn.

FRIEDRICH HÖLDERLIN

Sophokles

Viele versuchten umsonst, das Freudigste freudig zu sagen,
Hier spricht es endlich mir, hier in der Trauer sich aus.

AUGUST VON PLATEN

Sophokles

Dir ists, o frommer Sophokles, gelungen
Den Punkt zu schaun, wo Mensch und Gott sich scheidet,
Und was in irdsche Worte du gekleidet,
Das ward, vom Himmel aus, dir vorgesungen!

Du bist ins Innre dieser Welt gedrungen
Und kennst zugleich, was auf der Fläche weidet:
Was nur ein Menschenbusen hofft und leidet,
Du sprachst es aus mit deinen tausend Zungen!

Nie bist du kühl zur Nüchternheit versunken,
Du sprühtest in erhabener Verschwendung
Der goldenen Flammen lichte, dichte Funken!

An dich erging die heilge, große Sendung,
Du hast den Rausch der Poesie getrunken,
Und schimmerst nun in strahlender Vollendung.

Fromme bekrittelten mich, weil fromm ich den
   Sophokles nannte;
Aber es wohnt Ehrfurcht gegen das Himmlische doch
Tiefer in ihm, als irgend es träumt ein modernes
   Gebetbuch:
Auf dem Theater sogar sprachen die Griechen zu Gott.

BERTOLT BRECHT

Der Schuh des Empedokles

I
Als Empedokles, der Agrigenter
Sich die Ehrungen seiner Mitbürger erworben hatte zugleich
Mit den Gebrechen des Alters
Beschloß er zu sterben. Da er aber
Einige liebte, von denen er wieder geliebt ward
Wollte er nicht zunichte werden vor ihnen, sondern
Lieber zu Nichts.
Er lud sie zum Ausflug, nicht alle
Einen oder den andern ließ er auch weg, so in die Auswahl
Und das gesamte Unternehmen
Zufall zu mengen.
Sie bestiegen den Ätna.
Die Mühe des Steigens
Erzeugte Schweigen. Niemand vermißte

Weise Worte. Oben
Schnauften sie aus, zum gewohnten Pulse zu kommen
Beschäftigt mit Aussicht, fröhlich, am Ziel zu sein.
Unbemerkt verließ sie der Lehrer.
Als sie wieder zu sprechen begannen, merkten sie
Noch nichts, erst später
Fehlte hier und da ein Wort, und sie sahen sich um nach ihm.
Er aber ging da schon längst um die Bergkuppe
Nicht so sehr eilend. Einmal
Blieb er stehen, da hörte er
Wie entfernt weit hinter der Kuppe
Das Gespräch wieder anhub. Die einzelnen Worte
Waren nicht mehr zu verstehen: das Sterben hatte begonnen.
Als er am Krater stand
Abgewandten Gesichts, nicht wissen wollend das Weitere
Das ihn nicht mehr betraf, bückte der Alte sich langsam
Löste sorglich den Schuh vom Fuß und warf ihn lächelnd
Ein paar Schritte seitwärts, so daß er nicht allzubald
Gefunden würd, aber doch rechtzeitig, nämlich
Bevor er verfault wär. Dann erst
Ging er zum Krater. Als seine Freunde
ohne ihn und ihn suchend zurückgekehrt waren
Fing durch die nächsten Wochen und Monate mählich
Jetzt sein Absterben an, so wie er's gewünscht hatte. Immer noch
Warteten einige auf ihn, während schon andre
Ihn gestorben gaben. Immer noch stellten
Einige ihre Fragen zurück bis zu seiner Wiederkehr, während schon andere
Selber die Lösung versuchten. Langsam, wie Wolken
Sich entfernen am Himmel, unverändert, nur kleiner werdend
Weiter weichend, wenn man nicht hinsieht, entfernter
Wenn man sie wieder sucht, vielleicht schon verwechselt mit andern
So entfernte er sich aus ihrer Gewohnheit, gewöhnlicherweise.
Da erwuchs ein Gerücht.
Er sei nicht gestorben, da er nicht sterblich gewesen sei, hieß es.
Geheimnis umgab ihn. Es wurde für möglich gehalten

Daß außer Irdischem anderes sei, daß der Lauf des
   Menschlichen
Abzuändern sei für den einzelnen: solches Geschwätz kam
   auf
Aber zu dieser Zeit ward dann sein Schuh gefunden, der aus
   Leder
Der greifbare, abgetragene, der irdische! Hinterlegt für jene,
   die
Wenn sie nicht sehen, sogleich mit dem glauben beginnen.
Seiner Tage Ende
War so wieder natürlich. Er war wie ein andrer gestorben.

2
Andere wieder beschreiben den Vorgang
Anders: dieser Empedokles habe
Wirklich versucht, sich göttliche Ehren zu sichern
Und durch geheimnisvolles Entweichen, durch einen
   schlauen
Zeugenlosen Sturz in den Ätna die Sage begründen wollen, er
Sei nicht von der menschlichen Art, den Gesetzen des Verfalls
Nicht unterworfen. Dabei dann
Habe sein Schuh ihm den Possen gespielt, in menschliche
   Hände zu fallen.
(Einige sagen sogar, der Krater selber, verärgert
Über solches Beginnen, habe den Schuh des Entarteten
Einfach ausgespien.) Aber da glauben wir lieber:
Wenn er den Schuh tatsächlich nicht auszog, hätte er eher
Nur unsere Dummheit vergessen und nicht bedacht, wie wir
   eilends
Dunkles noch dunkler machen wollen und lieber das
   Ungereimte
Glauben, als suchen nach einem zureichenden Grund. Und
   dann hätte der Berg –
Zwar nicht empört über solche Nachlässigkeit oder gar
   glaubend
Jener hätte uns täuschen wollen, um göttliche Ehren zu
   heimsen
(Denn der Berg glaubt nichts und ist mit uns nicht
   beschäftigt)
er doch eben Feuer speiend wie immer – den Schuh uns
Ausgeworfen, und so hielten die Schüler –

Schon beschäftigt, großes Geheimnis zu wittern
Tiefe Metaphysik zu entwickeln, nur allzu beschäftigt! –
Plötzlich bekümmert den Schuh des Lehrers in Händen, den greifbaren
Abgetragenen, den aus Leder, den irdischen.

ERICH FRIED

Empedokles

I. Besinnung

Soll ich mich nun versenken
in meine Erhebung?
Ein Berg verfiele so
dem eigenen Krater

Empedokles gebrannt an der Glut seines Innern
uralter Scherben Ton aus dem Feuerofen
ausgeworfene Schuhe
denn hier ist heiliger Abgrund

II. Figur

Krater: Mischkrug des Mannes mit seinen Flammen
aus Stahl und Stein
aus Fleisch und Schwefel gebraut
in leuchtendem Tod

Deine Pinie wächst
aus ungegrabenem Grab:
Braut aus Rauch
ständige Auferstehung

ERNST MEISTER

Anfang mit Pindar

Wer sicher weiß
aus seinem Blut
die Totenstädte,

die Krüge harten Honigs
neben Gebein,

die Körner lockt er
zu seinem Gaumen
und schmeckt Alter.

Blüte getanen
Vergessens
entfaltet sich.

Zu ihrem Nektar,
im Staub junger Himmel,
taumelt die Imme.

JOHANNES BOBROWSKI

Pindar

Pindar, deines Liedes gewaltiges Licht, sagen will ich,
wie es aus Trauer stammt, aus dem Schweigen voll
  Nachtglanz:
Der geboren war am umschatteten Quell der Dirke, wo
  einstens gelagert
jene, die wütigen Sieben, schweren Munds
schlagend der Stadt ein Geschrei
wilder Falken an die Erz-
türen, singen sollte er

jenen Tod, der Eule Athenens den Ruf werfen zurück.
Aber Olympia, Delphi, Nemea, den Isthmos –

alle füllt der jubelnde Mittag von Hellas, wo unausdenkliche
　Sonne
aufging, der Sturmschall der Meere küstenhin
fliegt durch den Blick, da der Zweig
fällt des Siegs aufs weh'nde Haar
deiner Völker, Griechenland.

Pindar singt. Es tönt der unendliche Tag, silberner Laut,
wider den Ton, aus hallender Kluft das Jahrtausend.
Pindar singt, der Liebende singt deinen Völkern, Hellas, den
　Völkern der Erde
zu: ihrer ernstlichen Schönheit Lied, er sitzt
auf des Apollon Geheiß
aufgetanen Augs beim Mahl
deiner Götter, Griechenland.

AUGUST VON PLATEN

Pindar

Nicht auf irdischer Flur hast solchen Gesang du gelernt je,
　Pindaros! Jegliche Nacht stiegst zum Olymp du hinauf,
Lauschend unsterblichem Lied, und erwachend am Morgen
　erhubst du
Hymnen, und schönere noch, als in dem Traum du
　vernahmst.

EDUARD MÖRIKE

Theokrit

Sei, o Theokritos, mir, du Anmutsvollster gepriesen!
　Lieblich bist du zuerst, aber auch herrlich fürwahr.
Wenn du die Chariten schickst in die Goldpaläste der
　Reichen,
　Unbeschenkt kehren sie dir, nackenden Fußes, zurück.
Müßig sitzen sie wieder im ärmlichen Hause des Dichters,

Auf die frierenden Knie traurig die Stirne gesenkt.
Oder die Jungfrau führe mir vor, die, rasend in Liebe,
  Da ihr der Jüngling entfloh, Hekates Künste versucht.
Oder besinge den jungen Herakles, welchem zur Wiege
  Dienet der eherne Schild, wo er die Schlangen erwürgt:
Klangvoll fährst du dahin! dich kränzte Kalliope selber.
  Aber bescheiden, ein Hirt, kehrst du zur Flöte zurück.

EDUARD MÖRIKE

Tibullus

Wie der wechselnde Wind nach allen Seiten die hohen
  Saaten in weichem Schwung niedergebogen durchwühlt:
Liebeskranker Tibull! so unstet fluten, so reizend,
  Deine Gesänge dahin, während der Gott dich bestürmt.

MORITZ AUGUST VON THÜMMEL

Der Leser des Horaz

Marull greift zum Horaz im Drang der Langeweile,
Er schlägt ihn gähnend auf und liest
Empfindungsvoll die goldne Zeile:
Wohl dem, der fern von den Geschäften ist.

BERTOLT BRECHT

Beim Lesen des Horaz

Selbst die Sintflut
Dauerte nicht ewig.
Einmal verrannen
Die schwarzen Gewässer.
Freilich, wie wenige
Dauerten länger!

KARL KROLOW

Stele für Catull

Tot in toter Sprache: –
unbeweglich
im schwarzen Zimmer Roms
perdita iuventus.

Doch der Vogelflug der Worte
fällt immer wieder
aus vollem Himmel.

Ihre hellen Körper
bewegen sich in unserer Luft.
Wir legen sie ins Grab dir,
in dem du ganz allein bist
mit dem toten Sperling –

ECKART KLESSMANN

Vergil

I
Verschwiegne Stimme, die uns trifft,
Geläutert im mediterranen Glanz,
Musik des aufgesprungnen Kupfermunds,
Gesetz und Maße stiftend im Verfall.

Dies glüht verwehend nach, geborstnes Licht,
Das dunkel unser wirres Fleisch umspült,
Reflexe schmerzlichsten Sibyllenspruchs,
Der jedem Vers die leise Trauer lieh.

Durchblutetes Gestein, ins Wort gebannt,
Mit Schattenadern voll Vergeblichkeit,
Uralte Flut, die sich der Zeit entrang,
Doch immer wieder neu die Zeit durchströmt.

III

Gesetze sind, doch Krieg und Elendsflucht:
Geprägte Ordnung saugt sich voll mit Blut,
Und immer wieder schreibt der Todesschrei
Die ungelöschten Zeichen in den Sand.

Kann niemals Friede sein, nur steter Krieg,
Solang die Schiffe nur die Flamme trifft,
Das Schweigen blüht erst, wenn Verwandlung fällt,
Wenn durch den Zauber sich die Drohung löst.

Sibyllenspruch, der Künftiges entwarf,
Ein Schattenmund, von dem das Licht sich rang:
Aus welchem Tor entflügelt unser Traum,
Der einen Ölbaum grünen läßt im Sand?

Gedichte über deutsche Dichter
vom Mittelalter bis zur Gegenwart

WALTHER VON DER VOGELWEIDE

Reinmar von Hagenau

Owe daz wisheit unde jugent,
des mannes schoene noch sin tugent,
nicht erben sol, so ie der lip erstirbet!
daz mac wol klagen ein wiser man,
der sich des schaden versinnen kan,
Reimar, waz guoter kunst an dir verdirbet.
du solt von schulden iemer des geniezen,
daz dich des tages wolte nie verdriezen,
dun spraeches ie den frouwen wol mit... siten.
des süln si iemer danken diner zungen.
hetst anders nicht wan eine rede gesungen,
»so wol dir, wip, wie reine ein nam!«, du hetest also gestriten
an ir lop daz elliu wip dir gnaden solten biten.

Deswar, Reimar, du riuwes mich
michels harter danne ich dich,
ob du lebtes und ich waer erstorben.
ich wil ez bi minen triuwen sagen,
dich selben wolt ich lützel klagen:
ich klage din edelen kunst, daz sist verdorben.
du kundest al der werlde fröide meren
so duz ze guoten dingen woltes keren,
mich riuwet din wol redender munt und din vil süezer sanc,
daz die verdorben sint bi minen ziten.
daz du nicht eine wile mochtest biten!
so leiste ich dir geselleschaft: min singen ist nicht lanc
din sele müeze wol gevarn und habe din zunge danc.

GOTTFRIED VON STRASSBURG

»Dichterkatalog«

Hartmann von Aue

Hartmann der Ouwære
ahi, wie der diu mære
beid uzen unde innen
mit worten und mit sinnen
durchverwet und durchzieret!
wie er mit rede figieret
der aventiure meine!
wie luter und wie reine
siniu cristallinen wortelin
beidiu sint und iemer müezen sin!
sie koment den man mit siten an,
sie tuont sich nahen zuo dem man
und liebent rehtem muote.
swer guote rede ze guote
und ouch ze rehte kan verstan,
der muoz dem *Ouwære* lan
sin schapel und sin lorzwi.

Heinrich von Veldeke

Wen mag ich nu mer uz gelesen?
ir ist und ist genuoc gewesen
vil sinnic und vil rederich:
von Veldeken Heinrich
der sprach uz vollen sinnen;
wie wol sanger von minnen!
wie schone er sinen sin besneit!
ich wæne, er sine wisheit
uz Pegases urspringe nam,
von dem diu wisheit elliu kam.
ine han sin selbe niht gesehen;
nu hœre ich aber die besten jehen
die, die bi sinen jaren
und sit her meister waren,
die selben gebent im einen pris:

er inpfete daz erste ris
in tiut[i]scher zungen:
da von sit este ersprungen,
von den die bluomen kamen,
da si die spæhe uz namen
der meisterlichen vünde;
und ist diu selbe künde
so witen gebreitet,
so manege wis zeleitet,
daz alle, die nu sprechent,
daz die den wunsch da brechent
von bluomen und von risen
an worten unde an wisen.
Der nahtegalen der ist vil,
von den ich nu niht sprechen wil:
sin hœrent niht ze dirre schar.
durch daz sprich ich niht anders dar,
wan daz ich iemer sprechen sol:
si kunnen alle ir ambet wol
und singent wol ze prise
ir süeze sumerwise;
ir stimme ist luter unde guot,
sie gebent der werlde hohen muot
und tuont reht in dem herzen wol.

Reinmar von Hagenau

welhiu sol ir baniere tragen,
sit diu *von Hagenouwe,*
ir aller leitevrouwe
der werlde alsus geswigen ist,
diu aller dœne houbetlist
versigelt in ir zungen truoc?
von der denk ich vil unde genuoc,
(ich meine aber von ir dœnen
den süezen, den schœnen),
wa si der so vil næme,
wannen ir daz wunder kæme
so maneger wandelunge.

Walther von der Vogelweide

wer leitet nu die lieben schar?
wer wiset diz gesinde?
ich wæne, ich si wol vinde,
diu die baniere vüeren sol:
ir meisterinne kan ez wol,
diu *von der Vogelweide*.
hi wie diu über heide
mit hoher stimme schellet!
waz wunders si stellet!
wie spæhes organieret!
wies ir sanc wandelieret
(ich meine aber in dem done
da her von Zytherone,
da diu gotinne Minne
gebiutet uf und inne)!
diust da ze hove kameræerin:
diu sol ir leitærinne sin!
diu wiset si ze wunsche wol,
diu weiz wol, wa sie suochen sol
der minnen melodie.
si unde ir cumpanie
die müezen so gesingen,
daz si ze vröuden bringen
ir truren unde ir senedez clagen:
und daz geschehe bi minen tagen!

RENÉ SCHICKELE

Gottfried von Strassburg

In den stark und klugen Zärtlichkeiten
und gelebten Liebesträumen
gallischer Konzerte aufgewachsen,
schrieb er rotdurchpulstes blankes Deutsch,
so schlank wie Schwert und Frauen.

Er kannte alle Jahreszeiten
und mochte nichts versäumen.
Sah wurzelhaft Wildes
mit lichtgebadeten Augen,
sie mußten sich mit aller Lust der Welt
vollsaugen.
Es sollte nichts Lebendiges verderben.
Und legte er, in seinen Bildern gefangen,
die Schreiberhand auf sein Herz,
fühlte er den Schlag von Tristans Herz
aus Spielen der Anmut und der Kraft
sich bäumen
und die Wut zu sterben
brach wie schwarzes Blut
aus seinem schönen Schmerz.

So wußte er zu leben.
So liebte er zu leben.
Sein Fuß ging leicht und schnell
wie sein Blick,
sein Herz klang hell,
ein Glockenspiel im Urwald,
Äolsharfe in Gewittern.
Unendlich süß zwischen zwei Windstößen
und also fortklingend
im endlich beruhigten Abend.

RUDOLF VON EMS

»Dichterkatalog«

Heinrich von Veldeke – Hartmann von Aue – Wolfram von Eschenbach

von Veldeke der wîse man
der rehter rîme alrêrst began
der künsterîche Heinrich,
des stam hât wol gebreitet sich,
den uns sîn hôhiu wîsheit

z anevange hât geleit.
driu künsterîchiu bluomenrîs
hânt sich dar ûf in mange wis
vil spæhlîche zerleitet
und bluomen ûz gespreitet.
daz eine ist sleht, süeze und guot,
des vruht den herzen sanfte tuot,
dâ ist niht wurmæziges an:
daz stiez der wîse *Hartman*
der künsterîche *Ouwære*
mit mangem süezen mære.
daz ander rîs ist drûf gezogn,
starc, in mange wîs gebogn,
wilde, guot und spæhe,
mit vremden sprüchen wæhe:
daz hât gebelzet ûf den stam
von Eschenbach her Wolfram.
mit wilden âventiuren
kund er die kunst wol stiuren,
des gap sîn âventiure
der kurzwîle stiure.

Gottfried von Straßburg

Ob ich nû prîsen wolde
als ich von rehte solde
daz dritte vollekomen rîs,
sô müeste ich sîn an künsten wîs:
dêst spæhe guot wilde reht,
sîn süeziu bluot ebensleht
wæhe reine vollekomn,
daz rîs ist eine und ûz genomn
von künsterîchen sinnen.
wie suoze ez seit von minnen!
wie süezet ez den herzen
der süezen minne smerzen!
wie güetet ez der guoten guot,
der hôchgemuoten hôhen muot!
daz stiez der wîse *Gotfrit*
von Strâzburc der nie valschen trit
mit valsche in sîner rede getrat.

wie ist sô ebensleht gesat
sîn vunt, sô rîch, sô sinneclich!
wie ist sô gar meisterlich
sîn Tristan! swer den ie gelas,
der mac wol hœren daz er was
ein schrôter süezer worte
und wîser sinne ein porte.
wie kunde er sô wol tihten,
getihte krümbe slihten,
prîsen beider hande lîp,
beidiu man und werdiu wip!
wie truoc im sô hôhe gunst
in tiutscher zungen rehtiu kunst!
Got im der kunst wol gunde,
daz er sî sô wol kunde.

HUGO VON TRIMBERG

Her Walther von der Vogelweide

Her Walther von der Vogelweide:
Swer des vergaeze der taete mir leide.
Allein er waere niht rich des guotes,
Doch was er rich sinniges muotes.

GÜNTER EICH

Unterm Schlern
(Oswald von Wolkenstein)

Seit daß fließen will der Schnee
von der Seiseralpe, –
versäumt, versäumt,
und mit gelben Fingern
an die dürftige Luft,
an meine einäugige
Heimat geschrieben.

Die Wörter, die Namen
mit meinem Ohrring aus Sidon.
Gold und Jahre werf ich dazu,
Unrat, die Mauern hinab.

Hier wo es heimlich war
wie der Moderduft aus den Betten, –
die ledernen Knechte
und lüsternen Mädchen,
und keine Fackeln mitgebracht
aus dem lustigen Herbst,
nur Fleisch eingesalzen
für den Untergang –

Mit Wörtern und Namen,
die mich im Turm hielten bei Wasser,
will ich trinken.

WILHELM SZABO

Wernher der Gartenaere: Meier Helmbrecht

Als Meier Helmbrecht nicht mehr sah
und keine rechte Hand mehr hatte, keinen linken Fuß,
ließ man ihn schrein vorm Tor und da
trat aus dem Haus der Vater und er bot ihm Hohn als Gruß.

In seinen Böden roch das Heu.
Im Stalle brüllte Vieh, die Kühe ruhten falb.
Er gab kein Brot. Er ließ den Sohn nicht kauern in die Streu.
Er schlachtete kein Kalb.

Verspottete den Krüppel, frug voll Hohn
ihn nach dem Drilch und den Getreidesäcken.
Er schlug das Hoftor zu vor dem verlornen Sohn
und ließ den Blinden stehn bei seinem Stecken.

Meier Helmbrecht, wo ist dein gelbes Haar?
Es hängt am Zaun wie Werg am Rocken.

Im Frühjahr bauen Meis' und Star
ihr Nest aus deinen Locken.

Die wilden Bauern geben dir den Rest.
Aus ihren Weilern kommen sie in Herden.
Sie stoßen dich zum Wald. Du siehst nicht das Geäst,
dran sie dich hängen werden.

JOHANN WOLFGANG VON GOETHE

Erklärung eines alten Holzschnittes, vorstellend Hans Sachsens poetische Sendung

In seiner Werkstatt Sonntags früh
Steht unser teurer Meister hie:
Sein schmutzig Schurzfell abgelegt,
Ein sauber Feierwams er trägt,
Läßt Pechdraht, Hammer und Kneipe rasten,
Die Ahl' steckt an den Arbeitskasten;
Er ruht nun auch am siebenten Tag
Von manchem Zug und manchem Schlag.

Wie er die Frühlingssonne spürt,
Die Ruh' ihm neue Arbeit gebiert:
Er fühlt, daß er eine kleine Welt
In seinem Gehirne brütend hält,
Daß die fängt an zu wirken und leben,
Daß er sie gern möcht' von sich geben.
Er hätt' ein Auge treu und klug
Und wär' auch liebevoll genug,
Zu schauen manches klar und rein
Und wieder alles zu machen sein;
Hätt' auch eine Zunge, die sich ergoß
Und leicht und fein in Worte floß.
Des täten die Musen sich erfreun,
Wollten ihn zum Meistersänger weihn.

Da tritt herein ein junges Weib
Mit voller Brust und rundem Leib;

Kräftig sie auf den Füßen steht,
Grad, edel vor sich hin sie geht,
Ohne mit Schlepp' und Steiß zu schwänzen,
Oder mit den Augen herum zu scharlenzen.
Sie trägt einen Maßstab in ihrer Hand,
Ihr Gürtel ist ein güldin Band,
Hätt' auf dem Haupt ein'n Kornährkranz,
Ihr Aug' war lichten Tages Glanz:
Man nennt sie tätig Ehrbarkeit,
Sonst auch Großmut, Rechtfertigkeit.
Die tritt mit gutem Gruß herein.
Er drob nicht mag verwundert sein:
Denn wie sie ist, so gut und schön,
Meint er, er hätt' sie lang gesehn.

Die spricht: »Ich hab' dich auserlesen
Vor vielen in dem Weltwirrwesen,
Daß du sollst haben klare Sinnen,
Nichts Ungeschicklichs magst beginnen.
Wenn andre durcheinander rennen,
Sollst du's mit treuem Blick erkennen;
Wenn andre bärmlich sich beklagen,
Sollst schwankweis deine Sach' fürtragen;
Sollst halten über Ehr' und Recht,
In allem Ding sein schlicht und schlecht;
Frummkeit und Tugend bieder preisen,
Das Böse mit seinem Namen heißen,
Nichts verlindert und nichts verwitzelt,
Nichts verzierlicht und nichts verkritzelt;
Sondern die Welt soll vor dir stehn,
Wie Albrecht Dürer sie hat gesehn,
Ihr festes Leben und Mannlichkeit,
Ihre innre Kraft und Ständigkeit.
Der Natur Genius an der Hand
Soll dich führen durch alle Land',
Soll dir zeigen alles Leben,
Der Menschen wunderliches Weben,
Ihr Wirren, Suchen, Stoßen und Treiben,
Schieben, Reißen, Drängen und Reiben,
Wie kunterbunt die Wirtschaft tollert,
Der Ameishauf durcheinanderkollert;

Mag dir aber bei allem geschehn,
Als tätst in einen Zauberkasten sehn.
Schreib das dem Menschenvolk auf Erden,
Ob's ihm möcht' eine Witzung werden.«
Da macht sie ihm ein Fenster auf,
Zeigt ihm draußen viel bunten Hauf,
Unter dem Himmel allerlei Wesen,
Wie ihr's mögt in seinen Schriften lesen.

Wie nun der liebe Meister sich
An der Natur freut wunniglich,
Da seht ihr an der andern Seiten
Ein altes Weiblein zu ihm gleiten;
Man nennet sie Historia,
Mythologia, Fabula;
Sie schleppt mit keichend-wankenden Schritten
Eine große Tafel in Holz geschnitten;
Darauf seht ihr mit weiten Ärmeln und Falten
Gott Vater Kinderlehre halten,
Adam, Eva, Paradies und Schlang',
Sodom und Gomorras Untergang,
Könnt auch die zwölf durchlauchtigen Frauen
Da in einem Ehrenspiegel schauen;
Dann allerlei Blutdurst, Frevel und Mord,
Der zwölf Tyrannen Schandenport,
Auch allerlei Lehr' und gute Weis'.
Könnt sehn St. Peter mit der Geiß,
Über der Welt Regiment unzufrieden,
Von unserm Herrn zu Recht beschieden.
Auch war bemalt der weite Raum
Ihres Kleids und Schlepps und auch der Saum
Mit weltlich' Tugend und Laster Geschicht'.

Unser Meister das all ersicht
Und freut sich dessen wundersam;
Denn es dient sehr in seinen Kram,
Von wannen er sich eignet sehr
Gut Exempel und gute Lehr',
Erzählt das eben fix und treu,
Als wär' er selbst gesin dabei.
Sein Geist war ganz dahin gebannt,

Er hätt' kein Aug' davon verwandt,
Hätt' er nicht hinter seinem Rucken
Hören mit Klappern und Schellen spucken.
Da tät er einen Narren spüren
Mit Bocks- und Affensprüng' hofieren,
Und ihm mit Schwank und Narreteiden
Ein lustig Zwischenspiel bereiten.
Schleppt hinter sich an einer Leinen
Alle Narren, groß und kleinen,
Dick und hager, gestreckt und krumb,
Allzu witzig und allzu dumb.
Mit einem großen Farrenschwanz
Regiert er sie wie ein'n Affentanz.
Bespöttet eines jeden Fürm,
Treibt sie ins Bad, schneid't ihnen die Würm'
Und führt gar bitter viel Beschwerden,
Daß ihrer doch nicht wollen minder werden.

Wie er sich sieht so um und um,
Kehrt ihm das fast den Kopf herum,
Wie er wollt' Worte zu allem finden?
Wie er möcht' so viel Schwall verbinden?
Wie er möcht' immer mutig bleiben,
So fort zu singen und zu schreiben?
Da steigt auf einer Wolke Saum
Herein zu's Oberfensters Raum
Die Muse, heilig anzuschauen,
Wie ein Bild Unsrer Lieben Frauen.
Die umgibt ihn mit ihrer Klarheit
Immer kräftig wirkender Wahrheit.
Sie spricht: »Ich komm', um dich zu weihn,
Nimm meinen Segen und Gedeihn!
Das heilig' Feuer, das in dir ruht,
Schlag' aus in hohe lichte Glut!
Doch daß das Leben, das dich treibt,
Immer bei holden Kräften bleibt,
Hab' ich deinem innern Wesen
Nahrung und Balsam auserlesen,
Daß deine Seel' sei wonnereich,
Einer Knospe im Taue gleich.«

Da zeigt sie ihm hinter seinem Haus
Heimlich zur Hintertür hinaus
In dem eng umzäunten Garten
Ein holdes Mägdlein sitzend warten
Am Bächlein, beim Holunderstrauch;
Mit abgesenktem Haupt und Aug'
Sitzt's unter einem Apfelbaum
Und spürt die Welt rings um sich kaum,
Hat Rosen in ihren Schoß gepflückt
Und bindet ein Kränzlein gar geschickt,
Mit hellen Knospen und Blättern drein.
Für wen mag wohl das Kränzel sein?
[...]
Wie er den schlanken Leib umfaßt,
Von aller Müh' er findet Rast,
Wie er ins liebe Ärmlein sinkt,
Neue Lebenstag' und Kräfte trinkt;
Und dir kehrt süßes Jugendglück,
Deine Schalkheit kehrt dir zurück.
Mit Necken und manchen Schelmerein
Wirst ihn bald nagen, bald erfreun:
So wird die Liebe nimmer alt,
Und wird der Dichter nimmer kalt!

Weil er so heimlich glücklich lebt,
Da droben in den Wolken schwebt
Ein Eichenkranz ewig jung belaubt,
Den setzt die Nachwelt ihm aufs Haupt.
In Froschpfuhl all das Volk verbannt,
Das seinen Meister je verkannt!

PETER HUCHEL

Alt-Seidenberg
(Jakob Böhme)

Vieh hütend
zu Füßen der großen Späherin,
der Landschaft mit Krähe und Pappel,

sah er über der Stadt
die glasige Kugel des Äthers,
er hörte Stimmen in den Lüften,
Posaunenstöße, hell und schneidend,
Geräusche hinter den Uferweiden,
das Waschen und Scheren der Schafe.

Am Mittag
fand er im Hügel eine Höhle
von Wurzeln starrend,
im Winkelmaß der Schatten
stak eine Bütte Gold.
Er wich zurück und schlug
das spukabwehrende Zeichen,
Reiter
auf Pferden mit fleischigen Mähnen
ritten an Gruben
voll Haar und Blut vorbei.

Anderen Tages
war es wie immer,
verschlossen die Erde,
mit Feldspat versiegelt.
Nur eine Hummel summte dort,
vom Wind ins dürre Gras gedrückt.

Das Feuer,
das in der Einöde brannte,
stieg in die Höhe,
das Wasser strömte der Tiefe zu.
Die Spuren der Herde führten zur Tränke.
Der Hügel trug den Himmel
auf steinigem Nacken.

FRIEDRICH BISCHOFF

Werkstatt zwischen Himmel und Erde (Jakob Böhme)

Vor der Schusterkugel aus klingendem Glas
Der Gottesmann Jakob Böhme saß,

Und er hob den Hammer und sohlte den Schuh
Und klopfte Traum und Gedanken herzu.

In der Schusterkugel, im spiegelnden Licht,
Berührte das seine Gottes Gesicht,
Da fuhren die Sterne im Übermaß
Durch das runde zerrinnende Schusterglas.

Und aus dem Glase, kristallen erhellt,
Wölbte sich firmamenten die Welt,
Schlittkerze wuchs als Sonne hinein
Und wob um die Dinge aurorischen Schein.

Der Meister ließ Hammer und Schuhwerk fallen,
Kreatürlich sah er die Engel wallen
Und wie sich ein jeder den Dingen gesellte
Und treulich zu ihrem Hüter bestellte.

»Gott zum Lobe!« scholl es im flügelnden Chor,
Und der Schuster nickte und sprach ihnen vor,
Wie er von innen die Welt ersah:
Paradeisspiel zugleich und Golgatha.

Sodann, wenn er ehrfüchtig alles erkannt,
führte ein Engel die Schreibehand,
Führte sie nachtlang wortauf und wortab,
Bis sich das Wort dem Meister ergab:

Vor dem Manne aus Görlitz ein fichtener Tisch
Als Weltgrund für der Gedanken Gemisch,
Daneben über der Kugel aus Glas
Der Seraphim flüsternd beim Meister saß.
[...]

CHRISTOPH MECKEL

Meletomenus*

Meletomenus, den die Sorge drückt
dem stolz das Wort vom Munde geht: zu Staub!
Den Staubes Häufigkeit zu frohem Grimm entrückt
dem fälschte Gott sein Bild, daß er dran glaub,
Tod, Krieg zuhauf – ihm auf den Leib gerückt
den Sterben schreckt, und was dem folgt, entzückt.

Meletomenus, der vom Trost nicht nimmt
den Ruhm läßt kalt, den Klage schier verstimmt
dem unbequem die Erde Wohnung wies
wo Cherubim ein Rülpsen schallen ließ
ihn Hure Gottes küßt, ihm flüstert: Paradies!
dem bald von Zorn der Schädel schmerzt und raucht
Meletomenus, der nicht Trost gebraucht.

Beladen vom Licht jenseitiger Ebnen das Haupt
von schwirrenden Vögeln der Dämmerung entzückt
den Kälte schüttelt sehr, daß die Perücke staubt
den Würgeengels Faust am Halse drückt
der in die Särge gab viel eigen Fleisch und Blut
Meletomenus, dem das Licht tut gut.

Den hier schon, was dem Tode folgt, erfrischt
dem Unglück bald den Wahn zurechtgerückt
daß ihm die Welt hätt Herrgotts Weißbrot aufgetischt
und den Vergänglichkeit berauscht zugrund
dem nur das Wort: Zu Staub! geht froh vom Mund
Meletomenus, den der Staub entzückt.

---

* Andreas Gryphius wurde Meletomenus genannt: Der in Sorgen Befangene

FRIEDRICH BISCHOFF

Andreas Gryphius

Viel erlitten, viel erfahren
In den Lüften, in den Jahren:
Horribilicribrifax.
Manches Hocherlauchten Schreiber,
Versgelehrter Zeitvertreiber,
Nulla gloria, nulla pax.

Dreißig Jahre Kriegsdrommeten,
Häuseräschern, Schrein und Beten,
Johanneisch prophezeit.
Dreißig Jahre Fürbittsingen
Und sich doch zum Werke zwingen,
Schrill von Weh und Heiterkeit.

Manchmal ist es ihm zerschlissen,
Wie der Federkiel zersplissen,
Wenn der Widersinn ihn schliff,
Bis er wie auf Orgelmanualen,
Donnernd zu den Kriegsfanalen,
Seine Bußelieder griff.

Einsam zu den Sternen hingewendet,
Ohne Liebe in die Zeit gesendet:
Nulla gloria, nulla pax,
Schrieb er auf für einst und heute,
Käuze, Kerle, schlesische Leute:
Horribilicribrifax.

FRIEDRICH VON HAGEDORN

Hofmann von Hofmannswaldau

Zum Dichter machten dich die Lieb und die Natur.
O wärst du dieser nur, wie Opitz, treu gewesen!
Du würdest noch mit Ruhm gelesen:

Jetzt kennt man deinen Schwulst und deine Fehler nur.
Hat sonst dein Reiz auch Lehrer oft verführet,
So wirst du jetzt von Schülern kaum berühret.
Allein wie viele sind von denen, die dich schmähn,
Zu metaphysisch schwach, wie du, sich zu vergehn!

GOTTHOLD EPHRAIM LESSING

Klopstock

Wer wird nicht einen Klopstock loben?
Doch wird ihn jeder lesen? – Nein.
Wir wollen weniger erhoben,
Und fleißiger gelesen sein.

AUGUST VON PLATEN

Klopstock und Horaz

Klopstock suchte, beschränkt wie Horaz auf Hymnus und
  Ode,
Immer erhaben zu sein; aber es fehlte der Stoff.
Denn nicht lebte Horaz als deutscher Magister in Hamburg,
Aber in Cäsars Rom, als es der Erde gebot.
Such, o moderner Poet, durch Geist zu ergänzen des Stoffs
  Fehl,
Durch vielseitigen Stil decke die Mängel der Zeit.

JOHANNES BOBROWSKI

An Klopstock

Wenn ich das Wirkliche nicht
wollte, dieses: ich sag
Strom und Wald,

ich hab in die Sinne aber
gebunden die Finsternis,
Stimme des eilenden Vogels, den Pfeilstoß
Licht um den Abhang

und die tönenden Wasser –
wie wollt ich
sagen deinen Namen,
wenn mich ein kleiner Ruhm
fände – ich hab
aufgehoben, dran ich vorüberging,
Schattenfabel von den Verschuldungen
und der Sühnung:
so als den Taten
trau ich – du führtest sie – trau ich
der vergeßlichen Sprache,
sag ich hinab in die Winter
ungeflügelt, aus Röhricht
ihr Wort.

JOHANN WILHELM LUDWIG GLEIM

Lessing und Kunz und Klaus

»Werde Licht!« sprach Er;
Licht ward um ihn her;
Aber Kunz und Klaus
Löschten's wieder aus!

FRIEDRICH HEBBEL

Lessing und seine Nachfolger

Lessings Auge umfaßte zugleich die steigende Sonne
    Und den schüchternsten Halm, den ihr bescheidenster
                                                        Strahl

Weckte im Schoße der Erde, und sind die Dichter der
Deutschen
Ausgeartet, so sind's die, die sie richten, noch mehr.

FRIEDRICH HEBBEL

*Die alten Naturdichter Brockes, Geßner
und ihre modernen Nachzügler
wie z. B. Adalbert Stifter*

Wißt ihr, warum euch die Käfer, die Butterblumen so
glücken?
Weil ihr die Menschen nicht kennt, weil ihr die Sterne
nicht seht!
Schautet ihr tief in die Herzen, wie könntet ihr schwärmen für
Käfer,
Säht ihr das Sonnensystem, sagt doch, was wär' euch ein
Strauß?
Aber das mußte so sein; damit ihr das Kleine vortrefflich
Liefertet, hat die Natur klug euch das Große entrückt.

HERMANN CLAUDIUS

Matthias Claudius

(Zum 15. August 1940)

Wir singen Deine Lieder,
weil Baum und Mond Dir Brüder
und Freund gewesen sind.
Sie flohen ihre Orte
und wohnen Dir im Worte
und Sonne, Wolken, Wald und Wind.
Und wundersam und eigen
aus Deinen Worten steigen
sie tröstlicher uns her.
In unserer Stube Enge

welch seliges Gedränge
als ob die Schöpfung nahe wär'.
Du wußtet um das Eine,
Erhabene und Reine,
das hinter allem steht.
Wir singen Deine Lieder,
da kommt es zu uns nieder.
Und jedes Wort ist wie Gebet.

PETER RÜHMKORF

Variation auf das »Abendlied« von Matthias Claudius

Der Mond ist aufgegangen.
Ich, zwischen Hoff- und Hangen,
rühr an den Himmel nicht.
Was Jagen oder Yoga?
Ich zieh die Tintentoga
des Abends vor mein Angesicht.

Die Sterne rücken dichter,
nachtschaffenes Gelichter,
wie's in die Wette äfft –
So will ich sing- und gleißen
und Narr vor allen heißen,
eh mir der Herr die Zunge refft.

Laßt mir den Mond dort stehen.
Was lüstet es Antäen
und regt das Flügelklein?
Ich habe gute Weile,
der Platz auf meinem Seile
wird immer uneinnehmbar sein.

Da wär ich, und da stünd ich,
barnäsig, flammenmündig
auf Säkels Widerrist.
Bis daß ich niederstürze

in Gäas grüne Schürze
wie mir der Arsch gewachsen ist.

Herr, laß mich dein Reich scheuen!
Wer salzt mir dort den Maien?
Wer sämt die Freuden an?
Wer rückt mein Luderbette
an vorgewärmte Stätte,
da ich in Frieden scheitern kann?

Oh Himmel, unberufen,
wenn Mond auf goldenem Hufe
über die Erde springt –

Was Hunde hochgetrieben?
So legt euch denn, ihr Lieben
und schürt, was euch ein Feuer dünkt.

Wollt endlich, sonder Sträuben,
still linkskant liegen bleiben,
wo euch kein Scherz mehr trifft.
Müde des oft Gesehnen,
gönnt euch ein reines Gähnen
und nehmt getrost vom Abendgift.

OSKAR LOERKE

Beim Lesen Herders Sprache

Rede:
Am schwersten ist das Leichte zu begreifen.
Der Taube meint, das Dichterlichtreich sei
Doch eine orphisch dumpfe Wüstenei,
Wo die Verirrten mit Schakalen schweifen.

Gegenrede:
Vergiß nicht in den Geisterreichen,
Daß alle Rede, losgelöst vom Schrei,

Nur Rückkehrgnade und nur Zeichen
Für Wissende und Wißbereite sei.

NIKOLAUS LENAU

Am Grabe Höltys

Hölty! dein Freund, der Frühling, ist gekommen!
Klagend irrt er im Haine, dich zu finden;
Doch umsonst! sein klagender Ruf verhallt in
    Einsamen Schatten!

Nimmer entgegen tönen ihm die Lieder
Deiner zärtlichen schönen Seele, nimmer
Freust des ersten Veilchens du dich, des ersten
    Taubengegirres!

Ach, an den Hügel sinkt er deines Grabes
Und umarmet ihn sehnsuchtsvoll: »Mein Sänger
Tot!« So klagt sein flüsternder Hauch dahin durch
    Säuselnde Blumen.

PETER HUCHEL

Lenz

So lebte er hin...
Büchner

Nachthindurch, im Frost der Kammer,
wenn die Pfarre unten schlief,
blies ins Kerzenlicht der Jammer,
schrieb er stöhnend Brief um Brief,
wirre Schreie an die Braut –
    Lenz, dich ließ die Welt allein!
    Und du weißt es und dir graut:
    Was die alten Truhen bergen
    an zerbrochenem Gepränge,

was an Rosen liegt auf Särgen,
diese Botschaft ist noch dein.
Kalter Kelch und Abendmahl.
Und der Gassen trübe Enge.
Und die Schelle am Spital.

Jungfräulicher Morgenhimmel,
Potentaten hoch zu Roß,
Kutschen, goldgeschirrte Schimmel,
Staub der Hufe schluckt der Troß.
Und die Dame schwingt den Fächer.
Und den Stock schwingt der Profoß.
Kirchen, Klöster, steile Dächer,
Mauerring um Markt und Maut.
Schwarz von Dohlen überflogen
Postenruf und Orgellaut.
Im Gewölb, im spitzen Bogen,
stehen sie, in Stein gehauen,
die durch Glorie gezogen,
Landesherren, Fürstenfrauen.
Doch kein Wappen zeigt die Taten:
Hoffart, Pracht und Üppigkeit,
nicht den hinkenden Soldaten,
armes Volk der Christenheit
und das Korn, von Blut betaut –
   Lenz, du mußt es niederschreiben,
   was sich in der Kehle staut:
   wie sie's auf der Erde treiben
   mit der Rute, mit der Pflicht.
   Asche in dem Feuer bleiben
   war dein Amt, dein Auftrag nicht.

Oh, des Frühjahrs Stundenschläge!
Dünn vom Münster das Geläut.
Durch den Wingert grüne Wege,
wo der Winzer Krume streut.
Auch der Büßer geht im Licht.
Und die schwarzverhüllte Nonne
mit dem knochigen Gesicht
spürt im Kreuzgang mild die Sonne.
Und der Pappeln kühles Schweben

in der Teiche weißem Rauch,
ist es nicht das schöne Leben,
diese Knospe, dieser Strauch?
Im Gehölz, vom Wind erhellt,
schulternackt der Nymphen Gruppe,
und ein Lachen weht vom Fluß –
    Doch wer atmet rein die Welt,
    wenn er seine Bettelsuppe
    täglich furchtsam löffeln muß!
    Lenz, du weißt es und dir graut:
    Wer sich windet, wer sich beugt,
    wer den Lauch der Armut kaut,
    ist wie für die Nacht gezeugt.

Horch hinaus in Nacht und Wind!
Wirre Schreie, hohle Stimmen.
Feuer in den Felsen glimmen.
In Fouday blickt starr das Kind.
Bei des Kienspans trübem Blaken
und berauntem Zauberkraut
liegt es auf dem Totenlaken.
Und du weißt es und dir graut.
Schmerz dröhnt auf und schwemmt vom Chore
brennend in dein Wesen ein.
Von der ödesten Empore,
dringend durch die dickste Mauer
– gellend alle Pfeifen schrein –
braust die Orgel deiner Trauer.

Räudig Schaf, es hilft kein Beten!
Unter Tränen wirds dir sauer,
doch du mußt die Bälge treten,
daß es in den Pfeifen gellt –
    Lenz, dich friert an dieser Welt!
    Und du weißt es und dir graut.
    Gott hat dich zu arm bekleidet
    mit der staubgebornen Haut.
    Und der Mensch am Menschen leidet.

BERTOLT BRECHT

Über das bürgerliche Trauerspiel »Der Hofmeister« von Lenz

Hier habt ihr Figaro diesseits des Rheins!
Der Adel geht beim Pöbel in die Lehre
Der drüben Macht gewinnt und hüben Ehre:
So wird's ein Lustspiel drüben und hier keins.

Der Arme will, statt in die Literatur
Der reichen Schül'rin in die Bluse schaun.
Doch statt den Gordischen Knoten zu durchhaun
Haut er, Lakai, nur über eine Schnur.

Nun, er gewahrt, daß sich mit seinem Glied
Zugleich sein Brotkorb in die Höhe zieht.
So heißt es denn zu wählen, und er wählt.

Sein Magen knurrt, doch klärt auch sein Verstand sich.
Er flennt und murrt und lästert und entmannt sich.
Des Dichters Stimme bricht, wenn er's erzählt.

CHRISTOPH MECKEL

Widmung an J. P. Hebel

»Eure heißen Wangen kühle
der Haselbusch oder die Akazie«, Eure Augen
erfreue die weiße Wolke, Eurer Sehnsucht
wachse das Gras.

Eurer Vergänglichkeit verfalle
der große Wald, das Heu und die späte Beere
doch Euren Episteln bleibe ewig
die Ofenbank, und Eurem Gedächtnis
bewahre sich Kuckucksruf und Morgenstern
und bewahre sich, was neben ihnen einherging
in Bitternis und süßem Wahn.

Euren Traum versehe die Mutter Gottes
mit einem Lächeln am Sonntag, und Eure Weisheit
vermehre das Vergebliche
um einen Weinkrug und ein Strauß Gamänderlein.

Möge bei den Jüngsten Gerichten
Euer Fürsprech der Dengelegeist sein, und Eure
Hoffnung sich erfüllen im Oberland,
und das Gras gewachsen auf Euren Spuren, mähe der starke
Engel mit der goldenen Sense.

CHRISTOPH MARTIN WIELAND

Goethe

Mit einem schwarzen Augenpaar,
Zaubernden Augen voll Götterblicken,
Gleich mächtig, zu töten und zu entzücken.
So trat er unter uns, herrlich und hehr,
Ein echter Geisterkönig, daher;
Und niemand fragte: wer ist denn der?
Wir fühlten beim ersten Blick: 's war ER!
Wir fühltens mit allen unsern Sinnen,
Durch alle unsre Adern rinnen.
So hat sich nie in Gottes Welt
Ein Menschensohn uns dargestellt,
Der alle Güte und alle Gewalt
Der Menschheit so in sich vereinigt.
So feines Gold, ganz innrer Gehalt,
Von fremden Schlacken so ganz gereinigt!
Der unzerdrückt von ihrer Last
So mächtig alle Natur umfaßt,
So tief in jedes Wesen sich gräbt,
Und doch so innig im Ganzen lebt!
[...]

FRIEDRICH HEBBEL

Goethes Biographie

Anfangs ist es ein Punkt, der leise zum Kreise sich öffnet,
   Aber, wachsend, umfaßt dieser am Ende die Welt.

HEINRICH VON KLEIST

Herr von Goethe

Siehe, das nenn' ich doch würdig, fürwahr, sich im Alter
   beschäft'gen!
Er zerlegt jetzt den Strahl, den seine Jugend sonst warf.

CARL AUGUST VARNHAGEN VON ENSE

Goethes Werke

Nein! Er altert euch nicht; vergebens harret ihr lauernd,
Daß ihm die wechselnde Zeit raube den blühenden Schmuck!
Kind und Jüngling und Mann sind hier nicht Stufen des
   Alters;
Immer zugleich keimt, blüht, reifet des Genius Kraft.
Ziehn auch Wolken einmal am Himmel vorüber: es trifft euch
Xenienwetter, er klärt immer sich göttlicher auf.

AUGUST VON PLATEN

Goethes Romane

Zwar im Erotischen auch und im Tragischen, doch ich
   bewundre
Mehr in der Prosa des Manns beste vollendete Kunst.
Schiller entzog ihm fast der Tragödie Preis; in der Lyrik
Wagte mit ihm Klopstock, wagte zu ringen ich selbst.

FRIEDRICH VON SCHILLER

An Goethe, als er den ›Mahomet‹ von Voltaire auf die Bühne brachte

Du selbst, der uns von falschem Regelzwange
Zu Wahrheit und Natur zurückgeführt,
Der, in der Wiege schon ein Held, die Schlange
Erstickt, die unsern Genius umschnürt,
Du, den die Kunst, die göttliche, schon lange
Mit ihrer reinen Priesterbinde ziert,
Du opferst auf zertrümmerten Altären
Der Aftermuse, die wir nicht mehr ehren?

Einheim'scher Kunst ist dieser Schauplatz eigen,
Hier wird nicht fremden Götzen mehr gedient,
Wir können mutig einen Lorbeer zeigen,
Der auf dem deutschen Pindus selbst gegrünt,
Selbst in der Künste Heiligtum zu steigen
Hat sich der deutsche Genius erkühnt,
Und auf der Spur des Griechen und des Briten
Ist er dem bessern Ruhme nachgeschritten.

Denn dort, wo Sklaven knien, Despoten walten,
Wo sich die eitle Aftergröße bläht,
Da kann die Kunst das Edle nicht gestalten,
Von keinem Ludwig wird es ausgesät,
Aus eigner Fülle muß es sich entfalten,
Es borget nicht von ird'scher Majestät,
Nur mit der Wahrheit wird es sich vermählen,
Und seine Glut durchflammt nur freie Seelen.

Drum nicht in alte Fesseln uns zu schlagen
Erneuerst du dies Spiel der alten Zeit,
Nicht uns zurückzuführen zu den Tagen
Charakterloser Minderjährigkeit,
Es wär ein eitel und vergeblich Wagen,
Zu fallen ins bewegte Rad der Zeit,
Geflügelt fort entführten es die Stunden,
Das Neue kommt, das Alte ist verschwunden.

Erweitert jetzt ist des Theaters Enge,
In seinem Raume drängt sich eine Welt,
Nicht mehr der Worte rednerisch Gepränge,
Nur der Natur getreues Bild gefällt,
Verbannet ist der Sitten falsche Strenge,
Und menschlich handelt, menschlich fühlt der Held,
Die Leidenschaft erhebt die freien Töne,
Und in der Wahrheit findet man das Schöne.
[...]

AUGUST GRAF VON PLATEN

Das Sonett an Goethe

Dich selbst, Gewalt'ger, den ich noch vor Jahren
Mein tiefes Wesen witzig sah verneinen,
Dich selbst nun zähl' ich heute zu den Meinen,
Zu denen, welche meine Gunst erfahren.

Denn wer durchdrungen ist vom innig Wahren,
Dem muß die Form sich unbewußt vereinen,
Und was dem Stümper mag gefährlich scheinen,
Das muß den Meister göttlich offenbaren.

Wem Kraft und Fülle tief im Busen keimen,
Das Wort beherrscht er mit gerechtem Stolze,
Bewegt sich leicht, wiewohl in schweren Reimen;

Er schneidet sich des Liedes flücht'ge Bolze
Gewandt und sicher, ohne je zu leimen,
Und was er fertigt, ist aus ganzem Holze.

FRIEDRICH RÜCKERT

Östliche Rosen

Zu Goethe's west-östlichem Diwan

Wollt ihr kosten
Reinen Osten,
Müßt ihr gehn von hier zum selben Manne,
Der vom Westen
Auch den besten
Wein von jeher schenkt' aus voller Kanne.
Als der West war durchgekostet,
Hat er nun den Ost entmostet;
Seht, dort schwelgt er auf der Ottomanne.

Abendröten
Dienten Goethen
Freudig als dem Stern des Abendlandes;
Nun erhöhten
Morgenröten
Herrlich ihn zum Herrn des Morgenlandes.
Wo die Beiden glühn zusammen,
Muß der Himmel blühn in Flammen,
Ein Diwan voll lichten Rosenbrandes.

Könnt ihr merken
An den Stärken
Dieses Arms, wie lang' er hat gefochten?
Dem das Alter
Nicht den Psalter
Hat entwunden, sondern neu umflochten.
Aus iran'schen Naphthabronnen
Schöpft der Greis itzt, was die Sonnen
Einst Italiens ihm, dem Jüngling, kochten.

Jugendhadern
In den Adern,
Zorn und Glut und Mild' und süßes Kosen;
Alles Lieben
Jung geblieben,

Seiner Stirne stehen schön die Rosen.
Wenn nicht etwa ew'ges Leben
Ihm verliehn ist, sei gegeben
Langes ihm von uns gewognen Losen.

Ja von jenen
Selbst, mit denen
Du den neuen Jugendbund errichtet,
Sei mit Brünsten
Unter Künsten
Aller Art, in der auch unterrichtet,
Wie Saadi in jenem Orden
Über hundert Jahr alt worden,
Und Dschami hat nah' daran gedichtet.

HOFFMANN VON FALLERSLEBEN

Goethescher Farbenwechsel

Der Goethe war fürs Vaterland
Und deutsche Freiheit einst entbrannt:
Er schrieb den Egmont, Götz und Faust,
Daß manchem Fürsten jetzt noch graust.

Doch Herr von Goethe ward er bald,
Für Vaterland und Freiheit kalt;
Ei, wie es wunderlich doch geht!
Der Goethe ward ein Hofpoet.

Der Goethe lobte Hutten sehr,
Bewies ihm eine große Ehr
Und meint', es stünd um Deutschland fein,
Wenn jeder wollt ein Hutten sein.

Doch Herr von Goethe sah nicht an
Den weiland hochgepriesnen Mann;
Ei, wie es wunderlich doch geht!
Der Hutten war kein Hofpoet.

FRIEDRICH NIETZSCHE

An Goethe

Das Unvergleichliche
ist nur dein Gleichnis!
Gott der Verfängliche
ist Dichter-Erschleichnis...

Welt-Rad, das rollende,
streift Ziel auf Ziel:
Not – nennt's der Grollende,
der Narr nennt's Spiel...

Welt-Spiel, das herrische,
mischt Sein und Schein:
das Ewig-Närrische
mischt uns hinein!...

STEFAN GEORGE

Goethe-Tag

Wir brachen mit dem zarten frührot auf
Am sommerend durch rauchendes gefild
Zu Seiner stadt. Noch standen plumpe mauer
Und würdelos gerüst von menschen frei
Und tag – unirdisch rein und fast erhaben.
Wir kamen vor sein stilles haus · wir sandten
Der ehrfurcht blick hinauf und schieden. Heute
Da alles rufen will schweigt unser gruss.

Noch wenig stunden: der geweihte raum
Erknirscht: sie die betasten um zu glauben...
Die grellen farben flackern in den gassen ·
Die festesmenge tummelt sich die gern
Sich schmückt den Grossen schmückend und ihn fragt
Wie er als schild für jede sippe diene –
Die auf der stimmen lauteste nur horcht ·
Nicht höhen kennt die seelen-höhen sind.

Was wisst ihr von dem reichen traum und sange
Die ihr bestaunet! schon im kinde leiden
Das an dem wall geht · sich zum brunnen bückt
Im jüngling qual und unrast · qual im manne
Und wehmut die er hinter lächeln barg.
Wenn er als ein noch schönerer im leben
Jetzt käme – wer dann ehrte ihn? er ginge
Ein könig ungekannt an euch vorbei.

Ihr nennt ihn euer und ihr dankt und jauchzt –
Ihr freilich voll von allen seinen trieben
Nur in den untren lagen wie des tiers –
Und heute bellt allein des volkes räude...
Doch ahnt ihr nicht dass er der staub geworden
Seit solcher frist noch viel für euch verschliesst
Und dass an ihm dem strahlenden schon viel
Verblichen ist was ihr noch ewig nennt.

GÜNTER GRASS

Goethe oder eine Warnung an das Nationaltheater zu Mannheim

Ich fürchte Menschen,
die nach englischem Pfeifentabak riechen.
Ihre Stichworte stechen nicht,
sondern werden gesendet,
wenn ich schon schlafe.

Wie fürchte ich mich,
wenn sie aus Frankfurt kommen,
ihren Tabak mitbringen,
meine Frau betrachten
und zärtlich von Büchern sprechen.

Furcht, Pfeifenraucher
werden mich fragen,
was Goethe wo sagte,
wie das, was er meinte,
heut und in Zukunft verstanden sein will.

Ich aber, wenn ich nun meine Furcht verlöre,
wenn ich mein großes Buch,
das da neunhundert Seiten zählt
und den großen Brand beschreibt,
vor ihren Pfeifen aufschlüge?

Furcht, fängt mein Buch an,
bestimmte Herrn Goethe,
als er mit Vorsatz und Lunte
Weimars Theater in Flammen
aufgehen ließ –

wie ja schon Nero, auch Shakespeare
Brandstifter waren und Dichter.

FRIEDRICH HEBBEL

Schiller und Napoleon

Schiller ist ein Verdienst des großen französischen Kaisers,
    Welches der Donnerer sich um die Germanen erwarb;
Hätte Napoleon nicht die Erde erschüttert, so wären
    Carlos, Fiesco und Tell in der Geburt schon erstickt.

Schiller in seinen ästhetischen Aufsätzen

Unter den Richtern der Form bist du der erste, der einz'ge,
    Der das Gesetz, das er gibt, gleich schon im Geben erfüllt.

GOTTFRIED BENN

Räuber-Schiller

Ich bringe Pest. Ich bin Gestank.
Vom Rand der Erde komm ich her.
Mir läuft manchmal im Maule was zusammen,

wenn ich das speie, zischten noch die Sterne
und hier ersöffe das ganze feige
Pietzengeschlabber und Abelblut.

Weil meine Mutter weint? Weil meinem Vater
das Haar vergreist? Ich schreie:
Ihr grauer Schlaf! Ihr ausgeborenen Schluchten!
Bald sän euch ein paar Handvoll Erde zu.
Mir aber rauscht die Stirn wie Wolkenflug.

Das bißchen Seuche
aus Hurenschleim in mein Blut gesickert?
Ein Bröckel Tod stinkt immer aus der Ecke –
pfeif drauf! Wisch ihm eins! Pah!

BERTOLT BRECHT

Über Schillers Gedicht »Die Glocke«

Ich les, daß Feuer eine Wohltat ist
Solang der Mensch es zähmet und bewacht
Daß es ihn aber, ungezügelt, frißt.
Ich frage mich: an was hat der gedacht?

Was ist es, das er euch zu zähmen bittet?
Dies Element, das er so nützlich nennt
Gesittung fördernd, selber nicht gesittet –
Was für ein Element ist wohl dies Element?

Dies Feuer, diese Tochter der Natur
Die, ihrer Zügel los, durch eure Gassen wandelt
Mit roter Mütze auf, wer ist das nur?

Das ist nicht mehr die gute alte Magd!
Ihr habt wohl die Person zu mild behandelt?
Ich seh, sie hat euch nach dem Lohn gefragt.

Über Schillers Gedicht »Die Bürgschaft«

O edle Zeit, o menschliches Gebaren!
Der eine ist dem andern etwas schuld.
Der ist tyrannisch, doch er zeigt Geduld
Und läßt den Schuldner auf die Hochzeit fahren.

Der Bürge bleibt. Der Schuldner ist heraus.
Es weist sich, daß natürlich die Natur
Ihm manche Ausflucht bietet, jedoch stur
Kehrt er zurück und löst den Bürgen aus.

Solch ein Gebaren macht Verträge heilig.
In solchen Zeiten kann man auch noch bürgen.
Und, hat's der Schuldner mit dem Zahlen eilig.

Braucht man ihn ja nicht allzustark zu würgen.
Und schließlich zeigte es sich ja auch dann:
Am End war der Tyrann gar kein Tyrann!

GÜNTER KUNERT

Schillers Bett

Schillers Bett steht im Schillerhaus
der Goethestadt. Vor dem Bett stehen Touristen:
Wir wollen sein, wissen nicht was, ehrfürchtig
zumindest oder wenigstens verschämten Gähnens Herr,
müde vor der winzigen Ruhestätte: zu klein
für meinen Freund Reinhard,
sein magerer Leib liegt, der leinenen Jacke,
der Brille entkleidet,
jetzt
sich räkelnd im Grunewald und
wuchert der Erde zu, Schiller
hierin folgend.

Ein einig etwas wollen wir sein, nicht eineiig.
Keine Zwillinge. Keine deutschen Siamesen.

Vor dem Bettchen, der fahlen Decke, entfärbten
Kränzchen, dem Schleifchen, stellt sich
nicht her, was wir nie waren: ein einig Volk.

Ein Volk von einigen Herrschaften, vielen
Knechtschaften, versippt nur wie Habicht und Huhn.

Brüder aber
sind Lettau in Berlin und ich in Berlin
und alle,
verdammt zum Erwachen aus Tellschen Träumen.

CONRAD FERDINAND MEYER

Schillers Bestattung

Ein ärmlich düster brennend Fackelpaar, das Sturm
Und Regen jeden Augenblick zu löschen droht.
Ein flatternd Bahrtuch. Ein gemeiner Tannensarg
Mit keinem Kranz, dem kargsten nicht, und kein Geleit!
Als brächte eilig einen Frevel man zu Grab.
Die Träger hasteten. Ein Unbekannter nur,
Von eines weiten Mantels kühnem Schwung umweht,
Schritt dieser Bahre nach. Der Menschheit Genius wars.

JOHANN WOLFGANG VON GOETHE

Epilog zu Schillers Glocke

Freude dieser Stadt bedeute,
Friede sei ihr erst Geläute!

Und so geschahs! Dem friedenreichen Klange
Bewegte sich das Land, und segenbar
Ein frisches Glück erschien: im Hochgesange
Begrüßten wir das junge Fürstenpaar;
Im Vollgefühl, in lebensregem Drange

Vermischte sich die tätge Völkerschar,
Und festlich ward an die geschmückten Stufen
Die *Huldigung der Künste* vorgerufen.

Da hör ich schreckhaft-mitternächtges Läuten,
Das dumpf und schwer die Trauertöne schwellt.
Ists möglich? soll es unsern Freund bedeuten,
An den sich jeder Wunsch geklammert hält?
Den Lebenswürdgen soll der Tod erbeuten?
Ach! wie verwirrt solch ein Verlust die Welt!
Ach! was zerstört ein solcher Riß den Seinen!
Nun weint die Welt, und sollten wir nicht weinen?

Denn er war unser! Wie bequem-gesellig
Den hohen Mann der gute Tag gezeigt,
Wie bald sein Ernst, anschließend, wohlgefällig,
Zur Wechselrede heiter sich geneigt,
Bald raschgewandt, geistreich und sicherstellig
Der Lebensplane tiefen Sinn erzeugt,
Und fruchtbar sich in Rat und Tat ergossen:
Das haben wir erfahren und genossen.

Denn er war unser! Mag das stolze Wort
Den lauten Schmerz gewaltig übertönen!
Er mochte sich bei uns, im sichern Port,
Nach wildem Sturm zum Dauernden gewöhnen.
Indessen schritt sein Geist gewaltig fort
Ins Ewige des Wahren, Guten, Schönen,
Und hinter ihm, in wesenlosem Scheine,
Lag, was uns alle bändigt, das Gemeine.

Nun schmückt' er sich die schöne Gartenzinne,
Von wannen er der Sterne Wort vernahm,
Das dem gleich ewgen, gleich lebendgen Sinne
Geheimnisvoll und klar entgegenkam.
Dort, sich und uns zu köstlichem Gewinne,
Verwechselt' er die Zeiten wundersam,
Begegnet' so, im Würdigsten beschäftigt,
Der Dämmerung, der Nacht, die uns entkräftigt.

Ihm schwollen der Geschichte Flut auf Fluten,
Verspülend, was getadelt, was gelobt,
Der Erdbeherrscher wilde Heeresgluten,
Die in der Welt sich grimmig ausgetobt,
Im niedrig Schrecklichsten, im höchsten Guten
Nach ihrem Wesen deutlich durchgeprobt. –
Nun sank der Mond und, zu erneuter Wonne,
Vom klaren Berg herüber stieg die Sonne.

Nun glühte seine Wange rot und röter
Von jener Jugend, die uns nie entfliegt,
Von jenem Mut, der, früher oder später,
Den Widerstand der stumpfen Welt besiegt,
Von jenem Glauben, der sich stets erhöhter
Bald kühn hervordrängt, bald geduldig schmiegt,
Damit das Gute wirke, wachse, fromme,
Damit der Tag dem Edlen endlich komme.

Doch hat er, so geübt, so vollgehaltig,
Dies bretterne Gerüste nicht verschmäht;
Hier schildert' er das Schicksal, das gewaltig
Von Tag zu Tag die Erdenachse dreht,
Und manches tiefe Werk hat, reichgestaltig,
Den Wert der Kunst, des Künstlers Wert erhöht.
Er wendete die Blüte höchsten Strebens,
Das Leben selbst, an dieses Bild des Lebens.

Ihr kanntet ihn, wie er mit Riesenschritte
Den Kreis des Wollens, des Vollbringens maß,
Durch Zeit und Land, der Völker Sinn und Sitte,
Das dunkle Buch mit heiterm Blicke las;
Doch wie er atemlos in unsrer Mitte
In Leiden bangte, kümmerlich genas,
Das haben wir in traurig-schönen Jahren,
Denn er war unser, leidend miterfahren.

Ihn, wenn er vom zerrüttenden Gewühle
Des bittern Schmerzes wieder aufgeblickt,
Ihn haben wir dem lästigen Gefühle
Der Gegenwart, der stockenden, entrückt,
Mit guter Kunst und ausgesuchtem Spiele

Den neubelebten edlen Sinn erquickt,
Und noch am Abend vor den letzten Sonnen
Ein holdes Lächeln glücklich abgewonnen.

Er hatte früh das strenge Wort gelesen,
Dem Leiden war er, war dem Tod vertraut.
So schied er nun, wie er so oft genesen;
Nun schreckt uns das, wofür uns längst gegraut.
Doch schon erblicket sein verklärtes Wesen
Sich hier verklärt, wenn es herniederschaut.
Was Mitwelt sonst an ihm beklagt, getadelt,
Es hats der Tod, es hats die Zeit geadelt.

Auch manche Geister, die mit ihm gerungen,
Sein groß Verdienst unwillig anerkannt,
Sie fühlen sich von seiner Kraft durchdrungen,
In seinem Kreise willig festgebannt:
Zum Höchsten hat er sich emporgeschwungen,
Mit allem, was wir schätzen, eng verwandt.
So feiert Ihn! Denn was dem Mann das Leben
Nur halb erteilt, soll ganz die Nachwelt geben.

So bleibt er uns, der vor so manchen Jahren –
Schon zehne sinds! – von uns sich weggekehrt!
Wir haben alle segensreich erfahren,
Die Welt verdank ihm, was er sie gelehrt:
Schon längst verbreitet sichs in ganze Scharen,
Das Eigenste, was ihm allein gehört.
Er glänzt uns vor, wie ein Komet entschwindend,
Unendlich Licht mit seinem Licht verbindend.

HERMANN HESSE

Ode an Hölderlin

Freund meiner Jugend, zu dir kehr ich voll Dankbarkeit
Manchen Abend zurück, wenn im Fliedergebüsch
 Des entschlummerten Gartens
 Nur der rauschende Brunnen noch tönt.

Keiner kennt dich, o Freund; weit hat die neuere Zeit
Sich von Griechenlands stillen Zaubern entfernt,
Ohne Gebet und entgöttert
Wandelt nüchtern das Volk im Staub.

Aber der heimlichen Schar innig Versunkener,
Denen der Gott die Seele mit Sehnsucht schlug,
Ihr erklingen die Lieder
Deiner göttlichen Harfe noch heut.

Sehnlich wenden wir uns, vom Tag Ermüdete,
Der ambrosischen Nacht deiner Gesänge zu,
Deren wehender Fittich
Uns beschattet mit goldenem Traum.

Ach, und glühender brennt, wenn dein Lied uns entzückt,
Schmerzlicher brennt nach der Vorzeit seligem Land,
Nach den Tempeln der Griechen
Unser ewiges Heimweh auf.

GEORG HERWEGH

Hölderlin

Den Klugen leiten sicher stets die Horen,
Nur mit dem Genius spielen oft die Winde;
Daß er, so Glück, wie Unglück, früher finde,
Wird er mit Schwingen in die Welt geboren.

Doch bleibt ihm treu die Gottheit zugeschworen;
Sie legt am bösen Tag dem armen Kinde
Mit weicher Hand ums Aug' des Wahnsinns Binde,
Daß es nie sehe, was das Herz verloren.

Die Götter haben freundlich Dein gedacht,
Die Du so fromm gehalten einst in Ehren,
Und lebend schon Dich aus der Welt gebracht.

Nichts Irdisches kann fürder Dich versehren,
Und reiner, denn ein Stern zum Schoß der Nacht,
Wirst Du zurück zur großen Mutter kehren.

GEORG WILHELM FRIEDRICH HEGEL

Eleusis – An Hölderlin

Um mich, in mir wohnt Ruhe. Der geschäft'gen Menschen
Nie müde Sorge schläft. Sie geben Freiheit
Und Muße mir. Dank dir, du meine
Befreierin, o Nacht! – Mit weißem Nebelflor
Umzieht der Mond die ungewissen Grenzen
Der fernen Hügel. Freundlich blinkt der helle Streif
Des See's herüber.
Des Tags langweil'gen Lärmen fernt Erinnerung,
Als lägen Jahre zwischen ihm und jetzt.
Dein Bild, Geliebter, tritt vor mich,

Und der entfloh'nen Tage Lust. Doch bald weicht sie
Des Wiedersehens süßern Hoffnungen.
Schon malt sich mit der langersehnten, feurigen
Umarmung Scene; dann der Fragen, des geheimern,
Des wechselseitigen Ausspähens Scene,
Was hier an Haltung, Ausdruck, Sinnesart am Freund
Sich seit der Zeit geändert; – der Gewißheit Wonne,
Des alten Bundes Treue, fester, reifer noch zu finden,
Des Bundes, den kein Eid' besiegelte:
Der freien Wahrheit nur zu leben,
Frieden mit der Satzung,
Die Meinung und Empfindung regelt, nie, nie einzugehn!
Nun unterhandelt mit der trägern Wirklichkeit der Sinn,
Der über Berge, Flüsse, leicht mich zu dir trüge.
Doch ihren Zwist verkündet bald ein Seufzer und mit ihm
Entflieht der süßen Phantasieen Traum.

Mein Aug' erhebt sich zu des ew'gen Himmels Wölbung,
Zu dir, o glänzendes Gestirn der Nacht!
Und aller Wünsche, aller Hoffnungen

Vergessen strömt aus deiner Ewigkeit herab.
Der Sinn verliert sich in dem Anschau'n.
Was mein ich nannte, schwindet.
Ich gebe mich dem Unermeßlichen dahin.
Ich bin in ihm, bin Alles, bin nur es.
Dem wiederkehrenden Gedanken fremdet,
Ihm graut vor dem Unendlichen und staunend faßt
Er dieses Anschau'ns Tiefe nicht.
Dem Sinne nähert Phantasie das Ewige.
Vermählt es mit Gestalt. – Willkommen, ihr,
Erhab'ne Geister, hohe Schatten,
Von deren Stirne die Vollendung strahlt.
Er schrecket nicht. Ich fühl', es ist auch meine Heimat,
Der Glanz, der Ernst, der euch umfließt.
[...]

PETER HÄRTLING

Hölderlin

»Doch kommt das,
was ich will,
wenn das Herz
der Erde
thuet sich auf«,
wenn,
wie du wußtest,
die Handlungen der
Menschen sich reinigen
in einem bessern
Gedächtnis, das
alle die reinen Bilder
aufnimmt, die wir
ehe wir die Kindheit
verließen,
noch einmal
in einem wachen
Schlaf
vorausträumten

und vergaßen.
So verstand niemand
deine
kindliche Rückkehr,
damit komme,
was du wolltest.

PETER HÄRTLING

*Nürtingen, Marktstraße,
Hölderlin und Bordeaux*

Was ist das
für eine Stadt gewesen,
Bordeaux?
Nicht die dem Konsul
und
uns bekannte.
Ein Fieberherd,
eine Gedächtnislücke
oder der Beginn einer Fluchtspur.
Nun,
auf der Marktstraße,
wo die Stimmen vertrauter sind,
fallen die Bilder –
das sich verabschiedende
Gesicht im Fenster,
das verschneite Gebirg
und vielleicht doch Paris –
zurück
in einen einzigen Atemzug,
der ihm, dem allzu
Ungeduldigen,
ein restliches Leben erlaubt.

HANS-JÜRGEN HEISE

Der Herr Hofmeister Hölderlin

Ach! und zum Fluß hinunter
die Kirschen
röter geworden um soviel
wie die Wege
staubiger sind

»Nicht länger« schreibt er
abends an die Mutter
»kann ich noch sein
Euer Fritz

Sondern
indem mir allerorten
und also auch vom Olympos
der Kindheit her
Besonderes widerfährt
muß ich jetzt
da es in meinem Ätna
heißer wird
lernen ohne
Schuhe zu gehen welche
einem solchen Werk
wie dem meinen
bloß abträglich sind« Schreibts
und zerreißt
die Epistel

Was linear als Freiheit begann
endet im Kreislauf der Jahre

HELGA M. NOVAK

dunkle Seite Hölderlins

eine handgeschriebene Seite
die meine Träume aufreißt
und mich bei Tage
in Finsternis hüllt
in der Schrift meiner ersten Schuljahre
Wörter die ich kaum lesen kann
– Abhang Menschen Wilder Hügel
Wunderbar Allda bin ich –
die Apriorität des Individuellen
Seite fünfundsiebzig

eine dunkle Seite und Hölderlins Schrift
heftig gespreizte Feder
jeder Ansatz ein Druck wider Druck
er hat die Tinte
nicht sorgfältig abgestreift
und versäumt beizeiten wieder einzutauchen
die Feder verdoppelt ihre Schlingen und zieht
Haare Fasern kleine Hölzer
hinter sich her   Spuren
als zöge eine Armee von Raben übers Blatt

wie muß das geklungen haben
dieses Aufdrücken beim Schreiben
der harte kratzende Laut
dazwischen sechs kurze Zeilen
fein und lesbar
– Vom Abgrund nemlich haben
Wir angefangen und gegangen
Dem Leuen gleich
Der lieget
In dem Brand
Der Wüste –

über die Seite hin verschmierte Tinte
Kleckse Spritzer Striche   scharf
sind Schreibfedern gewesen

verglichen mit unseren weichen flüssigen Kulis
ja aus reinen Stichwaffen
haben wir Kulis gemacht

Frankfurt diese himmelschreiende Stadt
als Nabel bezeichnet aber dann steigen
– Citronengeruch auf und das Öl aus der
   Provence –
– Frankreich –
das dröhnte einmal und vibrierte
wie Paris Prag und Portugal

dicke schwarze Wörter Zeilen die einander
   überlappen
Zeilen die abfallen am Rand
Wörter die sich auf der Seite rechts unten
ballen und drängen wie ein Rudel trotziger Kinder
dunkle Seite Hölderlins die mich zerreißt
wie können Wörter so voll Licht so finster
   aussehen
– Ihr Blüthen von Deutschland, o mein Herz wird
Untrügbarer Krystall an dem
Das Licht sich prüft, wenn – Deutschland –

ach Hölderlin
Vaterland haben wir keins
nur die üblichen hinter Orden
und gezogenen Läufen sich verbergenden
   Landesväter
immernoch
die Nacht auf deiner Seite war nicht die letzte

JOHANNES BOBROWSKI

Hölderlin in Tübingen

Bäume irdisch, und Licht,
darin der Kahn steht, gerufen,
die Ruderstange gegen das Ufer, die schöne

Neigung, vor dieser Tür
ging der Schatten, der ist
gefallen auf einen Fluß
Neckar, der grün war, Neckar,
hinausgegangen
um Wiesen und Uferweiden.

Turm,
daß er bewohnbar
sei wie ein Tag, der Mauern
Schwere, die Schwere
gegen das Grün,
Bäume und Wasser, zu wiegen
beides in einer Hand:
es läutet die Glocke herab
über die Dächer, die Uhr
rührt sich zum Drehn
der eisernen Fahnen.

PAUL CELAN

Tübingen, Jänner

(An Hölderlin)

Zur Blindheit über-
redete Augen.
Ihre – »ein
Rätsel ist Rein-
entsprungenes« –, ihre
Erinnerung an
schwimmende Hölderlintürme, möven-
umschwirrt.

Besuche ertrunkener Schreiner bei
diesen
tauchenden Worten:

Käme,
käme ein Mensch,

käme ein Mensch zur Welt, heute, mit
dem Lichtbart der
Patriarchen: er dürfte,
spräche er von dieser
Zeit, er
dürfte
nur lallen und lallen,
immer-, immer-
zuzu.
(»Pallaksch. Pallaksch.«)

RAINER MARIA RILKE

An Hölderlin

VERWEILUNG, auch am Vertrautesten nicht,
ist uns gegeben; aus den erfüllten
Bildern stürzt der Geist zu plötzlich zu füllenden; Seen
sind erst im Ewigen. Hier ist Fallen
das Tüchtigste. Aus dem gekonnten Gefühl
überfallen hinab ins geahndete, weiter.

Dir, du Herrlicher, war, dir war, du Beschwörer, ein ganzes
Leben das dringende Bild, wenn du es aussprachst,
die Zeile schloß sich wie Schicksal, ein Tod war
selbst in der lindesten, und du betratest ihn; aber
der vorgehende Gott führte dich drüben hervor.

O du wandelnder Geist, du wandelndster! Wie sie doch alle
wohnen im warmen Gedicht, häuslich; und lang
bleiben im schmalen Vergleich, Teilnehmende. Du nur
ziehst wie der Mond. Und unten hellt und verdunkelt
deine nächtliche sich, die heilig erschrockene Landschaft,
die du in Abschieden fühlst. Keiner
gab sie erhabener hin, gab sie ans Ganze
heiler zurück, unbedürftiger. So auch
spieltest du heilig durch nicht mehr gerechnete Jahre
mit dem unendlichen Glück, als wär es nicht innen, läge
keinem gehörend im sanften

Rasen der Erde umher, von göttlichen Kindern verlassen.
Ach, was die Höchsten begehren, du legtest es wunschlos
Baustein auf Baustein: es stand. Doch selber sein Umsturz
irrte dich nicht.

Was, da ein solcher, Ewiger, war, mißtraun wir
immer dem Irdischen noch? Statt am Vorläufigen ernst
die Gefühle zu lernen für welche
Neigung, künftig im Raum?

FRANZ GRILLPARZER

Jean Paul

O, wie so gerne, Jean Paul, pflück' ich deine herrlichen
                                                         Früchte,
  Hab' ich glücklich den Zaun blühender Hecken passiert.

AUGUST VON PLATEN

An Jean Paul

So oft ich sonst mich trug mit deinem Bilde,
Bereut ich, daß ich meine Pflicht verschoben,
Und nie zu dir ein Wort des Danks erhoben
Für deine seelenvolle Lieb und Milde.

Nun hat der Tod mit seinem Gorgoschilde
Den Blick erstarrt, der gern geschaut nach oben,
Und was ich Freundliches für dich gewoben,
Send ich dir nach in fremdere Gefilde.

Es hat den Jüngling deine Gunst belebet,
Dir galt für künftge Glut der erste Zunder,
Auf dem noch kaum ein Funke schwach gebebet.

Nun weilt dein ewig wonniger, gesunder,
Verjüngter Geist, wohin er stets geschwebet,
Im überschwenglichen Gebiet der Wunder.

FRIEDRICH HEBBEL

Kleist

Er war ein Dichter und ein Mann wie einer,
er brauchte selbst dem Höchsten nicht zu weichen,
an Kraft sind wenige ihm zu vergleichen,
an unerhörtem Unglück, glaub ich, keiner.

Er stieg empor, die Welt ward klein und kleiner,
und auf der Höhe, die wir nicht durch Schleichen,
die wir nur fliegend oder nie erreichen,
ward über ihm der Äther immer reiner.

Doch, als er nun die Welt nicht mehr erblickte,
da hatte sie ihn längst nicht mehr gesehen
und frech ihm selbst das Dasein abgesprochen.

Nun mußt er darben, wie er einst erstickte,
ihm blieb nichts übrig, als zurückzugehen,
doch lieber hat er seine Form zerbrochen.

BERTOLT BRECHT

Über Kleists Stück »Der Prinz von Homburg«

O Garten, künstlich in dem märkischen Sand!
O Geistersehn in preußischblauer Nacht!
O Held, von Todesfurcht ins Knien gebracht!
Ausbund von Kriegerstolz und Knechtsverstand!

Rückgrat, zerbrochen mit dem Lorbeerstock!
Du hast gesiegt, doch war's dir nicht befohlen.

Ach, da umhalst nicht Nike dich. Dich holen
Des Fürsten Büttel feixend in den Block.

So sehen wir ihn denn, der da gemeutert
Durch Todesfurcht gereinigt und geläutert
Mit Todesschweiß kalt unterm Siegeslaub.

Sein Degen ist noch neben ihm: in Stücken.
Tot ist er nicht, doch liegt er auf dem Rücken:
Mit allen Feinden Brandenburgs im Staub.

HANS ERICH NOSSACK

Kleist

O Zweifel, zehrend Gift, das uns gebraut
vom Dämmer dumpfer Seelenlosigkeit
und uns zurückstürzt in den Sumpf der Zeit,
uns, denen alle Zukunft anvertraut.

Ich rief nach meinesgleichen, rief nach dir!
Und ward bei Tische von den fremden Meinen
so übersatt gespeist mit ihrer kleinen
gemeinen Frage, die uns fragt: Wofür?

Daß ich mein Werk nach ihrem Maß gemessen.
Und was sie messen, das ist Mittagessen;
denn was sie satt macht, das ist ihr Gewicht.

Weil solche Wesen da sind und Gedanken
und heißen Mensch, das brachte mich zum Wanken.
Gebt mir ein Wort nur, und ich hungre nicht.

KARL ALFRED WOLKEN

Kleists Ende

Den taubengrauen
Preußenhimmel ließ es
kalt,
daß dieser arme Herr
sein Elend durch den Mund
erschoß.

Desgleichen daß er,
solches abgetan,
entschlüpfte in zu engen Winterschuhn
bis an den Hals
voll dicker schwarzer Galle.

Und ausgerechnet
für sein Lächeln an
der Hüfte der Frau Vogel
in unbeholfenem Zustand
sollte er nicht
blind geblieben sein?

Ach, die Geschwüre
der Dame erweichten ihn nicht.

Sie kamen bei dem Preußenhimmel an:
von Rum erheitert und,
obwohl besudelt,
beide rein von Blut.
Er ließ sie ein, er salutierte –
der Herr war schließlich
Offizier gewesen.

HANS ERICH NOSSACK

Kleists Totenmaske

Dies ist die Frage: Hätt ich dich erkannt
hinter der Maske? Hätt ich dich gehört,
als du gelebt, und mich bereit erklärt,
zu leben und zu sterben dir verwandt.

Denn hinterher ist's leicht, dich Bruder nennen.
Während die Menschen um den Toten jammern,
verzweifeln Lebende in ihren Kammern.
Die Frage ist: Würd ich dich heut erkennen?

Nicht ob ich helfen konnte, nützt zu wissen,
daß ich, ja ich, dir hätte helfen müssen
und heute wieder, wenn mich einer ruft –

denn: Ihm war nicht zu helfen, sagt sich leicht.
Hast du dem Lebenden die Hand gereicht?
Das ist die Schrift auf deiner Züge Gruft.

ACHIM VON ARNIM

An Tieck

Der Frühling blüht, die goldnen Sterne singen,
Es rauscht die Flut, die Wolken fliehen weit,
Und wunderbar, im liebevollen Streit
Des Einen Lebens bunte Töne klingen.

Ein frommer Geist nur kann den Streit bezwingen,
Nur wer sich kindlich der Natur geweiht,
Sieht Stern' und Blüt' in Einen Kranz gereiht,
Und kann in Ein Gedicht das Weltall bringen!

O, wie so schön ist Dir der Sieg gelungen!
Vertrauet gern mit Deiner Freundlichkeit,
Ihr Innerstes die Poesie Dir beut!

Dich trägt der Mai, wenn er erscheint, im Arm;
Und die Musik feir't, dankbar Dir und warm,
Dein Angedenken mit beredten Zungen.

NOVALIS

An Tieck.

Ein Kind voll Wehmut und voll Treue,
Verstoßen in ein fremdes Land,
Ließ gern das Glänzende und Neue,
Und blieb dem Alten zugewandt.

Nach langem Suchen, langem Warten,
Nach manchem mühevollen Gang,
Fand es in einem öden Garten
Auf einer längst verfallnen Bank

Ein altes Buch mit Gold verschlossen,
Und nie gehörte Worte drin;
Und, wie des Frühlings zarte Sprossen,
So wuchs in ihm ein innrer Sinn.

Und wie es sitzt, und liest, und schauet
In den Kristall der neuen Welt,
An Gras und Sternen sich erbauet,
Und dankbar auf die Knie fällt:

So hebt sich sacht aus Gras und Kräutern
Bedächtiglich ein alter Mann,
Im schlichten Rock, und kommt mit heiterm
Gesicht ans fromme Kind heran.

Bekannt doch heimlich sind die Züge,
So kindlich und so wunderbar;
Es spielt die Frühlingsluft der Wiege
Gar seltsam mit dem Silberhaar.

Das Kind faßt bebend seine Hände,
Es ist des Buches hoher Geist,
Der ihm der sauern Wallfahrt Ende
Und seines Vaters Wohnung weist.

Du kniest auf meinem öden Grabe,
So öffnet sich der heilge Mund,
Du bist der Erbe meiner Habe,
Dir werde Gottes Tiefe kund.

Auf jenem Berg als armer Knabe
Hab' ich ein himmlisch Buch gesehn,
Und konnte nun durch diese Gabe
In alle Kreaturen sehn.

Es sind an mir durch Gottes Gnade
Der höchsten Wunder viel geschehn;
Des neuen Bunds geheime Lade
Sahn meine Augen offen stehn.

Ich habe treulich aufgeschrieben,
Was innre Lust mir offenbart,
Und bin verkannt und arm geblieben,
Bis ich zu Gott gerufen ward.

Die Zeit ist da, und nicht verborgen
Soll das Mysterium mehr sein.
In diesem Buche bricht der Morgen
Gewaltig in die Zeit hinein.

Verkündiger der Morgenröte,
Des Friedens Bote sollst du sein.
Sanft wie die Luft in Harf' und Flöte
Hauch' ich dir meinen Atem ein.

Gott sei mit dir, geh hin und wasche
Die Augen dir mit Morgentau.
Sei treu dem Buch und meiner Asche,
Und bade dich im ewgen Blau.

Du wirst das letzte Reich verkünden,
Was tausend Jahre soll bestehn;
Wirst überschwenglich Wesen finden,
Und Jakob Böhmen wiedersehn.

LUDWIG TIECK

An Novalis.

I.
Wer in den Blumen, Wäldern, Bergesreihen,
   Im klaren Fluß, der sich mit Bäumen schmücket,
   Nur Endliches, Vergängliches erblicket,
Der traure tief im hellsten Glanz des Maien.

Nur der kann sich der heil'gen Schöne freuen,
   Den Blume, Wald und Strom zur Tief' entrücket,
   Wo unvergänglich ihn die Blüt' entzücket,
Dem ew'gen Glanze keine Schatten dräuen.

Noch schöner deutet nach dem hohen Ziele
   Des Menschen Blick, erhabene Gebärde,
   Des Busens Ahnden, Sehnsucht nach dem Frieden.

Seit ich dich sah, vertraut' ich dem Gefühle,
   Du müßtest von uns gehn und dieser Erde.
   Du gingst: fahr wohl; wir sind ja nicht geschieden.

II.
Wann sich die Pflanz' entfaltet aus dem Keime,
   Sind Frühlingslüfte liebliche Genossen,
   Kommt goldner Sonnenschein herabgeflossen,
Sie grünt und wächst, empfindet süße Träume.

Bald regt sie sich, in Ängsten, daß sie säume,
   Luft, Sonne, Wasser, die sie schön genossen,
   Macht quellend Leben und den Kelch erschlossen;
Nun ist es Nacht, sie schaut die Sternenräume.

Da fühlt sie Liebe, und den stillen Lüften
　Gibt sie, von tiefer Inbrunst angesogen,
　Den Blumengeist und stirbt in süßen Düften.

So wurdest du zum Himmel hingezogen,
　Sanft in Musik schiedst du in Freundesarmen,
　Der Frühling wich, und Klagen ziemt uns Armen.

OTTO HEINRICH GRAF VON LOEBEN

An Novalis

Wer, von der höchsten Liebe angeglommen,
Im Sehnen nach dem Drüben sich verzehret,
Wer hier schon jenen Welten angehöret,
Der wird alsbald der Schmerzlichkeit entnommen.

Der Ruf von oben ist zu ihm gekommen,
Verweht die Stimm', die unser Herz gehöret,
Die letzten Töne klangen schon verkläret,
Aus lichten Glorien schienen sie zu kommen.

Ein heilig Hochamt war dein innres Leben,
Gestirne, Blumen, Kreatur, Gebirge,
All' kamen sie zur Wallfahrt hergezogen.

Da mußte sich des Münsters Decke heben,
Die Engel stiegen betend in die Kirche,
Musik erklang, du warst zu Gott entflogen.

GEORG ANTON FREIHERR VON HARDENBERG

An Novalis

Im wundervollen Traume mir erschienen,
Sah eine Blüte ich der Erd' entsteigen,
Dem duft'gen Kelche sich drei Knospen neigen
Von Deman, Saphir, glühenden Rubinen;

Doch muß sie wohl ein beßres Los verdienen,
Da nun die Knospen farb'gen Blüten weichen,
Die bunten Blätter zarten Flügeln gleichen,
Zur Himmelsleiter dieser Blüte dienen.

Mir war der Traum nur deines Lebens Spiegel,
Das mir zu früh ein süßes Traumbild dünkte,
Schmerzlich erwacht, sah ich es unvollendet.

Lieb', Unschuld, Treue wurden goldne Flügel,
Empor dich tragend, wo die Liebe winkte,
Nach der du hier sehnend dich stets gewendet.

EMANUEL GEIBEL

An Ludwig Achim von Arnim

Wenn sich ein Geist erhebt in ungeschwächter
Erhab'ner Würde mit gewalt'gem Schritte,
Zu stolz, daß er des Haufens Gunst erbitte,
So wird er oft dem niedern zum Gelächter.

So gingest du, der treue Kronenwächter
Altdeutscher Gottesfurcht und edler Sitte,
Verkannt durch deiner Zeitgenossen Mitte,
Doch nur ein Lächeln gönnend dem Verächter.

Still schmücktest du indeß mit Kreuz und Blume
Den Dom, an dem du bauetest, den weiten,
Zu Gottes Ehre, deinem Volk zum Ruhme.

Zwar sahst du nicht das Werk zum Ende schreiten,
Doch ragt's gleich jenem Kölner Heiligtume
Ein riesig Bruchstück in den Strom der Zeiten.

GÜNTER EICH

Wiepersdorf, die Arnimschen Gräber

Die Rosen am Verwildern,
verwachsen Weg und Zaun, –
in unverwelkten Bildern
bleibt noch die Welt zu schaun.

Tönt noch das Unkenläuten
zart durch den Krähenschrei,
will es dem Ohr bedeuten
den Hauch der Zauberei.

Umspinnt die Gräberhügel
Geißblatt und Rosendorn,
hört im Libellenflügel
des Knaben Wunderhorn!

Die Gräser atmen Kühle
im gelben Mittagslicht.
Dem wilden Laubgefühle
versank die Sonne nicht.

Im Vogelruf gefangen,
im Kiefernwind vertauscht
der Schritt, den sie gegangen,
das Wort, dem sie gelauscht.

Dem Leben, wie sie's litten,
aufs Grab der Blume Lohn:
Für Achim Margeriten
und für Bettina Mohn!

Nicht unter Stein und Ranke
schläft oder schlägt ihr Herz,
ein ahnender Gedanke
weht her von anderwärts.

Verstummen uns die Zeichen,
wenn Lurch und Krähe schwieg,

hallt aus den Sternbereichen
die andere Musik.

SARAH KIRSCH

Wiepersdorf
(Bettina von Arnim)

Hier ist das Versmaß elegisch
Das Tempus Praeteritum
Eine hübsche blaßrosa Melancholia
Durch die geschorenen Hecken gewebt

Hinter Jüterbog öffneten sich
Der erste, der zweite Himmel, ließen herab-
Strömen, was sich gesammelt hat, siehe
Es wurde ein mächtiger blasenschlagender
Landregen draus, es goß sogar Schwefel.
Später in Wiepersdorf, als zwischen zwei
Windhosen die Möglichkeit war sich zu ergehen
Das liebe freie Land
Rechts ins Auge zu fassen, war Freude
Freude. Die schönen Fenster im Malsaal
Öfters sechs mal vier kleine Scheiben, die Flügel
Von zierlichen Knebeln gehalten. Innen
Bizarres altes schlängelndes zipfelbemütztes
Kakteengewirr, außen
Maifrischer Park.
Die Steinbilder lächeln – ich ging
Gleich bis zum Zeus, der hielt den Blitz an der Stelle
Wo der Park mit dem Wald schläft. Englischer Rasen
Den bläuliches Waldgras verstrickt hat, es reckt
Noch ein Fliederbusch wirklich!
Vergißmeinnichtblaue Finger zum Himmel und
Selbstverständlich Unmassen Vögel ringsum
In Büsche und Bäume geworfen. Ich staunte
Vor Stunden noch enge im Hochhaus
In der verletzenden viereckigen Gegend, nun
Das – ich dachte bloß noch: Bettina! Hier

Hast du mit sieben Kindern gesessen, und wenn
Landregen abging
Muß es genauso geklappert haben Ende Mai
Auf die frischaufgespannten Blätter – ich sollte
Mal an den König schreiben
[...]

Ehrwürdiges schönes Haus
Mit dem zwiefachen Dach – doppelt
Allein bin ich da und dem Wetter, dem hellen
Dem knatternden Hagel, so mildem Mond
Ausgesetzt. Ach ich gedenke
Der rührenden Zeit, als fast eines Bruders
Zärtliche Hand mich morgens geweckt hat und fröhlich
Ein Tag der Zwilling des vorigen war. Was bin ich
Inzwischen umhergefahren. Und eifrig
War ich bemüht, Apollon zu fassen und gleichfalls
Ein hübsch klopfendes menschliches Herze erbeuten –
Vergebens. Deshalb
Hab ich nur mich, einen winzigen Knaben und die sich
  mehrende
Anzahl der Jahre und hin und wieder
Schön schwimmendes Wolkengetier
[...]

Dieser Abend, Bettina, es ist
Alles beim alten. Immer
Sind wir allein, wenn wir den Königen schreiben
Denen des Herzens und jenen
Des Staats. Und noch
Erschrickt unser Herz
Wenn auf der anderen Seite des Hauses
Ein Wagen zu hören ist.

PETER HUCHEL

Wiepersdorf

Wie du nun gehst im späten Regen,
der Mond und Himmel kälter flößt

und auf den laubverschwemmten Wegen
den Riß in die Gespinste stößt,
flammt über Tor und Efeumauer,
die Gräber wärmend, noch ein Blitz.
Und flatternd schreit im hellen Schauer
das düstre Volk am Krähensitz.

Dann ist es still. Der Teich der Unken,
das schuppiggrüne Algenglimmen
tönt klagend nur und dünn und hohl,
metallner Hall in Nacht versunken.

Wo gingt ihr hin? – Geliebte Stimmen,
unsterbliche, wo seid ihr wohl?

JOHANNES BOBROWSKI

Brentano in Aschaffenburg

Zeichen.
Ein Pfirsichbaum
in die Gitter geflochten
unter der Mauer. So bröckelt
heller der Stein.

Ach ein Blatt
gegen die Röte umher:
Mauer, Kirche und Gartenhaus,
Treppen. Die Straße hinab.
Draußen die Wiesen.

Kühl. Lüfte aus Grün,
Vor den offenen Himmel
gebettet der Strom. Im fallenden
Wind das Geheul.

»Weh, ohn Opfer...«
Der Staub auf der Stiege

rötlich, es kommt ein Mann,
dick, die Hand auf dem Herzen,
er schließt an der eichenen Tür.

ARNO HOLZ

Eichendorff

Ferndrüben hinter den Bäumen
ist eben ein Glöcklein verhallt,
nun will ich hier liegen und träumen
den Mittag im stillen Wald.

Hoch über mir rauschen die Wipfel,
und kühl herwehts aus der Kluft,
und fernhin verschwimmen die Gipfel
der Berge in bläulichem Duft.

Verschlafen zwitschern und nicken
die Vögel im grünen Tann,
und wie verzaubert blicken
die wilden Rosen mich an.

Nun wird mir vor Weh und Wonne
das Herz so weit, so weit!
Und ich denk an die goldene Sonne
der schönen Jugendzeit.

Da sang ich so lustige Weisen
und ward es doch nimmer müd,
denn herrlich ist es zu reisen,
zu reisen im sonnigen Süd!

Dort raunen die Brunnen und rauschen
verschlafen die ganze Nacht,
und Marmorbilder lauschen,
wenn die Sterne am Himmel erwacht.

Dann singen die Mandolinen
das alte Lied von den zwein,
und in sinkende Tempelruinen
spinnt silbern der Mond sich ein.

Von einer Vigne zur andern,
dahin über Täler und Höhn,
wie träumend sang ich im Wandern:
O Welschland, wie bist du so schön!

Doch Herz, hör auf zu träumen,
denn dahin ist die alte Zeit,
und über dir rauscht in den Bäumen
die grüne Einsamkeit.

So manche seiner Flocken
blies mir der Winter aufs Haupt,
und meine braunen Locken
sind alle schon grau verstaubt.

Nur du, mein Herz, bliebst das alte
und schlägst noch so süß, so süß –
Oh, daß dich dein Herrgott erhalte:
Gott grüß dich, mein Herz, Gott grüß!

JOHANNES BOBROWSKI

Eichendorff

Eine Zeit der Brunnen
war und der Gärten – der Wald
ist wie ein Abend gekommen
vor ihm her ging der Efeu
die Erde in ihrer Tiefe
donnert von Strömen – ein Ruf
müßte aufstehen – das Horn
tönt und ich wend mich im Schlaf

Als ich erwachte ich fand
einen Weg um den Bergsturz ein Busch
war dort ich fing einen Vogel
er sang nicht so bin ich im Schlaf
so werd ich erwachen
zuletzt
so werd ich erwachen

FRIEDRICH BISCHOFF

Das Lied der Ewigkeit

Als Eichendorff im Alter still in Neiße wohnte,
Fromm in die Heimat heimgekehrt,
Und täglich, wenn das Wetter lohnte,
So wie dereinst in frohen Wandertagen
Den Mantel um die Schulter kühn geschlagen,
Dahinschritt auf dem Wall, der rings die Stadt bewehrt,

Geschah es eines Tags, daß aus der Vögel Schall
Ein Lied ihm zuflog: Hall und Widerhall,
Die Seele und die Vogellust sich fanden,
Und jubelnd tief
Der Gott ihn heischend also rief,
Daß jäh dem Greis die Sinne schwanden!

Er taumelte und glitt ins Gras,
Die Halme rauschten grün zusammen
Und wölbten sich zum Traumgelaß.
Die Vogellust verhielt, in ihn hinabgesunken,
Die Ohnmacht ward zur Macht und zwang ihn trunken!

Ein ungesichtiger Strom von Liederflammen
Durchschwoll sein Blut, daß es aufrauschte,
Erglühend sang und glüh sich selbst belauschte:
Lied aller Lieder,
Und in dem einen immer wieder
Den Himmel und die Erde tauschte!
[...]

Der Fluß in Wiesen rann ins späte Licht,
Die Blumen knieten sanft um seine Schuh,
Noch einmal flammte jung sein Angesicht!
Dann griff der Wind nach seiner Hand
Und führte ihn, dieweil erlosch das Land,
Hernieder von dem Wall zur Häuserzeile.
Die Amsel rief
So süß, so selig tief:
Er hörte nicht mehr zu.

Am nächsten Morgen über eine Weile,
Erst auf dem Ring beim Jahrmarktskram,
Sodann von Haus zu Haus in Eile
Erfuhr man es, daß in die Nacht,
In Gott getröstet, sanft und sacht,
Der Freiherr Eichendorff zum Sterben kam.

PETER RÜHMKORF

Auf eine Weise des Joseph Freiherrn von Eichendorff

In meinem Knochenkopfe
da geht ein Kollergang,
der mahlet meine Gedanken
ganz außer Zusammenhang.

Mein Kopf ist voller Romantik,
meine Liebste ist nicht treu –
Ich treib in den Himmelsatlantik
und lasse Stirnenspreu.

Ach, wär ich der stolze Effendi,
der Gei- und Tiger hetzt,
wenn der Mond, in statu nascendi,
seine Klinge am Himmel wetzt!

Ein Jahoo, möchte ich lallen
lieber als intro-vertiert

mit meinen Sütterlin-Krallen
im Kopf herumgerührt.

Ich möcht am liebsten sterben
im Schimmelmonat August –
Was klirren so muntere Scherben
in meiner Bessemer-Brust?!

DIETER HOFFMANN

Justinus Kerner

Ein Rezept mit Kreide
einem Patienten, der eilte,
im Wald auf den Rücken geschrieben.

Der Wandrer an der Sägemühle,
Kafkas Lieblingsgedicht,
im Jahrhundert, das folgte.

Die Äolsharfe.
Die Klexographie.

Totenköpfe mit Krautsalat
riefen die Irren in Ludwigsburg.

Ein Schatten im Badeglas.
Stockfleckiger Kupferstich.

Ein Spiel von Vater und Sohn,
sich auf den Fußboden legen,
Vater nannte das Sarg anmessen.

GEORG HERWEGH

Ludwig Uhland

Nur selten noch, fast graust's mir, es zu sagen,
Nehm ich der Freiheit Evangelium,
Den Schatz von Minne und von Rittertum
Zur Hand in unsern hartbedrängten Tagen.

Wie hab ich einst so heiß dafür geschlagen!
Wie hastig dreht sich Blatt um Blatt herum!
Ich kann nicht mehr – ich kann nicht – sei es drum!
Es soll doch niemand mich zu schelten wagen.

Ein ander Hassen und ein ander Lieben
Ist in die Welt gekommen, und von allen
Sind wenig Herzen nur sich gleich geblieben.

So sind auch deine Lieder mir entfallen;
Ein einziges steht fest in mir geschrieben;
Kennst du das Lied: »Weh euch, ihr stolzen Hallen!«

FRIEDRICH HEBBEL

Platen

Vieles hast du getan, man soll es mit Liebe dir danken,
    Hast der äußeren Form streng, wie kein Zweiter, genügt,
Hast die innre erkannt und alle Reifen der Sprache,
    Welche der Leichtsinn sprengt, wieder zusammenge-
schweißt.
Eines fehlt dir jedoch, die sanfte Wallung des Lebens,
    Die in ein reizendes Spiel gaukelnder Willkür den Ernst
Des Gesetzes verwandelt und das im Tiefsten Gebundne
    So weit löst, bis es scheint, daß es sich selbst nur gehorcht.
Dennoch verschmilzt nur dies die äußere Form mit der
innern,
    Und man erreicht es nur so, daß die Gebilde der Kunst
Wirken, wie die der Natur, und daß, wie Blumen und Bäume,
    Keiner sich auch ein Gedicht anders noch denkt, als es ist.

GEORG HERWEGH

Platen

Kalt und stolz, ein Gletscher, erhebst du dich über die Fläche,
  Die das gemütliche Vieh unsrer Poeten begrast:
Selten gewahrt ein Wandrer den Kranz hochglühender Rosen,
  Den du vor frevelnder Hand unter dem Schnee verbirgst.

SARAH KIRSCH

Der Droste würde ich gern Wasser reichen

Der Droste würde ich gern Wasser reichen
In alte Spiegel mit ihr sehen, Vögel
Nennen, wir richten unsre Brillen
Auf Felder und Holunderbüsche, gehn
Glucksend übers Moor, der Kiebitz balzt
Ach, würd ich sagen, Ihr Lewin –
Schnaubt nicht schon ein Pferd?

Die Locke etwas leichter – und wir laufen
Den Kiesweg, ich die Spätgeborne
Hätte mit Skandalen aufgewartet – am Spinett
Das kostbar in der Halle steht
Spielen wir vierhändig Reiterlieder oder
Das Verbotne von Villon
Der Mond geht auf – wir sind allein

Der Gärtner zeigt uns Angelwerfen
Bis Lewin in seiner Kutsche ankommt
Schenkt uns Zeitungsfahnen, Schnäpse
Gießen wir in unsre Kehlen, lesen
Beide lieben wir den Kühnen, seine Augen
Sind wie grüne Schattenteiche, wir verstehen
Uns jetzt gründlich auf das Handwerk Fischen

ERICH JANSEN

Annettes Kutsche auf Rüschhaus

Annette von Droste-Hülshoff *1797–1848*

Wie graue Seide, Rosenrauch,
die Kutsche innen mit der hohen Lehne.
Die Polster träumen noch.
Nicht einer hat davon geschrieben:
wenn sich das Fräulein rückwärts lehnte,
und von Resedenbackwerk
träumte,
gleich einer Puppe, die im Waggehäuse
den Sommernachmittag versäumt.

Im Rüschhaus waren dann die Bilder traurig,
im Garten wurden kaum die Bohnen reif,
und Jenny rief:
das aufgesparte Essen wird verderben.

Noch steht lebendig da die Kutsche
und wartet
wie ein abgedienter Gaul
hart unterhalb Annettes Kammer,
ob sich nicht doch
noch einmal
oben in der Wand
das kleine Fenster öffnet:
»*Jetzt*, stummer Wagen
fahren wir!«

»*Nie!*«
sprach der Sonnengott von draußen
auf der Tenne.
»Die Damen sind doch abgereist;
auch Jenny,
schon vor hundert Jahren!«

DETLEV VON LILIENCRON

An Lenau

Lenau! Unsterblicher Meister! wie dringst
    Du vor allen den andern
Sängern ins Herz mir hinein, die mich
    umklingen so oft.
Ist es der Zauber des Rhythmus, der in
    melodischem Tonfall
Fließt durch die Verse Dir hin, wie ein
    berauschender Quell?
Meine Gedanken, sie sind es, die mir
    die Seele durchbeben;
Was mir im Innersten lebt, find ich
    In Deinem Gesang.

CHRISTOPH MECKEL

Mörike

Windlicht, Tierschritt, Irrlichtlaternen schwankend am Hügel hin durch Regen und Dämmerung spät. Wind von der Alb und die steigenden Finsternisse am Himmel. Fensterlicht wirft große Schatten hinter das kleine Getier, das sich duckt ans Gemäuer und pfeift und singt. Regen von den Ziegeln tropft in den Holzstoß vorm Haus, tropft in den Sand, rinnt ab an den Lupinen.
Ein kalter Hauch bläht die Gardinen rund. Er ist allein im Zimmer, Kälte kommt. Ein Schwindel packt ihn, ein Schweiß, ein Schauer durchkältet den Hals, daß er das Fenster schließt und die Augen zuhält.
Heitere Frühe, anhebend des Tages Lieblichkeit mit unendlichem Licht, die schwäbische Sonne, weiß Gott, und koschere Freude! Goldraute hab ich vorm Fenster und Heckenrosen, aufschießt das Unkraut um den Lattenzaun. Das Brennesselweib wird dieser Tage kommen. Dengeln und kleines Geschrei in den Wiesen am Dorfrand, vorbei in

Eile ein rotes Kopftuch am Pfarrweg – wir wollen uns nun
den Versen zuwenden, Catull!
Auf dem Tisch gilbt Papier, unterm leeren Weinglas der
Vornacht. Da hab ich Schneckenhäuser für die Base, ein
fälliges Scherflein. Und Musterkärtchen für die musischen
Herrn in Stuttgart. Flakons, Schlafäpfel, Blumentöpfe. Ich
kenne einen, der schätzt meine Gurkenrezepte.
Ich hab einen Fingerring für eine, wir wissen für welche, ich
schnätzle mir meinen Tabak am Holztisch, horche. Golden
steht die Sonne im Salat. Und Erdgeruch, ein süßes Gelächter vom Dorfplatz, ein Hundegebell, ein Wiehern; die
Kirschbäume läuten.
Wir wollen uns nun den Versen zuwenden, Catull! Idyllen,
Episteln und Verse für das Alter. Wer kennt unser Morgengesicht, unser Nachtgesicht? Ich schweige, leg mir den
Hausrock um. Ein Launenrankenwerk im Taschenbuch,
Gucklochentdeckungen, ich kenne die Götter! Poetisch
Backwerk und Frauenzimmerverse, sie wollen gemacht
sein, ein Blütenduft. Ich lache, mir jucken die Hände, ein
Lallen müde; ein Kopfschmerz hinter den Ohren, daß es
mir schwarz wird vor Augen.
Ich hab eine Kurzweil gemacht für Fanny, gesanglich –
manierlich; wir freuen uns, wir lachen; doch sah ich –
Die Könige sah ich, herrlich auf den Inseln, Mondglanz hing
an ihren Perlenröcken, Sington des Meeres flog an alle
Ufer, die wilden Fische redend in allen Sprachen. Paläste,
Gärten, wildernd Anemonen, und mächtige Falter schwarz
und klebrig von Tau, ein Schweigen auf allen Hügeln rings,
als mit Geheul und steckenlangen Schnäbeln...
Ach wer erzählt dem Kinde ein Märchen, Fanny!
Gehaspel des Windes umher; unzählige Zeit, ein Katzengefauch im Gärtlein, verzieht sich mählich ins staubige Gras.
Ich schweige, horche, die Kuckucke feiern Hochzeit, ich
höre sie in den Wäldern, ich trau meinen Ohren. Wir
wollen jetzt einen Kanzeltext verfassen, wolls Gott, er
gelingt uns; die Götter sind pfiffig und faul, wie wir wissen,
ich schreibe und schreibe –
Höhe des Sommers und Abend, ein schütteres Licht auf den
Hügeln. Ich bin durch den Wald gegangen, hab Blätter
gesammelt, Steine für jemand und schöne Junikäfer. Sinniert am Abend überm feinen Geäder des Blattwerks auf

seinem Holztisch, das Studium von Blättern und Rinden, wir wissen es, erhält ihn die halbe Nacht.

Und Katzenaugen queren Mohn und Holunder. Geäuge, es stimmt mich verdrießlich, ein Feuer im Laubwerk, ich hab es nicht sehen wollen. Der großen Scheinmonde Nachtgewächs kühl glanzlos feucht verschwebt im Halblicht am Fenster.

Die Nacht bricht an. Ein Licht kommt von der Straße. In Hausschuhn geht er über die warme Diele. Ein Klopfen hüpft durch die Wände, ein Tasten von Schuhen, ein Knirschen – ich wars nicht allein, der es hörte! Ein Schleifen von langem Haar, Tierpfoten, Eisen; die Mauern biegen sich leis, Gebälke redet. Ein Schauder kratzt ihm die nackten Sohlen, daß er, allein im Zimmer, die Dielen aufreißt, die von Nägeln kreischen.

Wir wollen uns nun den Versen zuwenden, Catull! Grammatiken, Lexika liegen geordnet und Schreibzeug, das schöne Versmaß erwartet uns, ferner Freund, und die Stille erheitert uns, der lichte Abend. Was klapperte, fuhr durch die Luft –?

dergleichen kenne ich schon – ein Fieberlaut, ein Bienenton, und dann... Es peitschen Nixenschwänze durch den Raum, die Sümpfe schmatzen laut im schwarzen Wald, ein Feuer kommt, Gerölle klappern irr, ein Phosphorglanz jagt über Kronenstümpfe, ein Brummen kommt, ein Heulen kommt, ein Schrei, Meerkönigs Weiber jodeln in Dämmer und Licht, ein Feuer am andern, ein Schrei in alle Winde...

Dämmerung kommt über den Hügel nah. Eines Tages Wärme schwelt an den Mauern. Er rückt den Holztisch ab vom kühlen Fenster. Türen gehn laut im Haus, es klappert Geschirr auf der Diele.

Mörike ißt zu Abend. Käs, Brot und Wein, Tabak und Pflaumen erheitern ihn, wir wissen es, die halbe Nacht.

PETER HÄRTLING

An Mörike

Wenn gegen Abend
ins sparsame Licht
die Krähen einfallen
und
die Stimmen
in den Gasthäusern
lauter werden,
wenn die Mesner
angehalten sind,
den Abend
zu läuten,
wenn die alten Frauen
hinter
geschlossenen Vorhängen
ihre Verwünschungen
auszusprechen wagen,
wenn die Briefe
der Freunde
leergelesen sind
und Horaz nicht mehr
hilft,
säuft er sich
endlich
einen Rausch an
und es bekümmert ihn
nicht mehr,
daß er
seinen Zorn
nicht schreiben kann.

seinem Holztisch, das Studium von Blättern und Rinden, wir wissen es, erhält ihn die halbe Nacht.

Und Katzenaugen queren Mohn und Holunder. Geäuge, es stimmt mich verdrießlich, ein Feuer im Laubwerk, ich hab es nicht sehen wollen. Der großen Scheinmonde Nachtgewächs kühl glanzlos feucht verschwebt im Halblicht am Fenster.

Die Nacht bricht an. Ein Licht kommt von der Straße. In Hausschuhn geht er über die warme Diele. Ein Klopfen hüpft durch die Wände, ein Tasten von Schuhen, ein Knirschen – ich wars nicht allein, der es hörte! Ein Schleifen von langem Haar, Tierpfoten, Eisen; die Mauern biegen sich leis, Gebälke redet. Ein Schauder kratzt ihm die nackten Sohlen, daß er, allein im Zimmer, die Dielen aufreißt, die von Nägeln kreischen.

Wir wollen uns nun den Versen zuwenden, Catull! Grammatiken, Lexika liegen geordnet und Schreibzeug, das schöne Versmaß erwartet uns, ferner Freund, und die Stille erheitert uns, der lichte Abend. Was klapperte, fuhr durch die Luft –?

dergleichen kenne ich schon – ein Fieberlaut, ein Bienenton, und dann... Es peitschen Nixenschwänze durch den Raum, die Sümpfe schmatzen laut im schwarzen Wald, ein Feuer kommt, Geröll klappern irr, ein Phosphorglanz jagt über Kronenstümpfe, ein Brummen kommt, ein Heulen kommt, ein Schrei, Meerkönigs Weiber jodeln in Dämmer und Licht, ein Feuer am andern, ein Schrei in alle Winde...

Dämmerung kommt über den Hügel nah. Eines Tages Wärme schwelt an den Mauern. Er rückt den Holztisch ab vom kühlen Fenster. Türen gehn laut im Haus, es klappert Geschirr auf der Diele.

Mörike ißt zu Abend. Käs, Brot und Wein, Tabak und Pflaumen erheitern ihn, wir wissen es, die halbe Nacht.

PETER HÄRTLING

An Mörike

Wenn gegen Abend
ins sparsame Licht
die Krähen einfallen
und
die Stimmen
in den Gasthäusern
lauter werden,
wenn die Mesner
angehalten sind,
den Abend
zu läuten,
wenn die alten Frauen
hinter
geschlossenen Vorhängen
ihre Verwünschungen
auszusprechen wagen,
wenn die Briefe
der Freunde
leergelesen sind
und Horaz nicht mehr
hilft,
säuft er sich
endlich
einen Rausch an
und es bekümmert ihn
nicht mehr,
daß er
seinen Zorn
nicht schreiben kann.

HEINZ PIONTEK

Erscheinung eines Österreichers
(Adalbert Stifter)

Was er schrieb, ist mir böhmisch,
ihr Leser, Geisterseher!

Sicher hätte er gern am Bache gewohnt,
Haare geschnitten, geweissagt, Diebe
gebannt, Quellen gefunden,
Zeichen gebrannt.

Eine Linzer Magd trug ihm
nach dem Schuldienst den Braten auf,
trummweise.

Er reagierte mit der Genauigkeit
eines hypochondrischen Thermometers.

Der Berg Kirchschlag war ihm das liebste.

Fast ideal hat er Wälder,
die bis in unsere Brust sich verzweigen,
in Blei gießen lassen:

den grünen Augenaufschlag von Sätzen
für immer.

An einem Morgen dann
außer dem Schmerz wirklich
nichts als ein Messer.

GEORG HERWEGH

Heinrich Heine

Deine Schuhe drücken dich,
Und du schaust nach höhern Sternen,

Schauest höher noch, als ich,
in die nebelgrausten Fernen.

Und du sprichst: »Mein Auge hängt
Nicht mehr an der Erde Brüsten,
Höher als die Milchstraß' drängt
Mich ein heimatlich Gelüsten.

Von dem Meere stammt sie her,
Und das Meer hat viele Klippen;
Bitter, bitter wie das Meer
Schmecken Aphrodites Lippen.

Hab' die Erdenschönheit satt.
Auch die Frau im Marmelsteine,
Ach! die keine Arme hat,
Mir zu helfen!« – Lieber Heine,

Sing und stirb! Unsterblich wacht
Doch die arme Dichterseele;
Mitten durch die Todesnacht
Schluchzt ihr Lied die Philomele.

Sing und stirb! und fluche nicht
Dieser Erde Rosenlauben!
Teurer Dichter, suche nicht
Trost in einem Seehundsglauben!

Sing und stirb! Wir sorgen schon,
Daß kein Atta Troll dir schade;
Schwebe hin, Anakreon,
Zu der Seligen Gestade!

Rasch vorbei am Höllensumpf!
Hör' nicht das Koax! und trage
Deine Lieder im Triumph
In des Pluto Dichterwage!

Grüß' den Aristophanes
Dort auf Asphodeloswiesen;
Ich hier oben will indes
Deinen Lorbeer fromm begießen.

PETER HÄRTLING

Heine

1
Diese gestochenen Metren,
die herb
werden durch Einbrüche
von Sarkasmus
und Hohn,
den jene fürchteten,
die sich eingerichtet hatten
in einer Wirklichkeit,
die er
bestritt.

2
Marx,
den er nicht ohne
Einwürfe schätzte,
hatte die Entfernung
nicht begreifen können,
der Hochmut, der ihn
sagen ließ,
diesen
Heine,
es sei ein Irrtum, man
könne sich nicht mit dem
gemeinen Volk gemein machen.
Denn man spreche dessen
Sprache nicht und dessen
Gestank sei unerträglich.
Also müsse man versuchen, es
zu bilden, aber –

3
Nachdem er
Weitling in einer
Hamburger Buchhandlung
getroffen hatte,
den Revolutionär,
den Schneider, der

schrieb Das Evangelium des armen Sünders,
berichtete er in den Geständnissen,
mokiert über den mangelnden Anstand
des Gesellen,
daß er sich lümmelte,
daß er die Knöchel sich
ständig rieb, ungeniert.
Befragt, weshalb er
sich derart benehme,
antwortete Weitling,
dort hätten ihn im
Kerker die Ketten gedrückt –
»Ja, ich gestehe,
ich wich
einige Schritte zurück,
als der Schneider solchermaßen
mit seiner widerwärtigen
Familiarität
von den Ketten sprach«,
denn es war,
was ihn bestürzte,
nicht mehr die Rede
von metaphorischen Ketten.
So wehrte er sich
gegen die Realitäten,
die er beschrieb.

4
Die Wirkungen – anders
als er sie erwartet hätte:
noch trivialer, erbärmlicher.
Ein Jud und
zu gescheit, gescheiter als
selbst ein Jud sein dürft.
Doch ein paar Lieder,
Musik für Intellektuelle
(mit Gefühl),
das Wintermärchen,
die Harzreise
und vieles aus der
Prosa, trockener denn je.

5
Sie sagen, er
habe sich fein gemacht
für eine Nachwelt, die
nicht mehr liest.
Was sie als Dünkel
verstehn, ist das genau
geschriebene Wissen,
seine melancholische
Erfahrung, daß
Rebellionen vergessen,
was geschrieben wurde.

6
Vorläufig zurückgewiesen
wegen Beleidigung
des Vaterlands.

Ein Intellektueller.
Ein Verräter.
Ein Französling.
Ein Weiberheld.
Ein Kommunist.
Ein Journalist.
Ein Jud obendrein.

Und welche Wahrheiten
sind gut
fürs Vaterland?

HUGO VON HOFMANNSTHAL

Zu Heinrich Heines Gedächtnis

Zerrissnen Tones, überlauter Rede
Verfänglich Blendwerk muß vergessen sein:
Allein den bunten schmerzverzognen Lippen
Entrollte, unverweslicher als Perlen
Und leuchtender, zuweilen ein Gebild:

Das traget am lebendigen Leib, und nie
Verliert es seinen innern feuchten Glanz.

PETER HACKS

Der Heine auf dem Weinbergsweg

Der Heine auf dem Weinbergsweg
Hat einen goldnen Zeh
Und einen goldnen Daumen.
Der Zeh tut ihm nicht weh.

Die Kinder, wenn sie steigen
Aufs Knie dem Dichtersmann,
Fassen sie erst die Zehe
Und dann den Daumen an.

O deutsches Volk, erobere
Dir deiner Meister Knie.
Dann wetzt du ab die Patina
Vom Gold der Poesie.

PETER RÜHMKORF

Heinrich Heine-Gedenklied

Ting-tang-Tellerlein,
durch Schaden wird man schlau;
ich bin der Sohn des Huckebein
und Leda, seiner Frau.

Ich bin der Kohl- und bin der Kolk-,
der Rabe, schwarz wie Priem:
Ich liebe das gemeine Volk
und halte mich fern von ihm.

Hier hat der Himmel keine Freud,
die Freude hat kein Licht,
das Licht ist dreimal durchgeseiht,
eh man's veröffentlicht.

Was schafft ein einziges Vaterland
nur soviel Dunkelheit?!
Ich hüt mein' Kopf mit Denkproviant
für noch viel schlimmere Zeit.

Und geb mich wie ihr alle glaubt
auf dem Papier –:
als trüg ein aufgeklärtes Haupt
sich leichter hier.

FERDINAND FREILIGRATH

Bei Grabbes Tod

(Während eines Manövers, an dem er teilnimmt, trifft der Dichter im Manöverlager Bekannte aus seiner Heimatstadt Detmold, durch die er den Tod Christian Dietrich Grabbes erfährt.)
[...]
»Was, du?« – »Wer sonst?« – Nun Fragen hin und her.
»Wie geht's? von wannen? was denn jetzt treibt der?«
Auf hundert Fragen mußt' ich Antwort haben. –
»Wie –« »Nun, mach' schnell! ich muß zu Schwarz und Rot!«
»Gleich! nur ein Wort noch: *Grabbe*?« – »Der ist tot;
Gut' Nacht! wir haben Freitag ihn begraben!«

Es rieselte mir kalt durch Mark und Bein!
Sie senkten ihn vergangnen Freitag ein,
Mit Lorbeern und mit Immortellen
Den Sarg des toten Dichters schmückten sie –
Der du »die hundert Tage« schufst, so früh! –
Ich fühlte krampfhaft mir die Brust erschwellen.

Ich trat hinaus, ich gab der Nacht mein Haar;
Dann auf die Streu, die mir bereitet war
In einem Kriegerzelt, warf ich mich nieder.
Mein flatternd Obdach war der Winde Spiel;
Doch darum nicht floh meinen Halmenpfühl
Der Schlaf – nicht darum bebten meine Glieder.

Nein, um den Toten war's, daß ich gewacht:
Ich sah ihn neben mir die ganze Nacht
Inmitten meiner Leinwandwände.
Erzitternd auf des Hohen prächt'ge Stirn
Legt' ich die Hand: »Du loderndes Gehirn,
So sind jetzt Asche deine Brände?

Wachtfeuer sie, an deren sprüh'n der Glut
Der Hohenstaufen Heeresvolk geruht,
Des Korsen Volk und des Karthagers;
Jetzt mild wie Mondschein leuchtend durch die Nacht,
Und jetzo wild zu greller Brunft entfacht –
Den Lichtern ähnlich dieses Lagers!

So ist's! wie Würfelklirren und Choral,
Wie Kerzenflackern und wie Mondenstrahl
Vorhin gekämpft um diese Hütten,
So wohl in dieses mächt'gen Schädels Raum,
Du jäh Verstummter, wie ein wüster Traum
Hat sich Befeindetes bestritten.

Sei's! diesen Mantel werf' ich drüber hin!
Du warst ein Dichter! – Kennt ihr auch den Sinn
Des Wortes, ihr, die kalt ihr richtet?
Dies Haus bewohnten Don Juan und Faust;
Der Geist, der unter dieser Stirn gehaus't,
Zerbrach die Form – laßt ihn! er hat gedichtet.

Der Dichtung Flamm' ist allezeit ein Fluch;
Wer, als ein Leuchter, durch die Welt sie trug,
Wohl läßt sie hehr den durch die Zeiten brennen;
Die Tausende, die unterm Leinen hier
In Waffen ruhn – was sind sie neben dir?
Wird ihrer Einen, so wie dich, man nennen?

Doch sie verzehrt; – ich sprech' es aus mit Grau'n!
Ich habe dich gekannt als Jüngling; braun
Und kräftig gingst dem Knaben du vorüber.
Nach Jahren drauf erschaut' ich dich als Mann;
Da warst du bleich, die hohe Stirne sann,
Und deine Schläfe pochte wie im Fieber.

Und Male brennt sie; – durch die Mitwelt geht
Einsam mit flammender Stirne der Poet;
Das Mal der Dichtung ist ein Kainsstempel!
Es flieht und richtet nüchtern ihn die Welt!«
Und ich entschlief zuletzt; in einem Zelt
Träumt' ich von einem eingestürzten Tempel.

GEORG HERWEGH

Zum Andenken an Georg Büchner, den Verfasser von »Dantons Tod«, Zürich, im Februar 1841

> Die Guten sterben jung,
> Und deren Herzen trocken, wie der Staub
> Des Sommers, brennen bis zum letzten Stumpf.

I

So hat ein Purpur wieder fallen müssen!
Hast eine Krone wiederum geraubt!
Du schonst die Schlangen zwischen deinen Füßen
Und trittst den jungen Adlern auf das Haupt!
Du läßt die Sterne von dem Himmel sinken
Und Flittergold an deinem Mantel blinken!
Sprich, Schicksal, sprich, was hast du diesen Tempel
So früh in Schutt und Asche hingelegt?
So rein und frisch war dieser Münze Stempel –
Was hast du heute sie schon umgeprägt?
O teurer als im goldenen Pokale
Einst jene Perle der Kleopatra
Lag eine Perle in dem Haupte da;
Der Mörder Tod schlich nächtlich sich ins Haus,
Der rohe Knecht zerbrach die zarte Schale
Und goß den hellen Geist als Opfer aus. –

Mein Büchner tot! Ihr habt mein Herz begraben!
Mein Büchner tot, als seine Hand schon offen
Und als ein Volk schon harrete der Gaben,
Da wird der Fürst von jähem Schlag getroffen;
Der Jugend fehlt ein Führer in der Schlacht,
Um einen Frühling ist die Welt gebracht;
Die Glocke, die im Sturm so rein geklungen,
Ist, da sie Frieden läuten wollt, zersprungen.
Wer weint mit mir? – Nein, ihr begreift es nicht,
Wie zehnfach stets das Herz des Dichters bricht,
Wie blutend, gleich der Sonne, nur sich reißt
Von dieser Erde – stets ein Dichtergeist,
Wie immer, wo er von dem Leib sich löste;
Sein eigner Schmerz beim Scheiden war der größte.
Ein Zepter kann man ruhig fallen sehn,
Wenn einmal nur mit ihm die Hand gespielt,
Von einem Weibe kann man lächelnd gehn,
Wenn man's nur einmal in den Armen hielt;
Der Todesstunde Qual sind jene Schemen,
Die wir mit uns in unsre Grube nehmen,
Die Geister, die am Sterbebette stehn
Und uns um Leben und Gestaltung flehn,
Die schon die junge Morgenröte wittern
Und ihrem Werden bang entgegenzittern,
Des Dichters Qual die ungeborne Welt,
Der Keim, der mit der reifen Garbe fällt.

Ich will euch an ein Dichterlager bringen.
Seht mit dem Tod ihn um die Zukunft ringen,
Seht seines Auges letzten Fieberstrahl,
Seht, wie es trunken in die Leere schaut
Und drein noch sterbend Paradiese baut!
Die Hand zuckt nach der Stirne noch einmal,
Das Herz pocht wilder an die schwachen Rippen,
Das Zauberwort schwebt auf den blassen Lippen –
Noch ein Geheimnis möcht er uns entdecken,
Den letzten, größten Traum ins Dasein wecken. –
O Herr des Himmels, sei ihm jetzt nicht taub!
Noch eine Stunde gönn ihm, o Geschick!
Verlösche uns nicht des Propheten Blick!
Umsonst – es bricht die müde Brust im Staub

Und mit ihr wieder eine Freiheitsstütze,
Aufs stille Herz fällt die gelähmte Hand,
Daß sie im Tod noch vor der Welt es schütze!
Und die so reich vor seinem Geiste stand,
Er darf die Zukunft nicht zur Blüte treiben,
Und seine Träume müssen Träume bleiben;
Ein unvollendet Lied sinkt er ins Grab,
Der Verse schönsten nimmt er mit hinab.
[...]

III
Was er geschaffen, ist ein Edelstein,
Drin blitzen Strahlen für die Ewigkeit;
Doch hätt er uns ein Leitstern sollen sein
In dieser halben, irr gewordnen Zeit,
In dieser Zeit, so wetterschwül und bang,
Die noch im Ohr der Kindheit Glockenklang
Und mit der Hand schon nach dem Schwerte zittert,
Zur Hälfte tot, zur Hälfte neugeboren,
Gleich einer Pflanze, die den Frühling wittert
Und ihre alten Blätter nicht verloren.
Er hätte – aber gönnt ihm seine Ruh!
Die Augen fielen einem Müden zu;
Doch hat er funkelnd in Begeisterung,
Vom Himmelslichte trunken, sie geschlossen,
Der Dichtung Quelle hat sich voll und jung
Noch in den stillen Ozean ergossen.
Und eine Braut nahm ihn der andern ab;
Vor *der* verhaucht' er friedlich sanft sein Leben,
Die *Freiheit* trug den Jünger in das Grab
Und legt' sich bis zum jüngsten Tag daneben.
[...]

O bleibe, Freund, bei deinem Danton liegen!
's ist besser, als mit unsern Adlern fliegen. –
Der Frühling kommt, da will ich Blumen brechen
Auf deinem Grab und zu den Deutschen sprechen:
»Kein Held noch, noch kein Ziska oder Tell?
Und eure Trommel noch das alte Fell?«

GOTTFRIED BENN

Der junge Hebbel

Ihr schnitzt und bildet: den gelenken Meißel
in einer feinen weichen Hand.
Ich schlage mit der Stirn am Marmorblock
die Form heraus,
meine Hände schaffen ums Brot.

Ich bin mir noch sehr fern.
Aber ich will Ich werden!
Ich trage einen tief im Blut,
der schreit nach seinen selbsterschaffenen
Götterhimmeln und Menschenerden.

Meine Mutter ist eine so arme Frau,
daß ihr lachen würdet, wenn ihr sie sähet,
wir wohnen in einer engen Bucht,
ausgebaut an des Dorfes Ende.
Meine Jugend ist mir wie ein Schorf:
eine Wunde darunter,
da sickert täglich Blut hervor.
Davon bin ich so entstellt.

Schlaf brauche ich keinen.
Essen nur so viel, daß ich nicht verrecke!
Unerbittlich ist der Kampf,
und die Welt starrt von Schwertspitzen.
Jede hungert nach meinem Herzen.
Jede muß ich, Waffenloser,
in meinem Blut zerschmelzen.

PAUL HEYSE

Hebbel

»Warum erwärmt dich's nie,
Wie er auch flammt und wütet?«
Er hat eine Phantasie,
Die unterm Eise brütet.

HANS ERICH NOSSACK

Hebbel

Ein Kind noch spielte ich am Rand des Seins,
da tratst du neben mich, und dir daneben
stand hart die Schuld. Ihr härtetet mein Leben.
Vielleicht zu hart für diese Welt des Scheins.

Ein Vöglein, das dir zart im Käfig ,
ein Blümlein, das in deinem Garten blühte,
ein Herz, das sich auf dich zu warten mühte,
du nahmst es, gabst es, und dein Werk gelang.

Mein harter Lehrer, anfangs deiner Lehren
hör dich bitten, daß wir Andren wehren
dir nachzutun. Was wissen sie von Schuld,

der immer fordernden, die nie verzichtet,
die tags uns treibt und nachts den Schlaf vernichtet.
Die Schuld, die endlich bitten lehrt: Geduld.

GOTTFRIED KELLER

Herwegh

Schäum' brausend auf! – Wir haben lang gedürstet,
Du Goldpokal, nach einem jungen Wein:
Da traf in dir ein guter Jahrgang ein!
Wir haben was getrunken, was gebürstet!

Noch immer steht Zwing-Uri stolz gefirstet,
Noch ist das Land ein kalter Totenschrein,
Der schweigend harrt auf seinen Osterschein – :
Zum Wecker bist vor vielen du gefürstet!

Doch wenn nach Sturm der Friedensbogen lacht,
Wenn der Dämonen finstre Schar bezwungen,
Zurückgescheucht in ihres Ursprungs Nacht:

Dann soll dein Lied, das uns nur Sturm gesungen,
Erst voll erblühn in reicher Frühlingspracht!
Nur durch den Winter wird der Lenz errungen.

ARNO HOLZ

An Gottfried Keller

Die Weisheit lieh dir ihre Huld,
die Schönheit steht in deiner Schuld.
Durch deine Verse blitzt und rollt
Goethisches Gold!

Ich möchte dich bis in den Himmel heben,
doch ach, du glaubst ja nicht an ihn,
denn nur die Erde trägt dir Reben,
rote Rosen und weißen Jasmin.

Du bist mir auf hundert von Meilen entrückt,
doch hab ich dir oft schon die Hand gedrückt
und jauchz' dir nun zu durch Nebel und Dunst
das alte Sprüchlein: Gott grüß die Kunst!

DETLEV VON LILIENCRON

An Conrad Ferdinand Meyer

Ein goldner Helm von wundervoller Arbeit,
In einer Waffenhalle fand ich ihn
Als höchste Zier.

Und immer liegt der Helm mir in Gedanken;
Des Meisters muß ich denken, der ihn schuf,
Bin ich bei dir.

ARNO HOLZ

An Joseph Viktor von Scheffel

Du schwankst als Urbild hin und her
eines süffelnden Philosophen,
im Magen liegen uns zentnerschwer
deine vorsintflutlichen Strophen.

Jahrzehntelang lagen sie uns zur Last,
deine altdeutsch jodelnden Leute,
doch daß du den Ekkehard geschrieben hast,
das danken wir dir noch heute!

STEFAN GEORGE

Nietzsche

Schwergelbe wolken ziehen überm hügel
Und kühle stürme halb des herbstes boten
Halb frühen frühlings... also diese mauer
Umschloss den Donnerer – ihn der einzig war
Von tausenden aus rauch und staub um ihn?
Hier sandte er auf flaches mittelland
Und tote stadt die letzten stumpfen blitze
Und ging aus langer nacht zur längsten nacht.

Blöd trabt die menge drunten – scheucht sie nicht!
Was wäre stich der qualle schnitt dem kraut!
Noch eine weile walte fromme stille
Und das getier das ihn mit lob befleckt
Und sich im moder-dunste weiter mästet
Der ihn erwürgen half sei erst verendet!
Dann aber stehst du strahlend vor den zeiten
Wie andre führer mit der blutigen krone.

Erlöser du! selbst der unseligste –
Beladen mit der wucht von welchen losen
Hast du der sehnsucht land nie lächeln sehn?

Erschufst du götter nur um sie zu stürzen
Nie einer rast und eines baues froh?
Du hast das nächste in dir selbst getötet
Um neu begehrend dann ihm nachzuzittern
Und aufzuschrein im schmerz der einsamkeit.

Der kam zu spät der flehend zu dir sagte:
Dort ist kein weg mehr über eisige felsen
Und horste grauser vögel – nun ist not:
Sich bannen in den kreis den liebe schliesst
Und wenn die strenge und gequälte stimme
Dann wie ein loblied tönt in blaue nacht
Und helle flut – so klagt: sie hätte singen
Nicht reden sollen diese neue seele.

RICHARD DEHMEL

Nachruf auf Nietzsche

Und es kam die Zeit,
daß Zarathustra abermals
aus seiner Höhle niederstieg vom Berge;
und viel Volkes
küßte seine Spuren.
Der Jünger aber, der ihn liebte,
stand von ferne,
und der Meister kannte ihn nicht.
Und der Jünger trat zu ihm und sprach:
Meister, was soll ich tun,
daß ich selig werde?
Zarathustra aber wandte sich
und schaute hinter sich,
und seine Augen wurden fremd,
und gab zur Antwort:
Folge mir nach!

Da ward der Jünger sehend
und verstand den Meister:
folgte ihm
und verließ ihn.

Als er aber seines Weges wanderte,
wurde er traurig
und sprach also zu seiner Sehnsucht:

Wahrlich, Viele sind,
deren Zunge trieft vom Namen Zarathustras,
und im Herzen beten sie
zum Gotte Tamtam;
allzu früh erschien er diesem Volk.
Seinen Adler sahen sie fliegen,
der da heißt
der Wille zur Macht
über die Kleinen;
und seine Schlange nährten sie an ihrer Brust,
die Schlange Klugheit.
Aber seiner Sonne ist ihr Auge blind,
die da heißt
der Wille zur Macht
über den Einen: den Gott Ich.
Wiedergeburten feiern sie
und Wiedertaufen aller Götzen,
aber Keiner wußte noch
sich selber zu befruchten
und seinem Samen jubelnd sich zu opfern.

Der Du Deinen Opferwillen lehrtest,
fahr denn wohl! gern hätt ich dir
dein letztes Wort vom Mund geküßt,
du lächelnder Priester des fruchtbaren Todes.
Aber wir leben,
und mancher Art sind
die Sonnenpfeile und Blumengifte
des fruchtbaren Todes.
Weh, daß dein Jünger dir
zu spät erschien! –

BERTOLT BRECHT

Über Nietzsches »Zarathustra«

Du zarter Geist, daß dich nicht Lärm verwirre
Bestiegst du solche Gipfel, daß dein Reden
Für jeden nicht bestimmt, nun misset jeden:
Jenseits der Märkte liegt nur noch die Irre.

Ein weißer Gischt sprang aus verschlammter Woge!
Was dem gehört, der nicht dazu gehört

Im Leeren wird die Nüchternheit zur Droge.

ERICH KÄSTNER

Nietzsche – sein Porträt

Keiner vor ihm, noch hinterher
warf je sein hüstelndes Gehirn
so stolz in die Brust wie er.
Zur Hälfte Schnurrbart, zur Hälfte Stirn –
er hatte es schwer.

FRANZ GRILLPARZER

Richard Wagner

Erscheint Freund Wagner auch denn auf der Bühne?
Ein magrer Geist mit einer Krinoline.

Richard Wagner und Friedrich Hebbel
Tappen beide im romantischen Nebbel.
Das doppelte b gefällt dir nicht;
Ja, mein Freund, der Nebel ist dicht!

ARNO HOLZ

Richard Wagner als »Dichter«

Das urigste Poetastergenie,
das unser Jahrhundert geboren;
schon beim Anhören seiner Hotthüpoesie
verlängern sich unsere Ohren!

Der deutschen Sprache spie dreist ins Gesicht
seines Stabreims Eiapopeia –
ein demokratischer Krebs, der Verse verbricht:
Wigala, Wagala, Weia!

CARL ZUCKMAYER

Trinkspruch für Gerhart Hauptmann
Zu seinem siebzigsten Geburtstag, am 15. November 1932

Laßt mich das Glas erst leeren,
Das mir die Zunge locker macht:
Ich möcht' ihn schallend ehren,
Doch stockt der Korb im Förderschacht –
     Denn Mannesdank und Liebesglück
     Hält man im Herzen gern zurück.

Ach, wie mit armen Worten –
Ihn, der der Worte Meister ist,
Des Wort uns allerorten
Der Dinge Sinn und Raum bemißt –
     Wie denn mit Worten lobt' ich ihn
     So hell, wie mir sein Licht aufschien?

Trinkt aus! Laßt mir das Schweigen
Des tiefen Schlucks, des guten Zugs!
Laßt mir das stumme Neigen
Geleerten Krugs, berauschten Flugs!
     Wie Traube fromm aus Fässern weht:
     So lobet ihn dies Weingebet.

MAX HERRMANN-NEISSE

Die Hauptmann-Menschen

Kein Schattenzug blutleerer Kunstgespenster:
das *Leben* zwischen Hochzeitsfest und Gruft!
Leibhaftig strömt herein durch offne Fenster
Waldatem, Wiesenhauch und Bergesluft.
Leibhaftig wandeln Menschen auf der Bühne
und haben um sich ihre wahre Welt,
und über dem Gespinst von Schuld und Sühne
wölbt schützend sich der Güte Himmelszelt.
In seine Hut kehrt ein auf goldnen Sprossen
Hanneles Seele, kehrten schließlich ein
auch Schluck und Jau, die stromernden Genossen,
nach dem Vexierspiel zwischen Sein und Schein.
Der Menschheit Leidenschaft und Glück und Jammer,
die Einsamkeit, der Kampf, der Untergang,
die Seelennot in Schloß und Mägdekammer,
der Liebe süßer, bitter Überschwang:
der Henschel-Witwer, schuldlos preisgegeben,
und Cramptons alkoholisch dumpfe Pracht
und Florian Geyers dunkles Heldenleben,
der Weberschar verlorne Hungerschlacht,
der listige Kleinkrieg, den die Wolffen zünftig
wider bornierte Schneidigkeit gewinnt,
die Clausensippe, herzensroh »vernünftig«,
und der geduld'ge Narr in Christo Quint.
Die holden Mädchen, die uns zärtlich winken,
sie heilen Wunden, machen Greise jung:
Marei und Ottegebe, Gersuind, Inken,
im Duft der herzlichsten Erinnerung,
umwebt von Märchen- und Legendenschimmer
und auch als Märchen und Legende wahr,
Griselda, Elga, Pippa, Sehnsucht immer,
Rautendelein mit rotem Elfenhaar.
Ihr Sanften, ihr Gefährlichen, Verruchten,
die ihr das Glück und das Verderben bringt,
ihr trügerischen, lebenslang Gesuchten,
die ihr in Traum uns und in Sterben singt,
die Sidselill, die lockre Gastwirts-Liese,

die Zirkuswanda, die vom Bischofsberg –
die Höllen alle und die Paradiese
und zwischen ihnen: eines Dichters Werk!
Darin die Welt, das Grobe und das Feine,
der Grund, das große und das kleine Licht,
und jedem wird nach der Natur das Seine,
daß jeder seines Ursprungs Sprache spricht,
wie ihm der Schnabel wuchs, das Herz sich löste,
und ist es köstlich, ist es Schlesiens Laut,
und wird sehr würdig schlicht und ernst das Größte,
wenn Kramer seinem Sohn ein Denkmal baut
aus Trostgedanken, die den Tod erkennen,
ist in den »Ratten« keß und fahl Berlin
und wird mit lauter Hochzeitskerzen brennen,
wenn, der ein armer Heinrich lange schien,
ein reicher ward, hat zauberhafte Schätze
von eignen Bildern, eignen Melodien,
die unvergeßliche Musik der Sätze.
Da rauscht das Ährenfeld, und Wolken ziehn,
blüht Übermut und räudelhaftes Schwärmen,
die Andacht und des Volkes Mutterwitz,
der Heimatklang, an dem wir still uns wärmen,
Bedächtiges, Rausch und Gedankenblitz,
es nimmt sich Zeit, es kommt in jähem Fluge,
ist herzhaft tragisch, komisch ohne Hohn.
Das Himmlisch-Törichte, das Weltlich-Kluge
hat von des Dichters Gnaden Form und Ton,
ist männlich im Bekennen und im Schweigen,
von Eitelkeit und Mache nicht entstellt,
und bleibt in seines Daseins buntem Reigen
die Herrlichkeit der Gerhart Hauptmann-Welt!

FRIEDRICH BISCHOFF

Carl Hauptmann

Wenn der Föhnwind durch den Bannwald fährt,
Daß die Föhren ächzen und schrein,
Steht einer am Grubenrand, in sich gekehrt,
Und schaut in den Berg hinein.

Er trägt einen Mantel aus Wolkenflaus,
Und ein Stern glänzt ob seinem Haar;
Man spürt vergeistert, er ist hier zu Haus
Wohl schon an die tausend Jahr.

Und wenn er die Hand am Knebelbart,
Vom Nebel wabernd umhüllt,
Dem Geheimnis sich gibt nach Walenart,
Dann ist schon das Wunder erfüllt:

Du siehst noch der Augen waldiges Licht,
Schon ist er winzig und klein,
Und huscht mit verschmitztem Wurzelgesicht
In den funkelnden Fels hinein.

»Wohl unter den Rosen, wohl unter dem Schnee«,
Singt eine Grabschrift im Tal:
»Darunter vergeh ich nimmermeh.«
Du weißt es: Carl Rübezahl!

ELSE LASKER-SCHÜLER

Richard Dehmel

Aderlaß und Transfusion zugleich;
Blutgabe deinem Herzen geschenkt.

Ein finsterer Pflanzer ist er,
Dunkel fällt sein Korn und brüllt auf.

Immer Zickzack durch sein Gesicht,
Schwarzer Blitz.

Über ihm steht der Mond doppelt vergrößert.

JOHANNES BOBROWSKI

Else Lasker-Schüler

Windbruch
über die Erde
streu ich. Schwester. Jedes
ungestorbene Land
ist dein Grab.

Przemysl, Brzozów, wer
seine Stätte
aushob, ist
verscharrt. In Mielce das Haus
Gottes
brennend, über die Flammen
hinauf die Stimme, eine
Stimme, aber
aus hundert Mündern, aus
der Erstickung. Wie sagt
man: im Feuerofen
erhob sich das Lob
Gottes – wie sagt
man?

Ich weiß
nicht mehr.
Über die Erde, Schwester,
Windbruch, ausgestreut. Wie
Bäume verkrallt
Gesehenes in
den Schatten mittags, in
die Dämmerung unter den Schwingen
der Vögel, in
das Eis, in
die Ödnis
nachts.

Liebe
(du sprichst aus dem Grab)
Liebe tritt, eine weiße

Gestalt,
aus der Mitte des Grauens.

HANS ERICH NOSSACK

Barlach

Als sich die matte Zeit von ihrem Vater
wehklagend abwandt, um den kleinen Harm
wie ein gestraftes Kind im Mutterarm
sich auszujammern, wardst du mein Berater.

Ein armer Vetter galt ich aller Welt,
ich Findling, der ich mutterlos geboren;
an meiner Echtheit zweifelnd ganz verloren,
eh du mir meinen toten Tag erhellt.

Ich ward dein Sohn, weil ich dein Wort verstand.
Ich ward dein Sohn, weil in der Sintflut schwand,
was Sohn in mir vom Weibe und Geblüte.

Denn mehr als unsres Leibes Zwang und Wonne
versöhnt uns innig, wie die Abendsonne,
stets über Alles, Vater, deine Güte.

ELSE LASKER-SCHÜLER

Theodor Däubler

Zwischen dem Spalt seiner Augen
Fließt dunkeler Golf.

Auf seinen Schultern trägt er den Mond
Durch die Wolken der Nacht.

Die Menschen werden Sterne um ihn
Und beginnen zu lauschen.

Er ist ungetrübt vom Ursprung,
Klar spiegelt sich das blaue Eden.

Er ist Adam und weiß alle Wesen
Zu rufen in der Welt.

Beschwört Geist und Getier
Und sehnt sich nach seinen Söhnen.

Schwer prangen an ihm Granatäpfel
Und spätes Geflüster der Bäume und Sträucher,

Aber auch das Gestöhn gefällter Stämme
Und die wilde Anklage der Wasser.

Es sammeln sich Werwolf und weißer Lawin,
Sonne und süßes Gehänge, viel, viel Wildweinlaune.

Evviva dir, Fürst von Triest!

GOTTFRIED BENN

Für Oskar Loerke zum 50. Geburtstage

Wenn Du noch leidest und
kämpfst für Dein Walten,
Glücke und Lebensgrund,
bebst um Erhalten.

Wenn Du noch Dinge siehst,
die Dir gehören,
wenn Du noch Ringe fliehst,
die Dich zerstören.

Wenn Du noch Formen willst,
um nicht zu enden,
wenn Du noch Normen stillst,
statt Dich zu wenden.

Bist Du noch Zwischenrang,
Spieler und Spötter,
Larve und Larvendrang
dunkler Götter.

Doch wenn Du ganz versinkst,
kommt Dir die Wende,
Du schweigend weitertrinkst
Wunden und Ende.

Wenn Du dann ganz am Grund
der Höllenscharen,
naht sich ein Geistermund,
hallen Fanfaren.

Dann über Einsamkeit,
Spieler und Spötter,
naht die Unsterblichkeit:
Strophen und Götter.

HERMANN KASACK

Zum 60. Geburtstag von Hermann Hesse

Am zweiten Juli ziemt es dem Poeten,
Vor Josef Knecht und seinen Herrn zu treten,
Um ihnen in den Montagnola'wind
Den Dank dafür zu sagen, daß sie sind.

Und sind sie Beides, wohl: so sind sie Eines,
Sind Becher und zugleich der Trunk des Weines.
So bleibt dem Gast am Ehrentag das Schenken,
Im Weine seiner herzlich zu gedenken.

Zum 70. Geburtstag von Hermann Hesse

Auf der Fahrt zum Morgenland
Grüßen ihren Meister

Von dem Klang des Spiels gebannt
Wahlverwandte Geister.

Stundenschlag um Stundenschlag
Drehen wir im Kreise.
Siebzig Jahre sind ein Tag
Auf der Weltenreise.

ELSE LASKER-SCHÜLER

Giselher dem Tiger

(Gottfried Benn)

Über dein Gesicht schleichen die Dschungeln.
O, wie du bist!

Deine Tigeraugen sind süß geworden
In der Sonne.

Ich trag dich immer herum
Zwischen meinen Zähnen.

Du mein Indianerbuch,
Wild West,
Siouxhäuptling!

Im Zwielicht schmachte ich
Gebunden am Buxbaumstamm –

Ich kann nicht mehr sein
Ohne das Skalpspiel.

Rote Küsse malen deine Messer
Auf meine Brust –

Bis mein Haar an deinem Gürtel flattert.

HANS-JÜRGEN HEISE

Gottfried Benn

Privatim ein Bürger
mit Kitschhang und Homburg
ein Mann der fast weibisch
an Schnittblumen roch
       zu weich
       zu sensibel
trotz Morgue nie ein Schlachter
brutal nur aus Notwehr
höflich aus Angst

Kein Kluger durch Wissen
ein Tiefer aus Leiden
Was dem Fiebernden Schweiß ist
das war ihm der Vers

Sonst lebte er bieder
ein Hautarzt mit Homburg
ein Spießer mit Bierdunst

Nur als Künstler ein Wolf

PETER RÜHMKORF

Lied der Benn-Epigonen

Die schönsten Verse der Menschen
– nun finden Sie schon einen Reim! –
sind die Gottfried Bennschen:
Hirn, lernäischer Leim –
Selbst in der Sowjetzone
Rosen, Rinde und Stamm.
Gleite, Epigone,
ins süße Benn-Engramm.

Wenn es einst der Sänger
mit dem Cro-Magnon trieb,
heute ist er Verdränger
mittels Lustprinzip.
Wieder in Schattenreichen
den Moiren unter den Rock;
nicht mehr mit Rattenscheichen
zum völkischen Doppelbock.

Tränen und Flieder-Möven –
Die Muschel zu, das Tor!
Schwer aus dem Achtersteven
spielt sich die Tiefe vor.
Philosophia per annum,
in die Reseden zum Schluß –:
So gefällt dein Arcanum
Restauratoribus.

CARL ZUCKMAYER

Kleine Sprüche aus der Sprachverbannung

(Für Thomas Mann zu seinem 70. Geburtstag am 6. Juli 1945)

I
Jeder denkt, sein Englisch wäre gut,
Wenn er nur den Mund verstellen tut.
Jeder hört so gern die Komplimente,
Daß man es ja gar nicht glauben könnte:
      Die Geläufigkeit
      In so kurzer Zeit
Und fast frei vom störenden Akzente.

Aber ach, in Deiner stillen Kammer
Spürest Du der Sprachverbannung Jammer,
Krampfhaft suchend die korrekte Wendung
Für ›Beseeltheit‹ und ›Gefühlsverblendung‹.
Auch scheint's solches nicht auf deutsch zu geben
Wie: zu seinem Rufe auf zu leben.

Und Du ziehst betrübt die Konsequenz:
Dort ›Erlebnis‹ – hier ›Experience‹.

Welch ein Glück noch, daß man seinen Mann
Im Stockholmer Urtext lesen kann –!

II
Die fremde Sprache ist ein Scheidewasser.
Sie ätzt hinweg, was überschüssig rankt.
Zwar wird die Farbe blaß, und immer blasser –
Jedoch die Form purgiert sich und erschlankt.

Die Übersetzung ist ein Wurzelmesser.
Sie kappt und schneidet, wo es keimend wächst.
Das Mittelmäßige macht sie häufig besser,
Vom Bessern bleibt zur Not der nackte Text.

Ach, welche Wohltat, daß man seinen Mann
Noch im Stockholmer Urtext lesen kann –!

III
Es stirbt kein Licht – kein Funke geht verloren.
Kraft wächst aus Kraft in Sturz und Untergang.
Aus Katastrophen ward die Welt geboren
Und alles Leichte aus bezwungnem Zwang.

Und amputiert man Dich bis beinah zu den Hüften,
So hüpfst Du auf den Händen munter fort
Es grünt aus Felsgestein – es blüht aus Grüften.
Der Leib verwest. Lebendig bleibt das Wort.

ERNST JANDL

Rilke, reimlos

rilke
sagte er

dann sagte er
gurke

leise dann
wolke

rilkes gewicht

rilke wird um sein
gewicht erleichtert

so rauh erzieht
die erde ihren sohn

HANS EGON HOLTHUSEN

Mit Rosen in Raron

> »Rose, oh reiner Widerspruch. Lust,
> Niemandes Schlaf zu sein unter so viel
> Lidern.«
> (Inschrift auf Rilkes Grabstein)

Hier, wo sich die Mittagswinde
An des Hügels Bug entzwein,
Leg ich nieder ein Gebinde
Rosen an des Dichters Stein.

Hänge blühn und Mädchen bräunen
Sich in Fleisch und Bein.
Bauern reden an den Scheunen,
Kinder sagen ja und nein.

Dichter hat die Welt geborgen
Aus dem stumm gelebten Sein.
Alles zwischen heut und morgen
Trinkt von seinem Wein.

Rose ist und Herz gebrochen
Unterm Totenstein.
Herz und Rose sind versprochen,
Tod soll Tod nicht sein.

Nun des Dichters Mund getötet,
Rosen fort und fort gedeihn,
Und es blüht und dankt und rötet
Unterm Rosenstein.

Rose, erd- und geistgezeugte,
Pentagramm, Marienschrein.
Mund und Wunde, Schoß und Leuchte,
Grund in Grund und Schein auf Schein.

MICHAEL GUTTENBRUNNER

Raron

Als ich nach Raron kam,
saß am Brunnen beim Matzenhaus
ein altes Weib,
das einer schwarzen Sau
den Goder kratzte.
Von der Besichtigung
des berühmten Grabes zurückgekehrt,
sah ich das Schwein
geschlachtet am Galgen hängen
wie ein aufgeschlagenes Meßbuch.

GOTTFIED BENN

Für Klabund

Nehmen Sie jene erste
tauende Nacht im Jahr
und die strömenden blauen
Streifen des Februar,

nehmen Sie jene Verse,
Reime, Strophen, Gedicht,
die unsere Jugend erhellten
und man vergaß sie dann nicht,

nehmen Sie von den Wesen,
die man liebte und so,
jenen Hauch des Erlöschens
und dann salu und Chapeau –

ach, diese spärlichen vollen
Schläge des Herzens und
über uns fallen die Schollen –
leben Sie wohl, Klabund!

CARL ZUCKMAYER

Totenlied für Klabund

An Deine Bahre treten,
Klabund, in langer Reih,
Die Narren und Propheten,
Die Tiere und Poeten,
Und ich bin auch dabei.

Es kommen die Hamburger Mädchen
Samt Neger und Matros,
Wo werden sie jetzt ihre Pfundstück
Und all die Sorgen los?

Es kommen die englischen Fräuleins,
Wie Morcheln, ohne Kinn,
Wo sollen denn die Armen jetzt
Mit ihrer Unschuld hin?

Es kommt am Humpelstocke
Der Leierkastenmann
Und fängt aus tiefster Orgelbrust
Wie ein Hund zu heulen an.

Es kommt der Wilhelm Fränger,
Die Laute in der Hand,
Aus seinen Zirkusaugen rinnt
Statt Tränen blutiger Sand.

Es kommen alle Vögel
Und zwitschern ohne Ruh,
Sie decken Dich wie junge Brut
Mit flaumigen Federn zu.

Es kommt ein Handwerksbursche
mit rotem Augenlid,
Der kritzelt auf ein Telegramm-Formular
Dein schönstes Liebeslied.

Es kommt auf Beinen wie ein Reh
Ein dünner grauer Mann,
Der stellt die Himmelsleiter
Zu Deinen Füßen an.

ELSE LASKER-SCHÜLER

Paul Zech

Sing Groatvatter woar dat verwunschene Bäuerlein
Aus Grimm sinne Märchens.

Der Enkelsohn ist ein Dichter.
Paul Zech schreibt mit der Axt seine Verse.

Man kann sie in die Hand nehmen,
So hart sind die.

Sein Vers wird zum Geschick
Und zum murrenden Volk.

Er läßt Qualm durch sein Herz dringen;
Ein düsterer Beter.

Aber seine Kristallaugen blicken
Unzählige Male den Morgen der Welt.

FELIX BRAUN

Auf den Tod des Dichters Georg Heym

(Ertrunken im Wannsee bei Berlin am 16. Januar 1912)

Der sich den Tod einfing und ihn besaß,
Unseliger, nicht hieltest du ihn gut.
Er log sich los, er schwamm unter der Flut,
auf deren Eises weißbehauchtem Glas

du glücklich hinglittst auf geschärftem Eisen,
ins All zurückbefreit, dir selbst zum Preis
und wie zum Spiel in vielen Schicksalskreisen... –
Da stieß die Faust hinauf – es barst das Eis!

– Erst schoß nur Wasser zischend in die Schlucht.
Dann kam ein Kopf herauf, die Arme jetzt. –
Er bot dir des Granates dunkle Frucht.

Dein Mund griff zu, du aßest wie gehetzt.
Dann sprang das Graun dir stückweis vom Gesicht.
Von seinem auch! – Doch deins war eher Licht.

WOLFGANG HÄDECKE

Heym

1
Ein heiserer Vogel
krächzt von der Tribüne,
flügelschlagend,
Rost in der Stimme,
eisig.

2
Seine Langeweile: tödlich.
Nachts: Jakobinermützen
zucken im Weinnebel,
Kokarden, Salven –

seine Verse, feindselig
rauchend, schlagen auf
wie Stiefeleisen,
die er hassen müßte.

3
Keine Legendenfigur,
nicht einmal
im Haveleis
unter grauen Korallen,
neben Ophelia.

4
Ein Lachen
streckt seine scharfe Zunge
aus dem Gesicht.

Hekuba wird tanzen
mit störrischen Knien,
die Alte, am lockeren Seil
seines Lachens

(dort trommelt der Neger,
der Schwarze, er glüht
in den Firsten, er trommelt,
der hockende Gott,
der Städter, er spreizt
seine Beine, er säuft
seine Kannen, er trommelt,
er singt)
und Monde
fallen schwefellaut.

5
...ewig verliebt, Mädchennamen in den
Tagebüchern aufgereiht wie in einem
Firmenkatalog, fünfzig Emmas, Idas,
Hildes, lächerlich, leicht besoffen,
offensichtlich Schwärmer, daneben
allerdings die käuflichen Damen, die
gebraucht werden wie Taschentücher;

Beamtenanwärter, bettelt glatzköpfigen
Amtmann um ein paar Wochen Urlaub,
Fackeln im Hirn, was nicht zählt im
Apparat, schreibt, geht auf Bälle, fährt
in Kutschen, läuft Eis, ekelt sich
vor dem Vater, schreibt, macht Honneurs,
kegelt, trinkt Bier, hat die Schultern
eines Boxers, schreibt, sorgt für seinen
Nachruhm...

6
Die Leiche wird
zwecks Identifizierung
in der Morgue ausgestellt:
in einen grünen Eisblock gekrümmt,
Eis im beleidigten Mund,
Eis in den Augen,
Eis in den Lungen –

keineswegs bereit zu sterben
obwohl der Tod
oder was man so nennt
nicht unverhofft kam:

eine grüne Blume.

RICHARD ANDERS

Traum vom Tod Georg Heyms

Von einer Sekunde
von einer Eisscholle
zur anderen springend
während von einer Sekunde
zur anderen
eine Eisscholle von der anderen treibt
eine Sekunde von der anderen treibt
ein Himmelskörper vom anderen treibt
weiß er
daß zwischen Eisschollen

und Sekunden
und Himmelskörpern
der Abstand endlich
endlos wird
und er
wie weit er auch springt
über kurz oder lang
einmal zu kurz springt

HORST LANGE

Der Strom

(In memoriam Georg Heym)

ORION, großer Waidmann, jagt herauf mit Hund und Waffen,
Hetzt auf den schwachen Tag die bißge Sternenmeute,
Blaumähnige Himmelsrösser traben an, zu Hufen böses Klaffen
Vom kalten Sturm und überwinden ihre müde Beute.
Das Licht sinkt hin, haucht seinen Atem aus am Horizont,
Fällt andern Ländern zu, die es durch blassen Nebel übersonnt.

Allmählich wächst der Frost, kriecht mit dem Dunkel
in die Forsten ein,
Gesträubten Haars auf grau bereiftem Rücken, die Hyäne –
Bis hohe Stämme bersten und zerspellt aufschrein,
Die lange Wunde ist geschmückt mit Bernstein, einer einzgen Träne.
Jetzt reißt der starre Strom und trennt in dumpfen Tönen
Sich weithin auf wie eine Falle, deren Eisenkiefer stöhnen.

Die schweren Schiffe sind vom Eis auf's Ufer halb
geschoben
Und liegen schwarz an beiden Borden, unentflammte Scheiterhaufen,
Der plumpe Bug hängt schief und hat sich leicht
erhoben,

Zeigt dorthin, wo die Schleier grauen Schnees gleich
    Wieseln laufen.
Aus Löchern, welche mittags warn mit Äxten hier und dort
    geschlagen,
Hört man die nasse Tiefe ziehn und singend klagen.

O frostger Tod, der da gemästet in den quirlnden Wassern
    lauert:
Ein fetter Fisch streckt hoch den Mund und schnappt
    nach Luft –
O abgezehrtes Sterben, das zerschlissen in den dürren
    Weiden kauert:
Nicht so gewichtig wie von Fäulnis eine Handvoll nur aus
    der gedüngten Gruft!
Der Dichter, dessen Herz den Unterirdischen so Sprache lieh,
    als Klang,
Weht her in euern Hinterhalt, den weiten Flußlauf wie
    berauscht entlang.

Er weiß nicht, was ihn treibt und große, bleiche Fittiche
    ihm heftet
An seine Schultern, daß sich's knisternd überm Mantel
    bauscht –
Den Odem kennt er nicht, der ihn mit seinem Gifte anbläst
    und entkräftet –
Die Hand nicht, die sein Leben gleisnerisch wie eine falsche
    Münze tauscht.
Ihn führt die Windsbraut weg, und unter seinen Sohlen ritzt
    der Stahl den Strom,
Es knirscht und dröhnt ihm nach, dem flatternden
    Phantom.

Das Ufer schwankten im Laternenlicht entlang die Fischer,
    die ihn noch vernahmen,
Wie seine Stimme hallend flog, und wie im Splittern jäh
    ertrank der Laut,
Doch als die dann mit Netzen und mit Stangen
    kamen,
War über allen Wacken schon gerippt, gefiedert frischen Eises
    dünne Haut.

Sie lauschten einem dunklen Schall, dem Widerhall des Lieds,
　　das ihnen unverständlich war,
Betrogen blieb der Tod, Unsterblichkeit begann voll Trost
　　und wunderbar...

ELSE LASKER-SCHÜLER

Georg Trakl

Seine Augen standen ganz fern.
Er war als Knabe einmal schon im Himmel.

Darum kamen seine Worte hervor
Auf blauen und weißen Wolken.

Wir stritten über Religion,
Aber immer wie zwei Spielgefährten.

Und bereiteten Gott von Mund zu Mund.
Im Anfang war das Wort.

Des Dichters Herz, eine feste Burg,
Seine Gedichte: Singende Thesen.

Es war wohl Martin Luther.

Seine dreifaltige Seele trug er in der Hand,
Als er in den heiligen Krieg zog.

– Dann wußte ich, er war gestorben –

Sein Schatten weilte unbegreiflich
Auf dem Abend meines Zimmers.

JOHANNES BOBROWSKI

Trakl

Stirn.
Der braune Balken.
Dielenbretter. Die Schritte
zum Fenster.
Das Grün großer Blätter. Zeichen,
geschrieben über den Tisch.

Die splitternde Schwelle. Und
verlassen. Langsam
hinter dem Fremdling her
unter Flügeln der Dohlen
in Gras und Staub
die Straße ohne Namen.

ELSE LASKER-SCHÜLER

Franz Werfel

Ein entzückender Schuljunge ist er;
Lauter Lehrer spuken in seinem Lockenkopf

Sein Name ist so mutwillig:
Franz Werfel.

Immer schreib ich ihm Briefe,
Die er mit Klecksen beantwortet.

Aber wir lieben ihn alle
Seines zarten, zärtlichen Herzens wegen.

Sein Herz hat Echo,
Pocht verwundert.

Und fromm werden seine Lippen
Im Gedicht.

Manches trägt einen staubigen Turban.
Er ist der Enkel seiner eigenen Verse.

Doch auf seiner Lippe
Ist eine Nachtigall gemalt.

Mein Garten singt,
Wenn er ihn verläßt.

Freude streut seine Stimme
Über den Weg.

JOHANNES BOBROWSKI

An Nelly Sachs

> Die Tiere haben Höhlen und die Vögel
> unter dem Himmel haben Nester

Höhlen, das Waldgetier
fährt hinab,
und der versengt und geschwemmt
war, der Holzpfahl Perun,
in die Erde auch
ist er gegangen, unter
den Dnjepr, so schreit noch aus
der Strom seine Rede: Kommt
von zerbrochnen Gehölzen, Tiere
kommt, das Getier hat Höhlen.

Der die Himmel trägt,
über Türmen
steht er des Lichts, für ihn
ist der Baum, seine Brut
unter den Flügeln, Schatten
nährt ihn und Regen, die Vögel,
die eiligen Herzen,
haben ein Nest.

(Hoch, ein Aufschein, der Adler
zog, in den Fängen
die schreiende Nachtigall, über
der Brandstatt riefen die Schwalben –
der Bewohner der Höhle
fiel auf die Erdwand, Sand
um die Schläfe strich er,
die Wurzeln fraßen
Gesicht und Gehör.)

Wer hat, daß er sein Haupt
lege, der wird
schlafen, hören aus Träumen
in einen Schrei, der die Ebenen
abfliegt, über Gewässern
fliegt – ein Licht kam, zwei Hügel
bogs auseinander, erkennbar
der Pfad, die Steine, Ufer,
grün vor Glanz – der Schrei
lautlos, »Löwenzahns Samen,
nur beflügelt mit Gebeten«.

PAUL CELAN

Zürich, Zum Storchen

(Für Nelly Sachs)

Vom Zuviel war die Rede, vom
Zuwenig. Von Du
und Aber-Du, von
der Trübung durch Helles, von
Jüdischem, von
deinem Gott.

Da-
von.
Am Tag einer Himmelfahrt, das
Münster stand drüben, es kam
mit einigem Gold übers Wasser.

Von deinem Gott war die Rede, ich sprach
gegen ihn, ich
ließ das Herz, das ich hatte,
hoffen:
auf
sein höchstes, umröcheltes, sein
haderndes Wort –

Dein Aug sah mir zu, sah hinweg,
dein Mund
sprach sich dem Aug zu, ich hörte:

Wir
wissen ja nicht, weißt du,
wir
wissen ja nicht,
was
gilt.

ELSE LASKER-SCHÜLER

Ernst Toller

Er ist schön und klug
Und gut.
Und betet wie ein Kind noch:
Lieber Gott, mach mich fromm,
Daß ich in den Himmel komm.

Ein Magnolienbaum ist er
Mit lauter weißen Flammen.
Die Sonne scheint –
Kinder spielen immer um ihn
Fangen.

Seine Mutter weinte sehr
Nach ihrem »wilden großen Jungen«...
Fünf Jahre blieb sein Leben stehn,
Fünf Jahre mit der Zeit gerungen
Hat er! Mit Ewigkeiten.

Da er den Nächsten liebte
Wie sich selbst –
Ja, über sich hinaus!
Verloren: Welten, Sterne,
Seiner Wälder grüne Seligkeit.

Und teilte noch in seiner Haft
Sein Herz dem Bruder dem –
Gottgeliebt fürwahr, da er nicht lau ist;
Der Jude, der Christ ist
Und darum wieder gekreuzigt ward.

Voll Demut stritt er,
Reinen Herzens litt er, gewittert er;
Sein frisches Aufbrausen
Erinnert wie nie an den Quell...
Durch neugewonnene Welt sein Auge taumelt

Rindenherb, hindusanft;
»Niemals mehr haften wo!«
Hinter kläglicher Aussicht Gitterfenster
Unbiegsamer Katzenpupillen
Dichtete Ernst im Frühgeläut sein Schwalbenbuch.

Doch in der Finsternis
Zwiefacher böser Nüchternheit der Festung
Schrieb er mit Ruß der Schornsteine
Die Schauspiele – erschütternde – der Fronarbeit:
In Kraft gesetzte eiserne Organismen.

JOHANNES BOBROWSKI

Gertrud Kolmar

Buche, blutig im Laub,
in rauchender Tiefe, bitter
die Schatten, droben das Tor
aus Elstergeschrei.

Dort ist eine gegangen,
Mädchen, mit glattem Haar,
die Ebene unter den Lidern
lugte herauf, in den Mooren
vertropfte der Schritt.

Ungestorben aber
die finstere Zeit, umher
geht meine Sprache und ist
rostig von Blut.

Wenn ich deiner gedächte:
Vor die Buche trat ich,
ich hab befohlen der Elster:
Schweig, es kommen, die hier
waren – wenn ich gedächte:
Wir werden nicht sterben, wir werden
mit Türmen gegürtet sein?

PETER HUCHEL

Widmung

(Für Hans Henny Jahnn)

Singende Öde am Fluß: wer rief?
Da mit dem rudernden Fuß des Schwans
die Nacht nun über dem Wasser naht,
gehn Feuer dunkel hinab den Pfad,
wo einmal der Knabe, im Schatten des Kahns,
den Mittag neben den Netzen verschlief.

Wer aber wollte, wenn eisige Ferne weht,
mit ihnen dort oben am Hügel nicht leben,
die melken und pflügen
und richten Gemäuer
und Balken an Balken sicher fügen?
wo sich das wasserhebende Windrad dreht,
wohnen sie nahe am Korn. Ihr Tagwerk ist gut.

Dich aber rief es, aus feuer-
brennender Tiefe zu heben
die leicht erlöschende, ruhlose Glut.

JOHANNES BOBROWSKI

Trauer um Jahnn

Stimmen, laut,
über dem Kürbisfeld,
die Straße ein weißer Rauch,
gegen den Mittag die wilden
Häupter der Sonnenblumen
aber die Stimme, eine
Stimme, zerrissner
Lippe nah, dem verharschten Blut,
Atem von Blättern, Wölbung,
Raschellaut, hörbar:
Komm mit den kleinen Händen,
Raute, mein Trauergift, komm,
leb ich so lieb ich, die grünen
Finger spür ich, die weißen
Wurzeln, tiefer, die Weißen
vertrinken mein Herz.

Einst
die belustigten Götter
über den Tartarus
riefen mit schönen Stimmen:
Hängt ihn kopfunter,
dann wächst ihm der Fels in den Mund.

WOLFGANG WEYRAUCH

Tod des Brecht

Der,
welcher gewünscht hat,
daß die Kinder

der Reiskahnschlepper und Teppichweber
besser daran sind
als die Reiskahnschlepper und Teppichweber,
daß ihre Enkel
es besser haben
als ihre Kinder

Tod des Hitler,
Tod des Gandhi,
Tod des Brecht,
Tod des Infanteristen Franz Sch.,
Tod des Bauern John H.,
Tod des Bauern Nikita D.

Der,
welcher gewünscht hat,
daß wir
die Erde nicht nur gut,
sondern auch eine gute Erde verlassen

Tod, Minute, Sekunde,
Tod, die winzigste Frist,
Wort, in jedermanns Munde,
Wort, das Missetat frißt

Der,
welcher den Himmel der Christen passierte,
Franz von Assisi sah,
sich vor ihm verbeugte,
und dieser stutzte,
dachte nach,
lächelte,
verneigte sich vor jenem

Tod derer,
welche zu leben wähnen,
weil sie herrschen,
aber ihre Macht
wird schwächer sein
als das Wässerchen eines Säuglings

Selig
sind die,
welche auf sich selbst verzichten

WOLF BIERMANN

Herr Brecht

Drei Jahre nach seinem Tode
ging Herr Brecht
vom Hugenotten-Friedhof
die Friedrichstraße entlang,
zu seinem Theater.

Auf dem Wege traf er
einen dicken Mann
zwei dicke Fraun
einen Jungen.
Was, dachte er,
das sind doch die Fleißigen
vom Brechtarchiv.
Was, dachte er,
seid ihr immer noch nicht fertig
mit dem Ramsch?

Und er lächelte
unverschämt – bescheiden und
war zufrieden.

KURT BARTSCH

Chausseestraße 125

Brecht sitzt wie eh und je
Im Schaukelstuhl und Schnee
Fällt auf die Gräber hin
Brecht schaukelt her und hin

Und lutscht an der Zigarr
Die nie erkaltet war
Rauch steigt schwarz aus dem Dach
Der Winter ist schon schwach
Die Mütze hängt am Nagel
Es fallen Stein und Hagel
Bald gibt es Blattsalat
(Bis man genug von hat)
Brecht schaukelt noch ein Stück
Er hat noch einmal Glück
Dann ist es abends acht
Kein Licht ist angemacht
Da seh ich einmal her
Der Schaukelstuhl ist leer.

ERICH FRIED

Beim Lesen der Gesammelten Werke Bertolt Brechts

1 Die Paletoten
Ein Gedicht über seine Schulzeit fängt an
»Die ärmeren Mitschüler in ihren dünnen Paletoten«.
Kopfschüttelnd vermerkte ich hier eine falsche Mehrzahl
denn ich wußte
das heißt doch Paletots

Als ich dann in dem Gedicht las was aus der Mehrzahl
seiner ärmeren Mitschüler geworden ist
»In den flandrischen Massengräbern,
für die sie vorgesehen waren«
radierte ich kopfschüttelnd meinen Vermerk wieder aus

2 Vom Sprengen
Sein Titel
»Vom Sprengen des Gartens«
machte mich stutzig

Meint er Sprengung
oder Besprengung?
Die Zweideutigkeit

ist ein Fehler
unserer Zeit
nicht seines Titels

3 Zu nachtschlafender Zeit
»Die Behörden sollen eine Untersuchung führen
So heißt es. Im Stadtviertel
schläft niemand mehr nachts.«

Diese Stelle in Brechts Gedicht
scheint uns veraltet
Daran

sind nicht die Behörden schuld die noch immer
Untersuchungen führen –
Aber das Volk

hat nachts wieder schlafen gelernt
nicht weil es schlecht ist
sondern weil es am Tag arbeiten muß

Um aber schlafen zu lernen:
sagt es:
Was geht das uns an?

4 Das Bleibende
Mein Freund H. las uns vor
aus den Gedichten nach 1933
»Der Sieg der Gewalt
Scheint vollständig.

Nur noch die verstümmelten Körper
Melden, daß da Verbrecher gehaust haben.
Nur noch über den verwüsteten Wohnstätten die Stille
Zeigt die Untat an.«

Sein zwölfjähriger Sohn
fragte verwundert:
War denn auch damals schon
Krieg in Vietnam?

GEORG VON DER VRING

Grabstätte der Ricarda Huch

Wind weht, der Boden ist rot
Von Kastanienblüten.
Nicht die Toten meint hier der Tod,
Sondern die jährlichen Blüten.

Auf die Grabplatte streut er sie hin,
Wo der Name zu lesen.
Ricarda kam ihm längst aus dem Sinn.
Doch sein Tun ist Stückwerk gewesen.

Lieder singt hier ein Mund,
Die durch des Efeus Geraschel hinfließen.
Der Tod weiß nichts. Er kann diesen Mund
Weder begreifen noch schließen.

MARIE LUISE KASCHNITZ

Auf Elisabeth Langgässers Begräbnis

Als sie den Dichter begraben haben
War Einer da, der für ein Wochenblatt
Einige Aufnahmen machte. Man sah sie später.
Den steilen Sarg, wie um ein mächtiges Haupt
Gezimmert, und den aufgeworfenen Wall,
Die Schaufel Erde in der Hand des Freundes,
Verwackelt, weil die Hand gezittert hatte.
Es war, alles in Allem, eine klägliche Feier.
Abwesend war das Oberhaupt der Stadt
Abwesend waren die Herren der Akademie.
Die Blumen waren aus Stroh und die Kränze stachlig.
Wer stürbe gerne in der Rosenzeit?
Der Pfarrer sprach sehr lang. Die Kinder übten
Verstohlen still, auf einem Bein zu stehen.
Einige waren gekommen, die niemand erblickte.
Sieben Dryaden, zwei Nymphen, ein Feuersalamander.

Nicht, daß der Dichter sie besungen hätte
Doch sie schienen zu glauben, sie gehörten dazu.
Die Gäste hatten Angst sich zu erkälten
Ein Toter zieht den Anderen ins Grab...
Sie schlossen ihre Mäntel, starrten gedankenlos
Die Wolke an, die über ihre Köpfe
Dahinfuhr schwarz und herrlich –
Die schöne Wolke, dachte der Photograph
Und machte eine Aufnahme privat.
Eine fünfzigstel Sekunde, Blende zehn.
Doch auf der Platte war dann nichts zu sehen.

PETER HÄRTLING

Für die Kaschnitz

Kommen Sie,
sagte ich,
kommen Sie in unsern Garten.
Es ließe sich
reden
über Kinderspiele, den
kleinen japanischen Ahorn
oder Mariannes Baum, den Ginkgo.

Sie sagte:
Holen Sie mich.
Es ist nicht wichtig,
viel zu reden,
aber in der Sonne
sitzen, den
Kindern zusehn
beim Spiel – das
haben Sie immer,
sagte sie.

Nie ist sie
in meinem Garten
gewesen.

Sprachen wir von ihm,
war es der ihre: sie
pflanzte den kleinen
japanischen Ahorn,
entließ den Ginkgo
aus seinem Gedicht,
erfand die Spiele
der Kinder.
Sie sagte: Noch immer
habe ich Ihren Garten
nicht gesehn,
doch
ich erinnere mich an ihn.

HORST BIENEK

Schattengestalt

(Für Peter Huchel)

Lichtjahre haben uns gestreift
    unsere Worte entflammt
        jetzt sind sie erloschen
            endgültig

Die Schatten kommen und streuen
    Fragen aus
        jeder der antwortet
            erstickt

Keine Stimmen mehr also
das Schweigen preist die Stille
    die Stille rühmt die Lautlosigkeit
ich blicke mich um
ich kann niemand mehr sehen
    meine eigne Gestalt
zerrinnt im Wachsen der Schattengestalt

WOLF BIERMANN

Ermutigung

Peter Huchel gewidmet

Du, laß dich nicht verhärten
In dieser harten Zeit
Die allzu hart sind, brechen
Die allzu spitz sind, stechen
und brechen ab sogleich

Du, laß dich nicht verbittern
In dieser bittren Zeit
Die Herrschenden erzittern
– sitzt du erst hinter Gittern –
Doch nicht vor deinem Leid

Du, laß dich nicht erschrecken
In dieser Schreckenszeit
Das wolln sie doch bezwecken
Daß wir die Waffen strecken
Schon vor dem großen Streit

Du, laß dich nicht verbrauchen
Gebrauche deine Zeit
Du kannst nicht untertauchen
Du brauchst uns, und wir brauchen
Grad deine Heiterkeit

Wir wolln es nicht verschweigen
In dieser Schweigezeit
Das Grün bricht aus den Zweigen
Wir wolln das allen zeigen
Dann wissen sie Bescheid

MARIE LUISE KASCHNITZ

Für Peter Huchel

Eisvogel schwerer über dem Havelsee
Seiner Flügel tropisches Blau und Grün
Und Charons Boot
So arglos bestiegen damals
In der märkischen Kindheit.

In London bei den Riesen Gog und Magog
Gingen wir übers Parkett aufeinander zu
Standen wir, hoben die Arme.
Die Saiten wurden gestimmt
Ein helles Getümmel.

Namen, einige sagen sich dir und mir
zum Beispiel Piazza Bologna
Und Bilder schlagen sich auf
Säulen Glyziniengelock
Römisches Ocker.

In deinen Gedichten die Geisterpferde
Streifen mit ihrem Atem mein Gesicht.
Deine Flüsse drängen
sich mir an den Weg
Dein riesiger Lebensbaum
Wirft seinen Schatten.

Mit dem Fernglas verfolgtest du
Meinen Weg nach Westen
Unter der Burgmauer hin
War ichs? Ich wars
Behalte mich im Auge.
Nachgeht mir dein Elend
Dein Traum.

REINER KUNZE

Zuflucht noch hinter der Zuflucht
(Für Peter Huchel)

Hier tritt ungebeten nur der wind durchs tor

Hier
ruft nur gott an

Unzählige leitungen läßt er legen
vom himmel zur erde

Vom dach des leeren kuhstalls
aufs dach des leeren schafstalls
schrillt aus hölzerner rinne
der regenstrahl

Was machst du, fragt gott

Herr, sag ich, es
regnet, was
soll man tun

Und seine antwort wächst
grün durch alle fenster

ODA SCHAEFER

Die Verzauberte
Für Peter Huchel in memoriam ›Die schilfige Nymphe‹

Den grünen Leib der Libelle,
Das Auge der Unke dazu,
So treibe ich über der Welle,
Dem murmelnden Mund der Quelle,
Die strömt aus dem dunkeln Du.

Hörst du mich?
Siehst du mich?
Ach, ich bin unsichtbar
Im weißen Spinnenhaar,
Im wirren Gräsergarn,
Unter Dorn und Farn.

Alles, was flüstert und schäumt,
Alles, was schauert und bebt,
Bin ich, die einsam träumt
Und im Entschweben lebt.

Im Schilf, im Ried
Singt ein Vogel mein Lied,
Liegt das Schwanenkleid
Meiner Flucht bereit.

Suche du mich!
Finde du mich!
Bis ich dir wiederkehr
So federleicht,
Ist alles still und leer,
Was mir noch gleicht.

HEINRICH BÖLL

Für Peter Huchel

wortlos
im Stacheldraht West
wird das Eindeutige zweideutig
wortlos
im Stacheldraht Ost
das Zweideutige nicht eindeutig

PETER HUCHEL

Gehölz

(Für Heinrich Böll)

Gehölz,
habichtsgrau,
das Grillenlicht der Mittagsdürre,
dahinter das Haus,
gebaut auf eine Wasserader.

Wasser,
verborgen,
in sandiger Öde,
du strömtest in den Durst der Sprache,
du zogst die Blitze an.

Am Eingang der Erde,
sagt eine Stimme, wo Steine
und Wurzeln die Tür verriegeln,
sind die zerwühlten Knochen Hiobs
zu Sand geworden, dort steht noch
sein Napf voll Regenwasser.

HANS-JÜRGEN HEISE

Günter Eich

Meditierend
gebeugt über leere Brunnen
voll Hoffnung
auf Regen

Keine Schwermut
aus sich abwendendem
Palmenexotismus

Ein Schmerz
herrührend
von einem Stein auf dem er
in der Kindheit lag

Damals schon
spielten seine Gedanken mit Worten
die später bei Hart Crane standen
mit Einsichten die keine Gardinen
vorm Fenster zum nächtlichen Universum waren
sondern
Kerle mit denen er den Himmel
in immer ungläubigere Stücke schlug

Seine Statthalterschaft über Taubenreiche

er schenkt sie ratlos weiter
an Mirjam
an Landschaften und Meere
er wickelt sie imaginären Vögeln
als Ring um den Fuß
damit sie aufsteigen
in löchrige
Transzendenz
        Der Hand
        wachsen Entfernungen zu
        dem Schachbrett
        Quadrate
Oder wie Mr. Eliot sagte:
›Home is where one starts from. As we grow older
The world becomes stranger, the pattern more complicated
Of dead and living.‹

Nur an windstillen Tagen
(so denke ich)
an Tagen mit hohem Luftdruck
hat er eine zerbrechliche Vorstellung
von Ewigkeit: statisch muß sie sein

wie der spätsommerliche Wipfel eines Baumes
in dem sich nichts regt

PETER HÄRTLING

Franz Tumler

Wenn er,
abends in der Akademie,
vom frühen Morgen
erzählte,
von der erwachenden Stadt,
den Lastwagenkolonnen
an
den
Grenzübergängen,
dachte ich ihn
mir
als Wanderer
im Gebirge.

Ich hätte ihn
weiter
ausfragen können,
aber ich kann
ihn
lesen.
Ich hätte ihm
sagen können:
Berge schüchtern
mich ein,
aber ich traute
seiner sprechenden
Sanftmut.

Ich weiß,
er hört
Stimmen,
er wohnt in
einer Geschichte,
die sich um ihn
ausbreitet:
jene Vergangenheiten,
die plötzlich,

morgen,
anfangen
wirklich zu sein
und uns erschrecken –
ihn nicht
den Zarteren von uns,
der auf sie
zu
geht,
vom Schweigen redend.

PETER HÄRTLING

Karl Krolow

Immer,
wenn ich ihn treffe,
redet er sich rasch aus
dem Blick.
Er setzt seine Ängste
auf Wörter
und sucht
im Schatten längerer Sätze
Zärtlichkeit.
Uns verbindet
ein sprechendes
Gedächtnis.
Solange die Träume
nicht sprachlos sind
können wir
leben.

ROLF HAUFS

Bei Johannes Bobrowski

Es ist tröstlich
Von deinen Johannisbeersträuchern zu wissen
Und im Frühjahr das vergaß ich zu sagen
Müßte der Gartenzaun gestrichen werden

Aber geht denn der Herbst nicht zu Ende
Schmerzen die Ahornblätter nicht
in den weichen Händen deiner Kinder

Gewiß
Da ist ihre Mutter die durchs Haus geht
Und die tägliche Heimkehr
Und die hohe Tür
Durch die man aus der Dunkelheit kommt

Auch denke ich an die alte Schwester
Eilte sie nicht am Stock von Weh zu Weh

Es ist gut
Auf den Tag zu warten
Das ist: man bereitet sich vor

RAINER BRAMBACH

Brief an Hans Bender

Für uns die Konturen,
die Akzente.
Für uns das Tabakfeld mannshoch
und der Weinberg im Badischen Land.
Für uns die Silberpappel am Rhein,
der Vogelschwarm unter den Wolken
und von mir aus alles,
was über den Wolken ist.

Für dich der Tisch, das Papier
und die verläßliche Feder –
Für mich die Axt,
ich mag Trauerweiden nicht.
Was sind das für Bäume,
die zu Boden zeigen, Hans,
seit Straßburg neben mir unterwegs
auf dieser Erde.

EDWIN WOLFRAM DAHL

Celan in memoriam

Dich mundtot
gibt sie her:
die Seine

Daß sie dich
brechen mußten
Aus dem Wasser
brechen

An deinem Schweigen
reden sie sich
taub

Dein Mund:
noch halb im Wasser

Ihn wenden sie
Nicht deinen
Atem

PETER HÄRTLING

Für Christa Reinig

Wir haben Briefe gewechselt,
vor Jahren,
keine für Tauben,
eher Krähenpost.
Dem Bomme
nicht zuliebe und
auch nicht
Hantipanti, der
beweglichen Papierseele.

Doch die wortlosen
Botschaften, die ich
nun ausschicke,
ihren Sätzen folgend,
listigen Geländern,
erreichen sie als
Kleckse,
in denen ihre
Buchstaben
baden sollen,
die leisen und
die lauten,
die lieben und
die laxen –
Tintenteiche,
an deren Ufern
Gedanken sitzen,
nicht meine –
ihre.

EDWIN WOLFRAM DAHL

Nach dem Tod von Ingeborg Bachmann

Nach-
rufen
dir
Große Bärin:
auf Umlauf
über Manhattan
dem Toten Wien
Oder Roma
die sich die Sonne
ins Haar kämmt
Aus Augen
auf uns:
so tief blickt
kein Pelztier

Nur die sich
ergeht
Undine
in Flammen
Und steigt
wie Vorwurf
steigt über
sie alle
Läßt rastlos
ratlos
zurück
die reißenden
Wölfe

JOHANNES BOBROWSKI

Nußknacker

(Günter Grass)

Welch ein großmächtiger Kiefer! Und dieses Gehege von Zähnen!

Zwischen die Backen herein nimmt er, was alles zur Hand,
und zerkracht es und weist schon die faul' oder trockenen
 Kerne,
leere Schalen, den Wurm – flieht, hört ihr knirschen den
 Grass!

REINHARD LETTAU

Der Liebhaber von Originalsprachen

(Günter Grass)

»Daß ich«, ruft der
Schriftsteller Günter Grass, »mir
was andres
wünsche als
den Sieg des
Vietcong
hat folgenden Grund: ich
konnte über den Vietcong
nichts in Erfahrung bringen. Zwar
es gibt
einige Schriften über diesen
Problemkreis, aber
sie sind alle in
chinesisch und ähnlichen
Sprachen, die ich
nicht kenne,
geschrieben, wie
Sie wissen. Übersetzungen
lese ich nicht. Ich
lese nur

Originalsprachen.
Soviel für
heute
zur
Politik.«

PETER HÄRTLING

Für Günter zum Fünfzigsten

Wir kommen in die Jahre
der Schattensammler.
Deine Sätze sind noch
hungrig,
deine Wörter satt
von Erfahrung;
alle deine Flüsse und Strände,
deine Kinderstraßen,
die nicht alt werden,
weil dein Gedächtnis
sie aufgenommen hat
in die größere
immerfort
beredete Landschaft;
die mitliefen und
mitlebten auch;
die Liebsten;
und die Stimmen der
Vergessenen vor dem Fenster,
für die du
eine neue Seite brauchst:
diese Schatten,
alle diese Schatten
werfen ja wir.

REINER KUNZE

Wolf Biermann singt

Im zimmer kreischt die straßenbahn,
sie kreischt von Biermanns platte,
der, als er die chansons aufnahm,
kein studio hatte.

Er singt von Barlachs großer not,
die faßt uns alle an,
denn jeder kennt doch das verbot
und hört die straßenbahn.

REINHARD LETTAU

Interessante Begegnung

(Peter Handke)

Der Dramatiker Peter Handke
unterwegs nach einem Interesse,
begegnet der Sprache,
dann dem Senator Franz Burda aus
Offenburg, endlich sich selbst.

»Nach innen«, seufzt er, »geht
der geheimnisvolle Weg.«

REINHARD LETTAU

Wie entsteht ein Gedicht?

(Peter Rühmkorf)

Der Dichter Peter Rühmkorf,
nachdem er sich ein Ziel aufgebaut hat,
nimmt einige Meter davor Aufstellung
und läuft hindurch: Applaus.

Gleich stellt er sich wieder auf, kommt
zurück, zerreißt das neu gespannte
Zielband, kehrt jubelnd um.

Auf dem Wege zum Parkplatz hören wir wieder
das Klatschen des Publikums im Stadion.

Gedichte über ausländische Dichter

HUGO VON HOFMANNSTHAL

Nach einer Dante-Lektüre

Aus schwarzgewordnem Bronze-Gruftendeckel
Sind die berühmten schweren alten Verse
Kalt anzufühlen, unzerstörbar, tragend
Den Toten-Prunk, schwarzgrüne Wappenschilde
Und eine Inschrift, ehern auf dem Erz,
Die denken macht, doch keinen Schauer gibt.
Du liest und endlich kommst du an ein Wort,
Das ist, wie deine Seele oft geahnt
Und nie gewußt zu nennen, was sie meinte.
Von da hebt Zauber an. An jedem Sarg
Schlägt da von innen mit lebendgen Knöcheln
Das Leben, Schultern stemmen sich von unten,
Der Deckel dröhnt, wo zwischen Erz und Erz
Die schmalste Spalte, schieben Menschenfinger
Sich durch und aus den Spalten strömt ein Licht,
Ein Licht, ein wundervolles warmes Licht,
Das lang geruht im kühlen dunklen Grund
Und Schweigen in sich sog und Tiefen-Duft
Von nächtigen Früchten, – dieses Licht strömt auf,
Und auf die Deckel ihrer Grüfte steigen,
Den nackten Fuß in goldenen Sandalen,
Die tausende Lebendigen und schauen
Auf dich und das Spiel gespenstiger Reihen
Und reden mehr als du begreifen kannst.

JOHANNES BOBROWSKI

Villon

Du, die Landschaft Touraine
durchstreifend: Steingrund
großer Städte immer
unter den Schritten, du
kommst nicht zurück.

Mond
hinter dir, schräg,
die langen Schatten voraus
vom Getürm und den Bäumen.
Einer geht da, pfeifend.
Den umhängt mit flüchtigen
kleinen Wolken – Chitongeweb –
der Diebsgott, ein griechischer, heißt's.

Kahlkopf, schwenk den Hut!
Dein Bild auf den mördrischen Spiegeln
aller Weiher! Im windigen Nord
weit das Fischernest:
unter der Mauer, im schiefen
Dach, in den Nebeln,
wirst du schlafen, die Männer
kommen morgens vom Fang, das Getränk
steht an den Herd gerückt,
da springt in den Pfannen der lautlose
Martyr, er glänzt vom Öl,
der Meerfisch. – »Da werd ich schlafen.«

WOLF BIERMANN

Ballade auf den Dichter François Villon

I
Mein großer Bruder Franz Villon
Wohnt bei mir mit auf Zimmer

Wenn Leute bei mir schnüffeln gehn
Versteckt Villon sich immer
Dann drückt er sich in' Kleiderschrank
Mit einer Flasche Wein
Und wartet bis die Luft rein ist
Die Luft ist nie ganz rein

Er stinkt, der Dichter, blumensüß
Muß er gerochen haben
Bevor sie ihn vor Jahr und Tag
Wie'n Hund begraben haben
Wenn mal ein guter Freund da ist
Vielleicht drei schöne Fraun
Dann steigt er aus dem Kleiderschrank
Und trinkt bis morgengraun
Und singt vielleicht auch mal ein Lied
Balladen und Geschichten
Vergißt er seinen Text, soufflier
Ich ihm aus Brechts Gedichten

2
Mein großer Bruder Franz Villon
War oftmals in den Fängen
Der Kirche und der Polizei
Die wollten ihn aufhängen
Und er erzählt, er lacht und weint
Die dicke Margot dann
Bringt jedesmal zum Fluchen
Den alten alten Mann

Ich wüßte gern was die ihm tat
Doch will ich nicht drauf drängen
Ist auch schon lange her
Er hat mit seinen Bittgesängen
Mit seinen Bittgesängen hat
Villon sich oft verdrückt
Aus Schuldturm und aus Kerkerhaft
Das ist ihm gut geglückt.

Mit seinen Bittgesängen zog
Er sich oft aus der Schlinge

Er wollt nicht, daß sein Hinterteil
Ihm schwer am Halse hinge

3
Die Eitelkeit der höchsten Herrn
Konnt meilenweit er riechen
Verewigt hat er manchen Arsch
In den er mußte kriechen
Doch scheißfrech war François Villon
Mein großer Zimmergast
Hat er nur freie Luft und roten
Wein geschluckt, gepraßt

Dann sang er unverschämt und schön
Wie Vögel frei im Wald
Beim Lieben und beim Klauengehn
Nun sitzt er da und lallt
Der Wodkaschnaps aus Adlershof
Der drückt ihm aufs Gehirn
Mühselig liest er das ›ND‹
(Das Deutsch tut ihn verwirrn)

Zwar hat man ihn als Kind gelehrt
Das hohe Schul-Latein
Als Mann jedoch ließ er sich mehr
Mit niederm Volke ein

4
Besucht mich abends mal Marie
Dann geht Villon solang
Spazieren auf der Mauer und
Macht dort die Posten bang
Die Kugeln gehen durch ihn durch
Doch aus den Löchern fließt
Bei Franz Villon nicht Blut heraus
Nur Rotwein sich ergießt

Dann spielt er auf dem Stacheldraht
Aus Jux die große Harfe
Die Grenzer schießen Rhythmus zu
Verschieden nach Bedarfe

Erst wenn Marie mich gegen früh
Fast ausgetrunken hat
Und steht Marie ganz leise auf
Zur Arbeit in die Stadt

Dann kommt Villon und hustet wild
Drei Pfund Patronenblei
Und flucht und spuckt und ist doch voll
Verständnis für uns zwei

5
Natürlich kam die Sache raus
Es läßt sich nichts verbergen
In unserm Land ist Ordnung groß
Wie bei den sieben Zwergen
Es schlugen gegen meine Tür
Am Morgen früh um 3
Drei Herren aus dem großen Heer
Der Volkspolizei
»Herr Biermann« – sagten sie zu mir –
»Sie sind uns wohl bekannt
Als treuer Sohn der DDR
Es ruft das Vaterland
Gestehen Sie uns ohne Scheu
Wohnt nicht seit einem Jahr
Bei Ihnen ein gewisser
Franz Fillonk mit rotem Haar?
Ein Hetzer, der uns Nacht für Nacht
In provokanter Weise
Die Grenzsoldaten bange macht«
– ich antwortete leise:

6
»Jawohl, er hat mich fast verhetzt
Mit seinen frechen Liedern
Doch sag ich Ihnen im Vertraun:
Der Schuft tut mich anwidern!
Hätt ich in diesen Tagen nicht
Kurellas Schrift gelesen
Von Kafka und der Fledermaus
Ich wär verlorn gewesen

Er sitzt im Schrank, der Hund
Ein Glück daß Sie ihn endlich holn
Ich lief mir seine Frechheit längst
Ab von den Kindersohln
Ich bin ein frommer Kirchensohn
Ein Lämmerschwänzchen bin ich
Ein stiller Bürger. Blumen nur
In Liedern sanft besing ich.«

Die Herren von der Polizei
Erbrachen dann den Schrank
Sie fanden nur Erbrochenes
Das mählich niedersank

FRIEDRICH HEBBEL

Ariost

Reizend wie du hat keiner die Torheit der Welt uns
  geschildert;
  Ward dein Gedicht dir belohnt, ward der Verstand dir
  versagt.
Ihn zu verlieren ist schlimm, so heißt es, ihn nicht zu
  bekommen,
  Ist das einzige Glück, welches die Götter verleihn.

JOHANNES BOBROWSKI

Rabelais

Jetzt
der Weingarten hier,
diese Mauer, ich kann
lehnen am Stein, dem Apfelbaum
reiche ich ins Geäst.

Damals
beim Drucker, wir druckten
Bücher, es steht darin,
was alle Welt weiß
wie die Sorbonne und nicht besser.

So dacht ich, es müßt wie ein Teufel
schreiben die linke Hand,
sie schreibt auch, ich kenn einen Strom,
treibende Bäume, zerbrochne
Zäune voll toter Fische,
der mich ersäuft, der die Brust
einstößt, Magen, Milz, Nieren – den Strom.

Weither aber kommt
besegelt der Himmel, ich will
die Beschreibung lesen vorzeitig
meines Lebens, die einer gibt:
er sieht das Land nicht, er steht
im Kohlfeld mit engen Augen
und geht davon auf der See.

Ich warte, im Tor, vor der schönen
Treppe, der Garten ist hell:
im Wind mit den Vogelflügen
silbern
der Tag von Thelem.

FRANZ GRILLPARZER

Lope de Vega

Du reicher Geist mit unbekannten Schätzen,
Dir selber mehr als andern unbekannt,
Weil du nicht liebst, an Zahlen Zahl zu setzen,
Nein, einzeln sie verschenkst mit voller Hand.

Wo irgend Gold in unerforschten Klüften,
Die Wünschelrute zeigt dir seine Spur;

Wie deine Spanier, die gen Abend schifften,
Befuhrst du alle Küsten der Natur.

Und was an Menschen, Pflanzen, Blumen, Tieren
Nur irgend da und sich des Daseins freut,
Das wobst du ein, der Göttin Bild zu zieren,
Die, täglich sterbend, stündlich sich erneut.

Die Mutter alles Wesenhaften, Guten,
Sie sitzt an deinem Born, der strömend quillt,
Und spiegelt sich in den kristallnen Fluten,
Ihr Selbst verwechselnd träumrisch mit dem Bild.

Und lächelt sie, so lächelst du ihr wieder,
Und grollt sie, gibst du ihr den Trotz zurück,
Durchsichtig, gleich der Wahrheit, deine Lieder,
Und täuschend nur, wie Täuschung auch das Glück.

Und so ein Kind, noch bei ergrauten Haaren,
Und auch ein Greis beim frühsten Kinderspiel,
Hast du für all, was Menschheit je erfahren,
Ein Bild, ein Wort, den Pfad und auch das Ziel.

FRIEDRICH HEBBEL

Shakespeare

Shakespeare war kein Brite, wie Jesus kein Jude,
  Denn wie jegliches Land einen vertretenden Geist
In dem größten Poeten gefunden, den es erzeugte,
  Fand ihn die Welt in ihm, darum erschien er als Mensch.

Shakespeares Testament

Titus Andronikus war sein Anfang und Timon sein Ende,
  Und ein dunkleres Wort spricht die Geschichte nicht aus.

In der Mitte zwar prangt die schönste der Welten, doch
    ringelt
Sich die Schlange der Nacht um sie herum, als ihr Band.

AUGUST VON PLATEN

Corneille

Seht der Tragödie Schöpfer in mir! Der bedürftigen
    Sprache
Gab ich zuerst Reichtum, Leben und Redegewalt.
Rückwärts ließ ich die griechische Fabel, und reine
    Geschichte
Stellt ich zuerst rein dar, ohne gemeinere Form:
Roms Herrschaft, Aufschwung und Verfall und
    verfeinerte Staatskunst
Zeigt ich, und zeigte sie wahr, aber mit Würde
    zugleich;
Denn mir schiens, als wolle der Mensch in
    erhabenen Stunden
Ohne Kontrast anschaun große Naturen allein.

CONRAD FERDINAND MEYER

Miltons Rache

Am Grab der Republik ist er gestanden,
doch sah er nicht des Stuart Schiffe landen,
ihn hüllt' in Dunkel eine gütge Nacht:
Er ist erblindet! Herrlich füllt mit lichten
Gebilden und dämonischen Gesichten
die Muse seines Auges Nacht...

Ein eifrig Mädchenantlitz neigt sich neben
der müden Ampel, feine Finger schweben,
auf leichte Blätter schreibt des Dichters Kind
mit eines Stiftes ungehörtem Gleiten

die Wucht der Worte, die für alle Zeiten
in Marmelstein gehauen sind...

Er spricht: »Zur Stunde, da« – Hohnrufe gellen,
das Haupt, das blinde, bleiche, zuckt in grellen,
lodernden Fackelgluten, zürnt und lauscht...
Durch Londons Gassen wandern um die Horden
der Kavaliere, Schlaf und Scham zu morden,
von Wein und Übermut berauscht:

»Schaut auf! Das ist des Puritaners Erker!
Der Schreiber hält ein blühend Kind im Kerker!
Der Schuhu hütet einen duftgen Kranz!
Wir schreiten schlank und jung, wir sind die Sünden
und kommen, ihr das Herzchen zu entzünden
mit Saitenspiel und Reigentanz!

Vertreibt den Kauz vom Nest! Umarmt die Dirne!...«
Geklirr! Ein Stein!... Still blutet eine Stirne,
der Vater schirmt das Mädchen mit dem Leib,
die Bleiche drückt er auf den Schemel nieder,
ein Richter, kehrt zu seinem Lied er wieder:
»Nimm deinen Stift, mein Kind, und schreib!

Zur Stunde, da des Lasterkönigs Knechte
umwandern, die Entheiliger der Nächte...
zur Stunde, da die Hölle frechen Schalls
aufschreit, empor zu den erhabnen Türmen...
zur Stunde, da die Riesenstadt durchstürmen
die blutgen Söhne Belials...«

So sang mit wunder Stirn der geisterblasse
Poet. Verschollen ist der Lärm der Gasse,
doch ob Jahrhundert um Jahrhundert flieht,
von einem bangen Mädchen aufgeschrieben,
sind Miltons Rächerverse stehngeblieben,
verwoben in sein ewig Lied.

AUGUST VON PLATEN

Racine

Sinnreich trat in die Spuren ich ein des bewunderten
    Meisters;
Aber verweichlicht schon, ärmer an Kraft und Genie.
Doch weil allzugalant ich der Liebe Sophistik
    entfaltet,
Huldigen mir Frankreichs Kritiker allzugalant.
Zwar Melpomene segnete mich; doch wandte sich
    Klio
Weg, sie erkannte jedoch meinen Britannikus an.

GÜNTER GRASS

Racine läßt sein Wappen ändern

Ein heraldischer Schwan
und eine heraldische Ratte
bilden – oben der Schwan,
darunter die Ratte –
das Wappen des Herrn Racine.

Oft sinnt Racine
über dem Wappen und lächelt,
als wüßte er Antwort,
wenn Freunde nach seinem Schwan fragen
aber die Ratten meinen.

Es steht Racine
einem Teich daneben
und ist auf Verse aus,
die er kühl und gemessen
mittels Mondlicht und Wasserspiegel verfertigen kann.

Schwäne schlafen
dort wo es seicht ist,
und Racine begreift jenen Teil seines Wappens,

welcher weiß ist
und der Schönheit als Kopfkissen dient.

Es schläft aber die Ratte nicht,
ist eine Wasserratte
und nagt, wie Wasserratten es tun,
von unten mit Zähnen
den schlafenden Schwan an.

Auf schreit der Schwan,
das Wasser reißt,
Mondlicht verarmt und Racine beschließt,
nach Hause zu gehen,
sein Wappen zu ändern.

Fort streicht er die heraldische Ratte.
Die aber hört nicht auf, seinem Wappen zu fehlen.
Weiß stumm und rattenlos
wird der Schwan seinen Einsatz verschlafen –
Racine entsagt dem Theater.

ABRAHAM GOTTHELF KÄSTNER

Voltaire's Taufe

Die Kränklichkeit des Knäbchens nicht zu mehren,
Gab man die Taufe spät Voltairen;
Und hätte man gekannt, was schon in ihm gewohnt,
Man hätt' ihn gar damit verschont.

HEINRICH VON KLEIST

Voltaire

Lieber! Auch ich bin nackt, wie Gott mich erschaffen,
   natürlich,
Und doch häng ich mir klug immer ein Mäntelchen um.

AUGUST GRAF VON PLATEN

Voltaire

Warst als Kritiker schal, und als Historiker treulos,
Kümmerlich als Poet, aber als Spötter ein Gott!

PAUL HEYSE

Voltaire

Habt ihr ihn noch so schwer verdammt,
Mit eurem Bahnfluch beladen:
Er war, wenn auch der Höll' entstammt,
Ein Teufel doch von Gottes Gnaden.

GOTTHOLD EPHRAIM LESSING

Grabschrift auf Voltaire 1779

Hier liegt – wenn man euch glauben wollte,
Ihr frommen Herr'n – der längst hier liegen sollte.
Der liebe Gott verzeih aus Gnade
Ihm seine Henriade,
Und seine Trauerspiele,
Und seiner Verschen viele:
Denn was er sonst ans Licht gebracht,
Das hat er ziemlich gut gemacht.

FRIEDRICH GOTTLIEB KLOPSTOCK

Gespenstergeschichte
(Voltaire)

Voltair' ist tot. Erscheinen
Soll, saget man,

Sein Geist; allein wie kann
Man so was doch vermeinen,
Er hatte ja im Leben keinen.

»Wie? was? wo bin ich? wer?
Voltair'?
Was meinen Sie?«
Er hatt' esprit.

AUGUST VON PLATEN

Parini

Höchst ehrwürdig und groß zeigt Dante des alten
    Italiens
Bild, und das mittlere zeigt lieblich und schön Ariost;
Aber du maltest das neue, Parini! Wie sehr es
    gesunken,
Zeigt dein spielender, dein feiner und beißender
    Spott.
Dient es zum Vorwurf dir, daß dein Jahrhundert so
    klein war?
Eher zum Lobe! Du warst wirklicher Dichter der Zeit.

JOHANNES BOBROWSKI

Ode auf Thomas Chatterton

Mary Redcliff, rot, ein Gebirge, unter
deinen Türmen, unter der Simse Wirrung
und den Wänden, steilem Geschneid der Bögen,
träufend von Schatten...

aufwuchs hier das Kind mit dem Wort allein wie
mit den Händen, ratlos; ein Nächtewandler
oft: der stand auf hangender Brüstung, schaute
blind auf die Stadt hin,

schwer vom Monde, wo sich ein Gräber mühte
seufzend im Gelände der Toten –, rief die
hingesunkne Zeit mit verblichnen Namen.
Ach, sie erwachte

nie doch, da er ging, in der Freunde Stimmen
Welt zu finden, in seiner Mädchen sanfter
Schläfenschmiegung, da er in schmalen Stuben
lehnte das Haupt hin.

Nie mehr nahte, da er es rief, das Alte.
Nur der Zweifel, einziges Echo, flog im
Stiegenknarren stäubend, im Klang der Turmuhr
eulenweich auf nur.

Hinzusprechen: daß er verging so, seine
dämmervollen Lieder – – Wir zerren immer,
täglich ein Undenkliches her, doch was wir
hatten der Zeit an,

immer gilts ein Weniges, das Geringste,
den und jenen rührend: dann einmal ists ein
Baum, ergrünt, ein zweigendes, tausendfaches,
rauschendes Laubdach;

Schatten wohnt darunter –, der schattet nicht die
schmale Spur Verzweiflung: dahingefahren,
falber Blitz, wo kaum ein Gewölk stand, in die
Bläue gekräuselt,

über jener Stadt, die in Ängsten hinfuhr,
Bristol, da der Knabe gesungen, draußen
an dem Avon, wo ihn der Wiesentau noch,
endlos noch kannte.

Ach, die Eulenschwingen der Kindheit über
seinen Schritten, da er in fremden Straßen,
bei der Brücke fand unter windgem Dach ein
jähes Umarmen

und den Tod; der kam wie ein Teetrunk bläßlich,
stand am Tisch, in raschelnde Blätter legend,
auf die Schrift den knöchernen Finger, »Rowley«
las er, »Aella«.

JOHANN WOLFGANG VON GOETHE

Lord Byron

Stark von Faust, gewandt im Rat
Liebt er die Hellenen;
Edles Wort und schöne Tat
Füllt sein Aug' mit Tränen.

Liebt den Säbel, liebt das Schwert,
Freut sich der Gewehre;
Säh' er, wie sein Herz begehrt,
Sich vor mut'gem Heere!

Laßt ihn der Historia,
Bändigt euer Sehnen;
Ewig bleibt ihm Gloria,
Bleiben uns die Tränen.

GEORG HERWEGH

Shelley

Um seinen Gott sich doppelt schmerzlich mühend,
War er ihm, selbsterrungen, doppelt teuer,
Dem Ewigen war keine Seele treuer,
Kein Glaube je so ungeschwächt und blühend.

Mit allen Pulsen für die Menschheit glühend,
Saß immer mit der Hoffnung er am Steuer;
Wenn er auch zürnte, seines Zornes Feuer
Nur gegen Sklaven und Tyrannen sprühend.

Ein Elfengeist in einem Menschenleibe,
Von der Natur Altar ein reiner Funken,
Und drum für Englands Pöbelsinn die Scheibe;

Ein Herz, vom süßen Duft des Himmels trunken,
Verflucht vom Vater und geliebt vom Weibe,
Zuletzt ein Stern im wilden Meer versunken.

ECKART KLESSMANN

Percy Bysshe Shelley

Ungreifbar, unbegriffen und entzogen
Dem Wortgespinst der ungezählten Seiten;
Erinnerung, vom Westwind überflogen,

Im Auf und Ab der wechselnden Gezeiten
An unentdeckten, überspülten Stränden,
Wo Vogelschreie in das Schweigen gleiten;

Nur trügerische Sicherheit in Händen,
Nicht irdischem Gesang bereit, verschwistert
Der Stimme Ariels, den weißen Bränden,

Dem Ölbaum, dessen Laub im Mittag knistert;
Verräterisches Licht, das auf den kalten
Gestaden unter trüben Schatten flüstert:

Zerbrochne Stimme luftiger Gestalten,
Verfallen den neptunischen Gewalten.

RAINER MARIA RILKE

Zu der Zeichnung,
John Keats im Tode darstellend

Nun reicht ans Antlitz dem gestillten Rühmer
die Ferne aus den offenen Horizonten:
so fällt der Schmerz, den wir nicht fassen konnten,
zurück an seinen dunkeln Eigentümer.

Und dies verharrt, so wie es, leidbetrachtend,
sich bildete zum freiesten Gebilde,
noch einen Augenblick, – in neuer Milde
das Werden selbst und den Verfall verachtend.

Gesicht: o wessen? Nicht mehr dieser eben
noch einverstandenen Zusammenhänge.
O Aug, das nicht das schönste mehr erzwänge
der Dinge aus dem abgelehnten Leben.
O Schwelle der Gesänge,
o Jugendmund, für immer aufgegeben.

Und nur die Stirne baut sich etwas dauernd
hinüber aus verflüchtigten Bezügen,
als strafte sie die müden Locken Lügen,
die sich an ihr ergeben, zärtlich trauernd.

RAINER MARIA RILKE

Sonett

(Auf Elizabeth Barret-Browning)

O wenn ein Herz, längst wohnend im Entwöhnen,
von aller Kunft und Zuversicht getrennt,
erwacht und plötzlich hört, wie man es nennt:
du Überfluß, du Fülle alles Schönen!

Was soll es tun? Wie sich dem Glück versöhnen,
das kommt und seine Hand und Wange kennt?
Schmerz zu verschweigen war sein Element.
Nun zwingt, das Liebes-Staunen es, zu tönen.

Hier tönt ein Herz, das sich im Gram verschwieg,
und zweifelt, ob ihm dies zu Recht gebühre:
so reich zu sein in seiner Armut Sieg.

Wer *hat* denn Fülle? Wer verteilt das Meiste? –
Wer so verführt, daß er ganz weit verführe:
Denn auch der Leib ist leibhaft erst im Geiste.

HERMANN BROCH

Zum Beispiel: Walt Whitman

Wo die Halme sprießen, in des Seins irdischer Mitte,
dort hebt die Dichtung an:
doch sie reicht bis zu des Lebens äußerster Grenze,
und siehe, die ist nicht außen,
die ist in der Seele.
Innen die Grenze und außen die Mitte,
eines das andere gebärend, eines dem andern verwoben,
das allein ist Dichtung –
Freilich, am Ende entdeckst du verwundert,
daß es einfach dein Leben,
das Leben des Menschen ist.

RAINER MARIA RILKE

Baudelaire

Der Dichter einzig hat die Welt geeinigt,
die weit in jedem auseinanderfällt.
Das Schöne hat er unerhört bescheinigt,

doch da er selbst noch feiert, was ihn peinigt,
hat er unendlich den Ruin gereinigt:

und auch noch das Vernichtende wird Welt.

HANS ERICH NOSSACK

Strindberg

In meinem Raume bist der Spiegel du
Und wetterleuchtest grell in mein Gewissen.
Ein Bild entsteht und wird hinweggerissen,
und tief erschreckt seh ich mir selber zu.

Du baust ein Haus und stürzt es wieder ein.
Du rufst nach Weib und Kind und Gott und glaubst,
was du mit andrer Hand zugleich uns raubst.
Wenn du verzichtest, sollen wir gläubig sein?

Wann bist du Leib, zu lieben oder lassen?
Wann Wort und Geist, zu fliehen, zu erfassen,
Entzweites Wesen? Immer bleibst du Spiegel.

Ich schau hinein. Das Abbild, ist es mein?
Ists dein? Darf ich so sein? Und rufe: Nein!
Und plötzlich wachsen meiner Seele Flügel.

KARL SCHWEDHELM

Rimbaud in Luxor

(1879)

Damals erfüllte ihn schon der Haß auf Geschriebenes,
außer wenn es Rechnungen für seine Kunden waren.
Seine Verse von einst
hatten die Welt nicht explodieren lassen,

sie besaßen weniger Durchschlagskraft als
die Kugel Verlaines in Brüssel.

Aus dem verhaßten Provinznest voller Krämer
hatte sich der Knabe hinübergeträumt in das
uranfängliche Vaterland: den Orient,
wie ihn die Stahlstiche von »L'Univers Illustré« ausgemalt,
romantischer und manierlicher als je er gewesen.
Die Fliegen in den eiternden Augenwinkeln,
Staub, Gestank, Lärm, Sklaverei
hatten jene braven Bilder verschwiegen,
und auch die tödliche Sonne.
»Soleil et Chair« – einst ein Schrei nach Freiheit,
doch die Wirklichkeit war nackter:
Schinderei in den Brutöfen
kleiner Hafenstädte am Roten Meer,
schleichende Krankheiten, die den Leib gerbten.
Damals hatte er Farben gehört, Klänge gesehn:
seine Poesie hatte die Physik entthront,
nun ergriff bleierne Körperlichkeit
wieder Besitz von ihm, zu später Rache.
Alles war Flucht gewesen. Bedrängnis – der Wanderzirkus in
    Schonen,
Londons Nebelsonne, die fiebrigen Lesestunden unter der
    Kuppel
des British Museum – Mailand – Stuttgart – Marseille:
ein Heerzug von Schatten.
Hier nun war Welt:
LUXOR,
die Bündel der Tempelsäulen am Nil.
Vor dem Schlaf der Jahrtausende verlor sich
quälende Gegenwart, dieses 1879,
flüchtige Zahl nur im sonnenvergilbten Kalender.
(Geburtsjahr Einsteins, Stalins und Paul Klees,
von denen nur einer die Welt zu sich selber erlöste.)
Er, der Handelsagent, längst dem trunkenen Schiffe
    entstiegen,
grub seinen Namen in einen Architrav im Westen des
    Tempels,
der Todesseite,
neben Hathor, Anubis und Seth die Hieroglyphe   RIMBAUD –

JOHANNES BOBROWSKI

Joseph Conrad

Linien,
über der Kimmung,
leicht, falbes Gebirg. Der Streifen
Weiß. Dort geht
zuende die Flut. Der Küste
Fiebergrün scheint herauf.

Und der Wind
fährt, ein Sprung in der Wölbung
aus Licht, bleiernem Licht. Das Schiff
aber ist da. Hier steh ich. Ich hab in den Lungen
die unaufhörliche Ferne.
Und sag deinen Namen,
mein Schiff.

Einmal, im hellen Abend,
wie der Habicht der Berge um Tschernigow,
blick ich hinaus, weißblühende
Städtchen, am Dnjestr gesungen,
hör ich, ich rufe den polnischen
Zimmermann. Dort,
sag ich, die Boote sind schwarz.
Das hab ich vergessen.

Himmel über uns, Ferne
bis unter die Segel, dunkelnd.
Und, inmitten, die brennende
Treue der Männer, gekommen
über die Meerflut.

BERTOLT BRECHT

Grabschrift für Gorki

Hier liegt
Der Gesandte der Elendsquartiere
Der Beschreiber der Peiniger des Volkes
Sowie ihrer Bekämpfer
Der auf den Universitäten der Landstraßen ausgebildet
    wurde
Der Niedriggeborene
Der das System von Hoch und Niedrig hat abschaffen helfen
Der Lehrer des Volkes
Der vom Volk gelernt hat.

JOHANNES BOBROWSKI

Proust

   Licht.
Wende dich,
Licht, auf dem Haar: eine Landschaft,
Straße mit Apfelbäumen
und Himmel, ein weißes Blatt
reglos im Wind, mit Linien gerandet,
dünn, eine Liste langer
Namen, Geläut von Silber-
und Kupferschellen.

Wende dich,
Licht, auf dem Haar:
eine Landschaft, weit,
Meer. Der geschlossene Mund.
Eine junge Rose,
auf eine Schläfe gelegt.

PETER JOKOSTRA

Bei Proust

Balbec, die Pappeln, schlank,
und dahinter die windstille Nacht.
Sein Weg endet hier.
    Betrogen fühlt sich die Zeit.
    Proteisch, sibyllinisch, grenzenlos.

Er spielt mit der Zeit,
den Bällen, den Farben, den Träumen.
Magier, Mystagoge, Masochist.
    Mutlos, allein, zerklüftet.
    Ein furchtbarer Steinbruch.

Wo die Straße abfällt ins Meer,
Albertines Schulter den Duft bewahrt,
unter den Händen das Obst schmilzt,
der Nacken zu Sand zerstäubt –
verlacht ihn das Haar mit dem Winde.
    Hier mündet die endlose Spur
    dieses herrlich geduldeten Wahns.
    Hier fängt sie sich wieder,
    begleitet vom Krönungsschatten
    eines ländlich geharnischten Mars.

Niemals zu Ende denkt er Vergessenes:
Balbec, die Pappeln, schlank.
Die Nebel bluten ins Schweigen.
Da holt ihn die Dämmerung ein.

WOLFGANG WEYRAUCH

Ezra Pound

Ezra Pound,
in der Mitte der italienischen Stadt,
in einem Käfig, ausgestellt,

stinkenden Stein unter sich,
stinkende Pferdedecke über sich,
frierend, weil Winter ist,
bebend, vor Gleichgültigkeit
über die amerikanischen Soldaten,
die ihn beschimpfen, bespucken,
durch das Gitter nach ihm treten,
betrachtend den Tausendfüßler
aus Stiefel, Pistole, Uniform,
US-Tausendfüßler, UdSSR-Tausendfüßler,
NS-Tausendfüßler, Nasser-Tausendfüßler,
Tausendfüßler ohne Ursache, Wirkung,
ohne Voraussetzung, Erkenntnis,
Irrtum, Verwerfung des Irrtums,
stinkend, frierend, bebend,
denkend: wohl Euch,
daß ich kein Gedicht mache,
denn schreibe ich ein Gedicht,
und einer stört mich dabei,
töte ich ihn,
aber ich mache kein Gedicht,
ich kann kein Gedicht machen,
denn ich überlege mir,
ob ich mich geirrt habe,
im Gehege des Tausendfüßlers,
im Gehäuse der Anfechtung.

PAUL CELAN

In memoriam Paul Eluard

Lege dem Toten die Worte ins Grab,
die er sprach, um zu leben.
Bette sein Haupt zwischen sie,
laß ihn fühlen
die Zungen der Sehnsucht,
die Zangen.

Leg auf die Lider des Toten das Wort,
das er jenem verweigert,
der du zu ihm sagte,
das Wort,
an dem das Blut seines Herzens vorbeisprang,
als eine Hand, so nackt wie die seine,
jenen, der du zu ihm sagte,
in die Bäume der Zukunft knüpfte.

Leg ihm dies Wort auf die Lider:
vielleicht
tritt in sein Aug, das noch blau ist
eine zweite, fremdere Bläue,
und jener, der du zu ihm sagte,
träumt mit ihm: Wir.

PETER JOKOSTRA

Ode an Lorca

Guardia civil:
wirf ihnen dein gelbes Auge hin.
Schwarzhaar, Pfefferminz, Zigeuneralchimie.
Sie sind umlagert von Dunst,
ein Klippenteppich, den Mördern hingebreitet,
ein Klippenteppich, taub der Erinnerung,
den Flüchen taub:
kretisch, gleißend, feist.

Komm, Lorca,
vergeblich getöteter Fürst des Gedichts.
Sieh, diese Hand, die dich sucht,
eine gefesselte Hand,
vagabundierend noch immer.
Als sie sich schloß,
blickte rückwärts dein Auge,
die Jahre zurück, an den Klippen empor,
die uns trennten von der Majestät deines Tods.

Ein schwarzes Vorgebirge:
hart, steil, verkarstet.
Die Legende des andalusischen Morgens,
die Legende, mit dem Echo der Schüsse begonnen,
wo aus den Helmen rot der Sommer troff.

Ach Lorca, komm,
Tritt aus dem Schatten, deinem Tau, hervor.
Nenn uns noch einmal
den abendschweren Sitz des Windes,
dem Stein zu Häupten, Meer-Balkon.
Steck den Gewehren deine Rose auf,
die sanften Blitze deines schnellen Tods,
des Wortes sanfte Auferstehungsblitze.

Im Morgengrauen, sagten sie,
wird Theseus landen im Staub der Eselskarren,
wo die zertretene Frucht, der Sterbepfirsich, glänzt.
Wenn aus den Mörderhelmen
Andalusiens schwarzer Zigeunersommer schäumt,
webst du den Namen in ihr blutiges Tuch
mit den Pagodenhänden leicht,
mit dieses Widersinns Gehorsam,
schaudernd den Namen:
Guardia civil.

HEINZ PIONTEK

Auf den Tod Hemingways

Er schlug Worte an
für den Aufgang der Sonne.

Er liebte die Tapferkeit,
seinen Engel.

Es warf die Hand, die er hob,
einen harten und hellen Schatten:
Löwen im Dorn.

Heiß ging sein Atem hervor
aus Bürgerkriegen
um das Weltreich des Weins,

und mit der Kühle
untergetauchten Lichts
berief er das Meer.

Aber sein Engel verriet ihn.

Nur die Brandstifterin
schlang bis zuletzt ihre
Arme um ihn:

Du Liebe.
Er ist tot.

Gewehre und Gläser,
die man an Felsen
zerschlägt.

WALTER HELMUT FRITZ

Cesare Pavese

Er arbeitete, erschöpft,
hinter dem Gitter,
das die Dämmerung niederließ.

Er beobachtete das Welken von Zinnien
in einem Glas.

Gern lebte sein Gesicht
in der Kindheit.

Von Zeit zu Zeit
überraschte ihn diese Lähmung
(als brenne nach Stunden
zuverlässigen Lichts
eine Sicherung durch).

WALTER GROSS

An Cesare Pavese

Wo mag denn das armselige Zeug sein:
deine Brille, dein Tabaksbeutel,
dein Schreibzeug?
Wo blieb das in dieser verfluchten Stadt,
in der man Kilometer unter steinernen Lauben
läuft, in der Süßwarenläden wie Apotheken
und Apotheken wie Süßwarenläden aussehen?
Weshalb wolltest du nicht mehr wissen,
wie ein Schluck Wein im Munde schmeckt,
ein Stück Ziegenkäse?
Weshalb wolltest du die Fische nicht mehr sehen
in ihren Kisten, gebettet in Grünzeug
und Eis im harten Glanz der Frühe,
nicht mehr den rotzgrünen Fluß
und die Boote kieloben am Ufer,
den roten Sand der Tennisplätze
im Laub der Bäume,
die Kinder nicht mehr
mit ihrem Himmel- und Höllspiel
auf den Straßen.
Warum wurden dir die Worte übel im Mund
und ertrugst du nicht mehr den Arbeiter
mit seinem Kaffee und seiner Zeitung
vor der Theke, ehe das Tagwerk anfängt?
Noch ist nicht getan, was getan werden muß,
du fehlst uns an diesem Morgen,
fehlst uns am Mittag, am kommenden Abend
und morgen und übermorgen erst recht.

WALTER HELMUT FRITZ

Albert Camus zum Gedenken

Er konnte sich vergnügen
wie ein Kind,
sagte der Patron eines Cafés.

Nach einem Autounfall
verließ er die Erde,
müde und horchend.

Die Stille in dem Schulsaal
nahm zu, in dem man ihn aufbahrte
die erste Nacht.

Das ganze Dorf war versammelt,
als man ihn begrub.
Es regnete an dem Tag.

JOHANNES BOBROWSKI

Dylan Thomas

Marlais, der Clown,
gespitzten Munds
schmeckt er die Luft. Vom Ohio
steigt sie herauf. Und Missouri
kommt. Seines alten Schweigens
gewaltiger Lärm.

Zeit, in den Wind gebaut,
Mauern aus Licht. Ariadne –
ihr Gesicht vor die Dämmerung geschrieben,
Zeichen, der Fledermäuse
Tanz, – Labyrinth.

Nur im Augenwinkel
das Nest,
grau, der Küste Gesträuch, unermüdlich
redende Stimme
Swansea,
ein ertrunkener Schiffer,
der den Nebelweg kommt.

Marlais,
dem Wimperstreif folg,

einem zornigen Schwalbenflügel,
ehe der Strom
rauscht, die Wasser heraufgehn
um die Mauer, Babel ertrinkt, die verwirrte
Rede, Geschrei, von der Zinne
das Flüstern zuletzt.

REINER KUNZE

8. Oktober 1970
(Verleihung des Nobelpreises an Alexander Solschenizyn)

Ein tag durchsichtig bis
Rjasan

Nicht verbannbar nach Sibirien

Die zensur kann ihn
nicht streichen

(In der ecke glänzt
das gesprungene böhmische glas)

Ein tag der die finsternis
lichtet

Der ans mögliche erinnert:

Immer wieder einen morgen
auf sein gewissen nehmen

Autorenverzeichnis

AISCHYLOS, der älteste unter den Klassikern der griechischen Tragödie, um 525 v. Chr. in Eleusis geboren, Sohn eines Großgrundbesitzers, kämpft in den Perserkriegen bei Marathon und Salamis mit, hielt sich zwischen 472 und 468 in Syrakus am Hof Hierons auf, wo er ein Ätna-Festspiel aufgeführt haben soll; stirbt 456 in Sizilien. Er gibt der Tragödie die Gestaltung, die sie später im großen und ganzen behält. Seine berühmtesten Werke (von den 90 Dramen, die er verfaßt hat und von denen viele erfolgreich waren, sind sieben vollständige Tragödien erhalten) sind »Die Perser« und »Die Orestie«.

ANDERS, RICHARD, geb. 1928 in Ortelsburg, lebt als freier Schriftsteller, Lyriker und Übersetzer in Berlin.

ARIOSTO, LUDOVICO, geb. 1474 in Reggio Emilia, gest. 1533 in Ferrara, seit 1517 im Dienste der Herzöge d'Este in Ferrara. Sein heroisch-romantisches Versepos »Der rasende Roland«, das eine zum Wahn gesteigerte Liebe beschreibt, gehört zu den literarischen Höhepunkten der italienischen Renaissance.

ARNIM, ACHIM VON (eig. Ludwig Joachim), geb. 1781 in Berlin, gest. 1831 auf seinem märkischen Gut Wiepersdorf; Sohn eines Edelmanns im preußischen Staatsdienst, verheiratet mit Bettina Brentano. Gehörte dem Kreis der Heidelberger Romantiker an; Mitherausgeber der »Zeitung für Einsiedler«, stellte mit Clemens Brentano die Volksliedsammlung »Des Knaben Wunderhorn« zusammen, schrieb vor allem Erzählungen und Novellen (»Isabella von Ägypten«), aber auch Dramen (»Die Kronwächter«). In Berlin schloß er sich 1808 Kleist und Tieck an, den er sehr verehrte.

ARNIM, BETTINA VON (geb. Brentano), geb. 1785 in Frankfurt am Main, gest. 1859 in Berlin; Tochter des italienischen Großkaufmanns Brentano und der mit Goethe befreundeten Maximiliane von La Roche, Schwester von Clemens Brentano, verheiratet mit Achim von Arnim; Verfasserin von Briefen und Briefromanen (»Goethes Briefwechsel mit einem Kinde«), Anregerin der Romantik von sensibler Empfindungskraft und geistiger Selbständigkeit, die mit ihrem 1843 Friedrich Wilhelm IV. gewidmeten Buch »Dies Buch gehört dem König« auch in die politischen und sozialen Auseinandersetzungen ihrer Zeit eingriff.

BARLACH, ERNST, geb. 1870 in Wedel/Holstein, gest. 1938 in Rostock; Sohn eines Arztes; Kunststudium in Hamburg und Dresden, 1906 Rußlandreise, entscheidend für Erkenntnis des eigenen Schaffens. Erdenschwere Plastiken und Holzbildschnitzereien, daneben eigenwillige Dichtungen von visionärer Bildkraft und mystischer Hintergründigkeit. NOSSACK, der sich dem ringenden Suchertum Barlachs verwandt fühlt, nimmt in seinem Gedicht Bezug auf Barlachs Dramen »Der arme Vetter«, »Der Findling«, »Der tote Tag«, »Die Sündflut«, die in den Jahren 1912–1924 entstanden sind.

BARRET BROWNING, ELIZABETH, geb. 1806 in Coxhoe Hall/Durham, gest. 1861 in Florenz; Tochter eines reichen westindischen Plantagenbesitzers; führte, infolge einer Rückgratverletzung mit fünfzehn Jahren an ihr Zimmer gefesselt, ein einsames Leben mit Büchern, übersetzte Aischylos und begann früh zu dichten; heiratete 1846 den Dichter Robert Browning (1812–1889), der sie aus dem strengen Vaterhaus nach Florenz entführte und sie von ihrer Krankheit erlöste. Das Dokument dieser Liebe sind ihre Gedichte »Sonette aus dem Portugiesischen«, die auf Camoes als Anreger zurückgehen und von Rainer Maria Rilke ins Deutsche übersetzt wurden.

BARTSCH, KURT, geb. 1937 in Berlin; nach Abitur Lagerarbeiter, Telefonist, Büroangestellter, Lektoratsassistent; 1964/65 Studium am Literaturinstitut Johannes R. Becher in Leipzig; seit 1966 freier Schriftsteller; lebt in Berlin. Lyriker (»Zugluft«; »Die Lachmaschine«; »Poesiealbum 13«) und Prosaist; wurde vor allem bekannt durch seine Slapsticks und Songspiele (»Die Goldgräber«; »Der Strick«; »Der Bauch«), die bissig mit Zitaten aus Werken von Braun, Hacks, Mickel, Müller DDR-Verhältnisse kenntlich machen.

BAUDELAIRE, CHARLES, geb. 1821 in Paris, gest. 1867 ebenda; bedeutender Dichter des Symbolismus und Surréalismus, auch Kunstkritiker, von der Ästhetik des Abnormen, Bizarren, Nächtlichen, Bösen fasziniert. Sein Gedichtzyklus »Die Blumen des Bösen« (Les Fleurs du Mal), nach Erscheinen 1857 wegen Gefährdung der Sittlichkeit konfisziert, machte ihn weltberühmt und war von entscheidendem Einfluß u. a. auf Verlaine, Rimbaud, Mallarmé, Valéry und über Frankreich hinaus auf George, Rilke, d'Annunzio, Swinburne, Pound.

BENDER, HANS, geb. 1919 in Mühlhausen bei Heidelberg; Soldat, Studium der Literatur und Kunstgeschichte; Redakteur, Verlagslektor und Herausgeber von Literaturzeitschriften (»Konturen«, »Akzente«); vielseitiger Literaturkritiker; unpathetischer Lyriker und Erzähler einer knapp notierenden Prosa (»Fremde soll vorüber sein«; »Eine Sache wie Liebe«; »Wunschkost«; »Die halbe Sonne«; »Aufzeichnungen einiger Tage«); lebt in Köln.

BENN, GOTTFRIED, geb. 1886 in Mansfeld/Westpriegnitz, gest. 1956 in Berlin; lebte als Arzt und Schriftsteller in Berlin; in beiden Weltkriegen Militärarzt; Lyriker, Dramatiker, Erzähler und Essayist von eigenwilliger, radikal moderner Problemstellung und erregender Wirkung auf die intellektuelle Jugend seiner Zeit; begann als expressionistischer Lyriker von eruptiver Sprachkraft mit gefühlskalt-zynisch registrierten Visionen von Verfall, Krankheit und Verwesung; später Dichter großartiger Elegien auf eine sich zersetzende europäische Zivilisation (»Statistische Gedichte«; »Trunkene Flut«; »Aprèslude«; »Kunst und Macht«; »Das moderne Ich«).

BIENEK, HORST, geb. 1930 in Gleiwitz; Studium bei Bertolt Brecht in Ost-Berlin. 1951 aus politischen Gründen verhaftet, bis 1955 im Lager Workuta/Sibirien. Nach der Amnestie Übersiedelung in die BRD. Rundfunkredakteur und Lektor. Lebt als freier Schriftsteller in München. – Lyriker und Prosaist von bewußt knapper unpathetischer Sprache um das Thema der Bewahrung menschlicher Substanz und innerer Freiheit angesichts äußerer Bedrohung (»Traumbuch eines Gefangenen«; »Nachtstücke«; »Was war – was ist«; »Die Zelle«; »Vorgefundene Gedichte«). Aufnahme verschiedenster Stilmöglichkeiten und von Elementen dokumentarischer Literatur. Essayist, Rundfunkautor, Verfasser von Kurzfilmen.

BIERMANN, WOLF, geb. 1936 in Hamburg; Sohn eines in Auschwitz ermordeten Werftschlossers; 1953 Übersiedelung in die DDR, Studium, Regieassistenz beim Berliner Ensemble; 1963 Ausschluß aus der SED, seit 1965 Veröffentlichungsverbot, 1976 Ausweisung aus der DDR. Politischer Volkssänger, Bänkelsänger und »Liedermacher« in der Nachfolge François Villons und Bertolt Brechts (»Die Drahtharfe«; »Mit Marx- und Engelszungen«; »Deutschland, Ein Wintermärchen«; »Für meine Genossen«; »Preußischer Ikarus«); scharfer und polemischer Kritiker des sozialistischen Alltags mit einer Mischung von Frivolität und Pessimismus. Lebt in Hamburg.

BISCHOFF, FRIEDRICH, geb. 1896 in Neumarkt/Schlesien, gest. 1976 in Großweiler/Baden; von 1923–33 Chefdramaturg und Intendant des Breslauer Rundfunks, von 1946–65 Intendant des Südwestfunks Baden-Baden. Erzähler und Lyriker mit betont schlesisch-visionärem, romantischem Mystizismus, schildert die Märchenwelt und typische Gestalten seiner schlesischen Heimat (»Die goldenen Schlösser«; »Der Wassermann«; »Schlesischer Psalter«; »Das Füllhorn«; »Sei uns Erde wohlgesinnt«).

BOBROWSKI, JOHANNES, geb. 1917 in Tilsit, gest. 1965 in Berlin (DDR); bedeutender ostdeutscher Lyriker (»Sarmatische Zeit«; »Schattenlandströme«; »Wetterzeichen«) und Erzähler mit Vorliebe für die weitläufige osteuropäische Landschaft und die einfachen, schwermütigen Menschen im Grenzbereich deutscher und slawischer Kulturen (»Mäusefest«; »Levins Mühle«; »Litauische Klaviere«).

BÖHME, JAKOB, geb. 1575 in Altseidenberg/Lausitz, gest. 1624 in Görlitz; Sohn eines armen Bauern, Schuhmacherlehrling, Wanderschaft durch Deutschland, Schuhmachermeister in Görlitz. Autodidaktisches Studium der Bibel, mystischer und medizinischer Schriften, Beschäftigung mit Alchemie und Astrologie; frühbarocker Mystiker und Dichter-Philosoph, »Philosophus teutonicus« genannt, der seine visionären Gedanken in eine dunkle, bilderreiche, metaphorische Sprache kleidete; von starkem Einfluß auf die barocke Mystik und auf die Romantik (»Aurora oder Morgenröte im Aufgang«, 1612; »Mysterium magnum«, 1623).

BÖLL, HEINRICH, geb. 1917 in Köln; Sohn eines Schreinermeisters; Arbeitsdienst, Soldat, Studium der Germanistik, Behördenangestellter; seit 1951 freier Schriftsteller in Köln; 1964 Dozent für Poetik an der Universität Frankfurt a. M.; 1972 Nobelpreis für Literatur. Bedeutender zeitgenössischer Erzähler mit starkem sozialkritischem Einschlag und politischem Engagement (»Wanderer, kommst du nach Spa...«; »Wo warst du, Adam«; »Und sagte kein einziges Wort«; »Haus ohne Hüter«; »Das Brot der frühen Jahre«; »Billard um halbzehn«; »Ansichten eines Clowns«; »Gruppenbild mit Dame«; »Die verlorene Ehre der Katharina Blum«).

BRAMBACH, RAINER, geb. 1917 in Basel, verschiedene handwerkliche Berufe: Flachmaler, Torfstecher, Landarbeiter, Gartenbauarbeiter. Seit 1959 freier Schriftsteller in Basel. Naturverbundener Lyriker und Erzähler, Betonung einer saloppen Wiedergabe, Aufnahme surrealer Bilder, ironische Verfremdung (»Tagwerk«; »Marco Polos Koffer«; »Ich fand keinen Namen dafür«; »Sechs Tassen Kaffee«; »Kneipenlieder«).

BRAUN, FELIX, geb. 1885 in Wien, gest. 1973 in Klosterneuburg b. Wien; von 1928–1938 Dozent für Literatur und Kunstgeschichte an den Universitäten Palermo und Padua; befreundet mit Hofmannsthal, Rilke, Stefan Zweig. 1939–1952 Emigration in London, dann bis zu seinem Tod Dozent am Max-Reinhardt-Seminar in Wien. Erzähler, Lyriker, Dramatiker und Essayist, einer der letzten Vertreter des alten Österreich, des Wiener Impressionismus und der Neuromantik (»Der Schatten des Todes«; »Das neue Leben«; »Das Haar der Berenike«; »Die Taten des Herikles«; »Kaiser Karl V.«; »Der Stachel in der Seele«; »Briefe in das Jenseits«; »Die Eisblume«).

BRECHT, BERTOLT, geb. 1898 in Augsburg, gest. 1956 in Berlin (DDR); Sohn eines Papierfabrikanten; wandte sich früh dem Theater zu,

Dramaturg in München und Berlin, dann freier Schriftsteller; emigrierte 1933 über Prag nach Wien, dann über Dänemark, Schweden, Finnland, Rußland in die USA; 1948 Rückkehr nach Ost-Berlin, Begründer und Leiter des »Berliner Ensembles« im Theater am Schiffbauerdamm; bedeutendster deutscher Dramatiker dieses Jahrhunderts, Schöpfer des »epischen Theaters«, Vertreter einer engagierten Gesellschaftskritik; auch Verfasser von Balladen, Gedichten, Lehrgedichten, Sprüchen, Kurz- und Kalendergeschichten (»Dreigroschenoper«, 1928; »Mutter Courage«, 1939; »Leben des Galilei«, 1939; »Kaukasischer Kreidekreis«, 1947).

BRENTANO, CLEMENS, geb. 1778 in Ehrenbreitstein am Rhein, gest. 1842 in Aschaffenburg; Sohn des italienischen Großkaufmanns Brentano und der mit Goethe befreundeten Maximiliane von La Roche, Bruder von Bettina von Arnim; begründet mit Achim von Arnim und Görres den Heidelberger Kreis, gibt von 1806–1808 gemeinsam mit Arnim die Volksliedersammlung »Des Knaben Wunderhorn« heraus; Spätromantiker von großer Schöpferkraft, Erzähler und Märchenerfinder, am bedeutendsten als Lyriker (»Godwi«; »Geschichte vom braven Kasperl und dem schönen Annerl«; »Gockel, Hinkel, Gakeleja«; »Romanzen vom Rosenkranz«).

BROCH, HERMANN, geb. 1886 in Wien, gest. 1951 in New Haven; bis 1928 Leiter eines Textilkonzerns; Professor für deutsche Literatur in den USA; beginnt erst mit vierzig Jahren zu schreiben; Erzähler, Kulturphilosoph und Essayist; Verfasser bedeutender Romane über den Verfall der Werte in einer sich auflösenden bürgerlichen Gesellschaft (»Die Schuldlosen«). Sein Hauptwerk: »Der Tod des Vergil« (1945).

BROCKES, BARTHOLD HINRICH, geb. 1680 in Hamburg, gest. 1747 ebenda; Kaufmannssohn, Jurist in Wetzlar, Leiden und Hamburg, später Senator, kaiserlicher Pfalzgraf und Amtmann. Lyriker und Epiker zwischen Barock und Aufklärung; Preis der Schöpfung; Sinn für das Kleinste und Einfachste in der Natur: »Irdisches Vergnügen in Gott«; »Schwanengesang«.

BÜCHNER, GEORG, geb. 1813 in Goddelau b. Darmstadt, gest. 1837 in Zürich; Sohn eines hessischen Landarztes, Medizinstudium in Straßburg und Gießen; schließt sich der radikal-politischen Freiheitsbewegung an und verfaßt im Juli 1834 die erste sozialistische Kampfschrift, den »Hessischen Landboten« (mit dem Motto: ›Friede den Hütten, Kampf den Palästen‹), flieht, steckbrieflich gesucht, nach Straßburg und stirbt kurz nach seiner Habilitation als Privatdozent in Zürich an Typhus. Bedeutendster Dramatiker zwischen Romantik und Realismus, dessen schmales Werk die sozialen Themen der zweiten Hälfte des 19. Jahrhunderts vorwegnahm, aber erst im 20. Jahrhundert gebührend gewürdigt wurde (»Dantons Tod«, 1835; »Woyzeck«, 1836).

BYRON, GEORGE GORDON NOËL, BARON VON, geb. 1788 in London, gest. 1824 in Missolunghi; aus reichem englischem Hochadel; nach dem Studium in Cambridge und Mißerfolgen im Oberhaus führte er ein genialisch-unstetes Leben und verließ schließlich, von Skandalen umwittert, England für immer und ging nach Italien; zahlreiche Freundschaften (u. a. mit Shelley und Thomas Moore) und Liebesaffären; begeisterte sich 1824 für den Freiheitskampf der Griechen gegen die Türken und wollte daran teilnehmen, wurde jedoch nach einer Bootsfahrt vom Fieber befallen und starb. Sein lyrisches und dramatisches Werk spiegelt die Ruhelosigkeit und Zerrissenheit seines Lebens und zeigt formal Anklänge an den Klassizismus; sein Ruhm als Dichter des romantischen Weltschmerzes war auf dem Kontinent größer als in England; Goethe errichtete ihm im 2. Teil des »Faust« ein Denkmal in der Gestalt des Euphorion.

CAMUS, ALBERT, geb. 1913 in Mondovi/Algerien, gest. 1960 in Villeblevin; Sohn eines im Ersten Weltkrieg gefallenen Handwerkers; Werkstudent in Algier, Leiter einer Schauspielgruppe und Bühnenautor, Journalist in Algier und Paris; unternimmt zahlreiche Reisen; während der deutschen Besetzung Frankreichs Angehöriger der Résistance; Mitbegründer und Leitartikler des ›Combat‹; erhielt 1957 den Nobelpreis für Literatur und war bis zu seinem Tod durch einen Autounfall Verlagsleiter bei Gallimard in Paris. Verfasser von Romanen, Dramen und Essays, die den verlassenen, hilf-, hoffnungs- und gottlosen Menschen in einer »absurden« Welt zeigen, der trotz der rationalen Erkenntnis der absoluten Sinnlosigkeit des menschlichen Daseins nicht im Nihilismus versinkt, sondern dem Schicksal die Stirn bietet. Seine berühmtesten Werke sind »Der Mythos von Sisyphos«, 1942, und die Romane »Der Fremde«, 1942 und »Die Pest«, 1947.

CATULLUS, GAIUS VALERIUS, geb. um 84 v. Chr. in Verona, gest. um 54 v. Chr. in Rom; römischer Lyriker aus angesehener, begüterter Familie; Verfasser von Gelegenheitsgedichten im goetheschen Sinne des Wortes: Liebes-, Hochzeits- und Trinklieder, Spott- und Schimpfverse, politische Epigramme. Seine Verse, zum großen Teil angeregt durch seine Liebe zu der schönen, aber sittenlosen Clodia (Lesbia), die ihr Spiel mit ihm trieb, sind einzigartig in der römischen Dichtung, von stark persönlicher Prägung, tiefer Empfindung und impulsiver Leidenschaftlichkeit.

CELAN, PAUL (eig. Paul Anczel), geb. 1920 in Czernowitz/Bukowina, gest. 1970 in Paris; Sohn deutschsprachiger Eltern; Medizin- und

Romanistikstudium in Tours, Paris und Czernowitz; während des 2. Weltkriegs Arbeitslager in Rumänien; 1945/46 Verlagslektor in Bukarest; von 1948 bis zu seinem Freitod in der Seine Universitätslektor in Paris. Bedeutender Lyriker der Nachkriegszeit, beeinflußt vom Surrealismus und der hermetischen Poesie; streng gefeilte, assoziations- und bilderreiche Verse von suggestivem Klang und schwermütiger Melodie (»Der Sand aus den Urnen«; »Mohn und Gedächtnis«; »Von Schwelle zu Schwelle«; »Sprachgitter«; »Die Niemandsrose«; »Atemwende«; »Fadensonnen«; »Lichtzwang«; »Schneepart«); verarbeitete in seiner Elegie »Todesfuge« die erfahrene Verfolgung der Juden. Auch nachschöpferischer Übersetzer von französischer und englischer Lyrik und russischer Literatur.

CHATTERTON, THOMAS, geb. 1752 in Bristol, gest. 1770 in London; Sohn eines Lehrers, aus einer alteingesessenen Küsterfamilie, 1767 zunächst Anwaltsangestellter; gab in der Nachfolge von Macphersons »Ossian« (1760) in mittelalterlichem Stil verfaßte Gedichte eines von ihm erfundenen Mönches Thomas Rowley aus dem 15. Jahrhundert heraus. Nach erster begeisterter Zustimmung wurde der Betrug entdeckt. Verzweifelt, als ›Fälscher‹ erkannt zu sein, vergiftete sich Chatterton 17jährig mit Arsen. Er erhielt ein Armenbegräbnis; erst die Nachwelt wurde seiner Originalität und dichterischen Begabung gerecht und erkannte in ihm einen Vorläufer der Romantik.

CLAUDIUS, HERMANN, geb. 1878 in Langenfelde/Holstein, gest. 1980 in Hamburg; Urenkel von Matthias Claudius, in dem »des Wandsbecker Boten Seele«, wie er selber sagt, wieder wach geworden ist. Anfangs Großstadtlyrik mit sozialer Thematik, später Verfasser volksliedhafter Lieder und plattdeutscher Gedichte; auch Dramen, Epen, Märchen, Kinderlieder, Biographien und Hörspiele. Das vorstehende Gedicht ist seinem Ahnen zum 200. Geburtstag gewidmet.

CLAUDIUS, MATTHIAS, geb. 1740 in Reinfeld/Holst., gest. 1815 in Hamburg; Sohn eines Pfarrers, studierte Theologie und die Rechte in Jena und lebte nach Aufenthalten in Kopenhagen und Darmstadt zurückgezogen in Wandsbek bei Hamburg; stand mit vielen berühmten Männern seiner Zeit in Verbindung, u. a. mit Herder, Klopstock, Lavater, den Brüdern Stolberg und J. H. Voß. Lyriker und christlicher Dichter der klassischen Bewegung; gab von 1770 bis 75 den »Wandsbecker Boten« heraus, ein Blatt zur christlich-sittlichen Bildung in volkstümlich-naiver Prosa; seine wenigen Gedichte (»Der Mond ist aufgegangen«) sind von schlichter Poesie und ergreifender Andacht vor dem Kleinen als Spiegel des Großen und Ewigen und wurden vielfach vertont (u. a. von Schubert).

CONRAD, JOSEPH (eig. Jósef Teodor Konrad Nalecz Korzeniowski), geb. 1857 in Berdyczew/Ukraine, gest. 1924 in Bishopsbourne/Kent; Sohn polnischer Landedelleute, früh verwaist; ging mit siebzehn Jahren zur französischen Marine und befuhr ab 1886 als britischer Kapitän die Weltmeere. Als ein trophisches Fieber ihn zwang, den Seemannsberuf aufzugeben, ließ er sich 1894 als freier Schriftsteller in England nieder. Er schrieb zahlreiche Romane und Erzählungen in englischer Sprache über Seeabenteuer im Stil eines romantischen Realismus (»Lord Jim«; »Der Nigger von der ›Narzissus‹«).

CORNEILLE, PIERRE, geb. 1606 in Rouen, gest. 1684 in Paris; aus alter normannischer Juristenfamilie; nach dem Studium der Rechte Advokat in Rouen. Französischer Dramatiker und Hofdichter unter Ludwig XIV. im Auftrag Richelieus, Schöpfer des klassisch-barocken Heldendramas, in dem die Größe Roms beispielhaft für das absolutistische Frankreich beschworen wird. Sein größter Erfolg war die Tragikomödie »Le Cid«. Im Alter wurde sein Ruhm überschattet durch die Rivalität mit dem jungen Racine.

DÄUBLER, THEODOR, geb. 1876 in Triest, gest. 1934 in St. Blasien/Schwarzwald; Jugend in Triest und Venedig, erst Schiffsjunge, dann unruhevoller, rastloser Weltenwanderer mit stets wechselnden Aufenthaltsorten in Griechenland, Ägypten, Nubien, Palästina, Syrien und in der Türkei; später in Italien, Jugoslawien, Frankreich, England, Skandinavien und Deutschland. Verfasser pathetisch-hymnischer Rhapsodien von beträchtlichem Umfang: dionysisch-rauschhaftes Lebensgefühl voller Sehnsucht nach einem kosmischen Licht- und Sternenreich, nach einem durchseelten All (»Das Nordlicht«; »Mit silberner Sichel«; »Das Sternenkind«; »Die Treppe zum Nordlicht«; »Attische Sonette«; »Die Göttin mit der Fackel«).

DAHL, EDWIN WOLFRAM, geb. 1928 in Solingen, lebt in München; Publikationen in Zeitschriften und Zeitungen, Veröffentlichung von Gedichten in Anthologien und eigene Lyrikbände (»Zwischen Eins und Zweitausend«; »Gesucht wird Amfortas«; »Außerhalb der Sprechzeit«).

DANTE ALIGHIERI, geb. 1265 in Florenz, gest. 1321 in Ravenna; aus Florentiner Adelsgeschlecht, erhielt eine ausgezeichnete Privaterziehung, studierte Philosophie, trat der Ärztezunft bei, seit 1295 politisch tätig, um 1300 einer der sechs Prioren im Rat der Stadt, wurde bei einem Umschwung von der päpstlichen Partei verbannt und mit dem Tode bedroht und ging auf Lebenszeit ins Exil; Begegnung mit seiner Jugendliebe Beatrice, die 1290 starb und von Dante in den Gedichten der »Vita nuova« und als Führerin durch das Paradies in der »Göttlichen Komödie« verewigt wurde. Berühmtester italienischer Dichter,

Schöpfer der italienischen Schriftsprache; Lyriker im ›dolce stil nuovo‹, der den Übergang von den Troubadours zu den Dichtern unter antikem Einfluß bezeichnet; Verfasser von politischen, philosophischen und philologischen Werken; seine »Göttliche Komödie«, die enzyklopädisch das ganze Mittelalter umfaßt, ist das größte Gedicht des Abendlandes.

DEHMEL, RICHARD, geb. 1863 in Hermsdorf/Spreewald, gest. 1920 in Blankenese b. Hamburg; Sohn eines Revierförsters; Studium in Berlin und Leipzig, zeitweilig Redakteur und Sekretär einer Versicherungsgesellschaft, seit 1895 freier Schriftsteller; 1891 Beginn einer lebenslangen Freundschaft mit Liliencron; viele Reisen; 1914 Kriegsfreiwilliger. Revolutionärer Lyriker zwischen Naturalismus und Impressionismus (»Der Mitmensch«; »Zwei Menschen«; »Die Verwandlung der Venus«; »Schöne wilde Welt«; »Die Menschenfreunde«), beeinflußt von Nietzsche, Arno Holz, Walt Whitman; Verkünder antibürgerlicher Sexual- und Sozialideen.

DROSTE-HÜLSHOFF, ANNETTE FREIIN VON, geb. 1797 in Hülshoff b. Münster/Westf., gest. 1848 in Meersburg/Bodensee; aus westfälischem Adelsgeschlecht, ausgezeichnete Bildung durch Hauslehrer; kränkliche Jugend, später Reisen, Bekanntschaft mit A. W. Schlegel und Adele Schopenhauer; Liebe zu dem 17 Jahre jüngeren Levin Schücking, der z. T. ihre Naturlyrik und die meisterhafte, realistischmythische Novelle »Die Judenbuche« (1842) anregte. Bedeutendste Lyrikerin des 19. Jahrhunderts, zunächst religiöse Jugendgedichte (»Das geistliche Jahr«), später Naturlyrik von scharfer Beobachtung bei Erfassung des Stimmungshaften und Einbeziehung des Dämonischen in das Naturerlebnis.

EICH, GÜNTER, geb. 1907 in Lebus/Oder, gest. 1972 in Salzburg; Jura- und Sinologiestudium in Berlin, Leipzig und Paris; seit 1932 freier Schriftsteller in Berlin und Dresden; 1939–45 Soldat; 1953 Heirat mit Ilse Aichinger; lebte zuletzt in Groß-Gmain/Österreich. Lyriker und Erzähler; anfangs konsequente Reduktion der Formen, knappe Bestandsaufnahme, später Einfluß der Naturlyrik (»Abgelegene Gehöfte«; »Untergrundbahn«; »Träume«; »Botschaften des Regens«; »Anlässe und Steingärten«; »Maulwürfe«; »Nach Seumes Papieren«); gab als Hörspielautor dieser Gattung in Deutschland dichterischen Rang (»Träume«; »Die Mädchen aus Viterbo«; »Der Tiger Jussuf«).

EICHENDORFF, JOSEPH FREIHERR VON, geb. 1788 auf Schloß Lubowitz in Oberschlesien, gest. 1857 in Neiße; Sohn eines preußischen Landedelmannes; Jura- und Philosophiestudium in Halle und Heidelberg; Bekanntschaft mit Arnim, Brentano und Görres, Friedrich und Dorothea Schlegel; 1813–1815 Offizier in den Befreiungskriegen; von 1816 bis 1844 Beamter in Berlin, Danzig und Königsberg, wo er den Wiederaufbau der Marienburg betreibt. Bedeutendster Dichter der deutschen Hochromantik; volkstümlicher, oft vertonter Lyriker von großer Musikalität der Sprache, seine Novelle »Aus dem Leben eines Taugenichts« wurde zum Inbegriff romantischer Erzählkunst.

ELUARD, PAUL (eig. Eugène Grindel), geb. 1895 in Saint-Denis, gest. 1952 in Charenton-le-Pont; freudlose Jugend, 1912 lungenkrank in Davos, 1914–1918 Soldat. Bedeutender französischer Dichter des Surrealismus, seine besten Gedichte sind Liebesgedichte; bekannt vor allem als Autor der Linken und der Résistance (»Hauptstadt der Schmerzen«; »Immerwährende Dichtung«; »Die öffentliche Rose«; »Die fruchtbaren Augen«; »Freie Hände«; »Natürlicher Lauf«; »Zum deutschen Treff«).

EMPEDOKLES, geb. um 492 v. Chr. in Akragas/Sizilien, gest. 432 v. Chr. auf Sizilien; griechischer Naturphilosoph, Arzt und Politiker; um sein Leben und seinen Tod ranken sich viele Legenden (nach dem Empedokles-Drama von Hölderlin hat er sich in den Ätna gestürzt); sein Lehrgedicht »Über die Natur« faßt das vorsokratische Denken zusammen.

FREILIGRATH, FERDINAND, geb. 1810 in Detmold, gest. 1876 in Cannstadt; Sohn eines Kaufmanns. Kaufmannslehre, daneben Studium der Literatur. Suche nach einer exotischen Welt, die sich in seiner Lyrik und Balladendichtung widerspiegelt. Hielt sich anfangs revolutionären Umtrieben fern, bezieht eine Pension von Friedrich Wilhelm IV. von Preußen. Politische Wandlung 1843/44. Nach Veröffentlichung politischer Gedichte Flucht ins Ausland, 1848 Rückkehr nach Düsseldorf, Verhaftung wegen staatsfeindlicher Einstellung und Aktivität, nach seiner Freilassung Aufenthalt in London. Erneute Rückkehr 1866; politische Wandlung unter dem Eindruck der Kriege von 1866 und 1870/71; Erwachen nationalen Empfindens (»Neuere politische und soziale Gedichte«).

FRIED, ERICH, geb. 1921 in Wien, lebt seit seiner Emigration 1938 in London; Hilfsarbeiter, Bibliothekar, Mitarbeiter der BBC, freier Schriftsteller. Politisch engagierter Lyriker (»Deutschland«; »Österreich«; »Ein Soldat und ein Mädchen«; »Reich der Steine«; »Warngedichte«; »Überlegungen«; »...und Vietnam und...«; »Anfechtungen«; »Zeitfragen«; »Befreiung von der Flucht«; »Die Beine der größeren Lügen«; »Unter Nebenfeinden«; »Die Freiheit, den Mund aufzumachen«; »Gegengift«); Übersetzer von Shakespeare, T. S. Eliot u. a.

FRITZ, WALTER HELMUT, geb. 1929 in Karlsruhe; Studium der Literatur, Philosophie und Neueren Sprachen in Heidelberg; Studienrat, Dozent; lebt als freier Schriftsteller und Lyriker in Heidelberg. Gestaltung menschlicher Alltäglichkeiten, scheinbar banaler Konflikte (»Achtsamsein«; »Bild und Zeichen«; »Veränderte Jahre«; »Umwege«; »Abweichung«; »Die Zuverlässigkeit der Unruhe«; »Die Verwechslung«; »Aus der Nähe«; »Die Beschaffenheit solcher Tage«). Übersetzer aus dem Französischen, Kritiker, Verfasser von Hörspielen und Dramen.

GEIBEL, EMANUEL, geb. 1815 in Lübeck, gest. 1884 ebenda; Sohn eines Pfarrers; Mittelpunkt des Münchner Dichterkreises in der Mitte des 19. Jahrhunderts, der Lieblingsdichter seiner Zeit. Verfasser vieler volksliedhafter und vaterländischer Gedichte, bedeutender Übersetzer französischer und spanischer Lyrik (»Volkslieder und Romanzen der Spanier«; »Spanisches Liederbuch«; »Romanzero der Spanier und Portugiesen«; »Fünf Bücher französischer Lyrik«).

GEORGE, STEFAN, geb. 1868 in Büdesheim/Rheinhessen, gest. 1933 in Minusio bei Locarno; Sohn eines Weingutbesitzers, Studium der Philosophie und Kunstgeschichte in Paris, Berlin, München. Sammelt seit Beginn der 90er Jahre einen Freundeskreis um sich. Klangvolle, streng geformte Verse von hoher Eindringlichkeit. Goethe neben Hölderlin, Jean Paul und dem Stauferkaiser Friedrich II. erscheinen als Idole des George-Kreises und als Künder eines »neuen Reiches« des Geistes. Von großem Einfluß auf die deutsche Geisteswissenschaft der Zeit 1914–1933 (»Algabel«; »Das Jahr der Seele«; »Der Teppich des Lebens«; »Der siebente Ring«; »Der Stern des Bundes«; »Das neue Reich«). Übersetzungen und dichterische Nachbildungen besonders der französischen Symbolisten, englischer Präraffaelisten, Shakespeares und Dantes.

GESSNER, SALOMON, geb. 1730 in Zürich, gest. 1788 ebenda; Sohn eines Buchhändlers; zunächst Buchhändlerlehrling; Landschaftsmaler und Kupferstecher. Schweizer Idylliker, Verfasser empfindsamer Schäferdichtung im Zeitgeschmack (»Daphnis«); illustrierte seine Schriften selbst.

GLEIM, JOHANN WILHELM LUDWIG, geb. 1719 in Ermsleben b. Halberstadt, gest. 1803 in Halberstadt; Domsekretär und Kanonikus in Halberstadt und Walbeck. Lyriker der Aufklärung, Mittelpunkt von Dichterkreisen und Förderer junger Talente, stand in Verbindung mit den meisten Dichtern seiner Zeit; Verfasser von Wein- und Liebesliedern, von Fabeln und Romanzen; Erneuerer der Bänkelballade, einer neuen politischen Lyrik, Übersetzer der Minnesänger.

GOETHE, JOHANN WOLFGANG VON, geb. 1749 in Frankfurt a. M., gest. 1832 in Weimar. Verlebt im Elternhaus (Vater: Kaiserlicher Rat) glückliche Kinderjahre und genießt eine vorzügliche Erziehung; Studium der Rechte in Leipzig und Straßburg; 1772 Praktikant am Reichskammergericht in Wetzlar; 1775 folgt er einer Einladung des Herzogs Karl August in Weimar; dort im Staatsdienst. Reisen nach Italien (1786–1788), Kuraufenthalt in Karlsbad und Marienbad, sonst fast ausschließlich in Weimar. Größter deutscher Dichter und Haupt der deutschen Klassik, zugleich in der vielseitigen Ausbildung seiner Interessen universeller, maßgeblicher Denker von stärkstem Einfluß auf die europäische Literatur und Geistesgeschichte der Neuzeit. Das Gedicht »Hans Sachsens poetische Sendung« ist 1776 entstanden, in dem für Goethe entscheidenden und einen neuen Lebensabschnitt markierenden Jahr: 1776 trat er formell als Geheimer Legationsrat in den Weimarischen Staatsdienst ein, und 1776 nahm ihn die Liebe zu der Hofdame Charlotte von Stein gefangen. Viel Neues drang auf ihn ein; so stellte er sich die Frage nach seiner poetischen Mission, bedachte, ob es möglich sei, seiner »poetischen Sendung« weiterhin Genüge zu tun. Mit dem Hans Sachs-Gedicht gab er sich selbst eine Antwort.

GOTTFRIED VON STRASSBURG, Lebensdaten unbekannt, etwa Ende des 12. Jahrhunderts, kein Ritter, aus gebildetem elsässischem Stadtbürgertum, Verfasser des höfischen Epos »Tristan und Isolde«, in das er einen sog. »Dichterkatalog« einfügt, in dem er die Epiker und Lyriker seiner Zeit charakterisiert. Großer Formkünstler durch virtuose Beherrschung aller stilistischen Mittel; klangvolle, klare Verse, tadelte den schwerfällig-dunklen Stil Wolframs von Eschenbach, lobte die »kristallene« Sprachkunst Hartmanns von Aue, die Verdienste Heinrichs von Veldeke, beklagte den Tod Reinmars von Hagenau und pries vor allem Walther von der Vogelweide.

GORKI, MAXIM, geb. 1868 in Nischni-Nowgorod, gest. 1936 in Moskau, Sohn eines Tischlers, frühzeitig auf sich selbst gestellt, durchwanderte als Gelegenheitsarbeiter auf den Landstraßen Rußlands die Ukraine, die Krim, das Wolgagebiet und den Kaukasus; beginnt zu schreiben, um auf das armselige Leben des einfachen Volkes und die soziale Not der Arbeiter aufmerksam zu machen (»Drei Menschen«; »Nachtasyl«; »Mutter«); reiste 1906 nach Amerika, lebte dann jahrelang auf der Insel Capri, und bis 1930 in Sorrent. Überzeugter Marxist und Bolschewist, von den Russen als »Sturmvogel der proletarischen Revolution« gefeiert. Seine Vaterstadt Nischni-Nowgorod heißt seit 1932 »Gorki«.

GRABBE, CHRISTIAN DIETRICH, geb. 1801 in Detmold, gest. 1836 ebenda; Sohn eines Zuchthausverwalters. Studierte in Leipzig und Berlin

Jura; Advokat und Militär-Auditeur. Unselige innere Zerrissenheit, die seine Entlassung herbeiführte, seine Ehe in eine Krise stürzte und ihn selbst der Trunksucht anheimfallen ließ. Nach Aufenthalt in Düsseldorf bei Immermann Rückkehr nach Detmold und früher Tod. Freiligraths Gedicht nimmt Bezug auf Grabbes Dramen: »Napoleon oder die hundert Tage«, die Hohenstaufendramen, »Hannibal«, »Don Juan und Faust«. Berühmt wurde er vor allem durch sein Lustspiel »Scherz, Ironie, Satire und tiefere Bedeutung«.

GRASS, GÜNTER, geb. 1927 in Danzig, besuchte dort das Gymnasium, 1944 Luftwaffenhelfer und Soldat, nach dem Krieg Landarbeiter, Jazzmusiker, 1947 Steinmetzlehre, danach Bildhauerstudium in Düsseldorf und Hochschule für bildende Künste in Berlin. Seit 1956 Bildhauer, Graphiker und freier Schriftsteller in Paris, später in West-Berlin. Zahlreiche Reisen und politische Aktivitäten. Lebt in der Schweiz. Eigenwilliger, vitaler Schriftsteller und Romancier der Nachkriegszeit, schreibt aus der Erinnerung an seine Danziger Heimat heraus; sprudelnde Phantasie, barocke Stoffülle, bildkräftige, mitunter bewußt schockierende Realistik, groteske Situationen und ein skurriler, makabrer Humor kennzeichnen seine Epik (»Die Blechtrommel«; »Hundejahre«; »Örtlich betäubt«; »Aus dem Tagebuch einer Schnecke«; »Der Butt«; »Das Treffen in Telgte«; »Kopfgeburten oder Die Deutschen sterben aus«). Gedichte, Theaterstücke.

GRILLPARZER, FRANZ, geb. 1791 in Wien, gest. 1872 ebenda; Sohn eines Advokaten; zunächst Beamtenlaufbahn, dann Hoftheaterdichter am Wiener Burgtheater, später Direktor des Hofkammerarchivs. Bedeutendster österreichischer Dramatiker in der Nachfolge der deutschen Klassik (»Das goldene Vlies«; »Weh dem, der lügt«; »Der Traum ein Leben«; »Des Meeres und der Liebe Wellen«; »Ein Bruderzwist in Habsburg«); Gedankenlyrik und Epigramme.

GROSS, WALTER, geb. 1924 in Winterthur. Nach einer Buchbinderlehre Bibliotheksangestellter, danach freier Schriftsteller. Lebt in Winterthur.

GRYPHIUS, ANDREAS, geb. 1616 in Glogau/Schlesien, gest. 1664 ebenda; Sohn eines Archidiakons, schwere, von Krieg, Religionsverfolgungen und Krankheiten heimgesuchte Jugend, Schule in Glogau, Gymnasium in Görlitz, Fraustadt, Danzig; später Sprachenstudium in Leyden, hielt dort Vorlesungen über Naturwissenschaft und Geschichte, bereiste Frankreich und Italien, lehnte Berufungen als Professor nach Frankfurt an der Oder, Uppsala und Heidelberg ab, kehrte nach Schlesien zurück, seit 1650 Syndikus der Stände des Fürstentums Glogau. Bedeutender Dichter des deutschen Hochbarock, vom Zeitgefühl des 30jährigen Krieges geprägt. Zahlreiche Tragödien (»Cardenio und Celinde«) und Komödien (»Horribilicribrifax«, 1663), erstere mit heroisch-elegischem, letztere mit volkstümlich-burleskem Grundton. Lyriker mit formvollendeten Oden, Sonetten und geistlichen Liedern von ergreifendem Pathos.

GUTTENBRUNNER, MICHAEL, geb. 1919 in Althofen/Kärnten; Sohn eines Knechtes, harte Jugend, in der Nazizeit mehrfach verhaftet, schließlich zum Tode verurteilt, darf sich aber als Soldat an der Front bewähren. Lebt als freier Schriftsteller in Wien; Lyriker und Erzähler, Aufnahme überlieferter Formen (»Schwarze Ruten«; »Spuren und Überbleibsel«; »Opferholz«; »Die lange Zeit«); geißelt das Weiterwirken faschistoider Tendenzen. Von seinem Schicksal her wird auch das obenstehende Gedicht verständlich, das den Gegensatz zwischen Verklärung und Realitätsbrutalität andeutend aufreißt.

HACKS, PETER, geb. 1928 in Breslau; studierte Germanistik und Theaterwissenschaft in München, siedelte 1955 in die DDR über, lebt dort als Dramaturg und freier Schriftsteller. Variationen literarischer und historischer Themen in balladesken Gedichten, Dramen und Hörspielen; persiflierender, satirischer Ton (»Eröffnung des indischen Zeitalters«; »Das Volksbuch vom Herzog Ernst«; »Die Kindesmörderin«; »Die Sorgen und die Macht«; »Margarete in Aix«; »Omphale«; »Adam und Eva«).

HÄDECKE, WOLFGANG, geb. 1929 in Weißenfels/Saale, Studium der Germanistik und Anglistik in Halle; Übersiedlung in die BRD. Lyriker, Dramatiker, Erzähler (»Uns stehn die Fragen auf«; »Leuchtspur im Schnee«; »Die Steine von Kidron«); Verfasser von Berichten, Essayist und Kritiker, Herausgeber einer Anthologie deutscher Lyrik. Als Lehrer in Bielefeld tätig.

HÄRTLING, PETER, geb. 1933 in Chemnitz, besuchte ab 1945 das Gymnasium in Nürtingen/Württemberg, wo auch Hölderlin seine ersten Schuljahre absolvierte. Feuilletonredakteur und Redakteur; von 1969 bis 1973 Cheflektor und Geschäftsführer beim S. Fischer Verlag in Frankfurt am Main. Lebt heute als freier Schriftsteller in Walldorf/Hessen. Lyriker und Erzähler (»Anreden«; »Janek«; »Ein Abend, eine Nacht, ein Morgen«; »Eine Frau«; »Zwettl«), der sich besonders durch seine einfühlsamen biographischen Romane über Lenau (»Niembsch«) und Hölderlin einen Namen gemacht hat.

HAGEDORN, FRIEDRICH VON, geb. 1708 in Hamburg, gest. 1754 ebenda; Beamtensohn, nach dem Studium in Jena und Aufenthalt in London in Hamburg wohnhaft; Verfasser heiterer, geistreich-geselliger Verse und Fabeln von weitem, weltmännischem Geist. Seine Vorbilder sind Horaz und der griechische Lyriker Anakreon.

HANDKE, PETER, geb. 1942 in Griffen/Kärnten; Sohn eines Militär-Zahlmeisters, katholisch-humanistisches Gymnasium in Tanzenberg, später in Klagenfurth, studierte Jura in Graz, wendete sich aber bald dem Schriftstellerberuf zu. Wechselnde Aufenthalte in Berlin, Paris, Düsseldorf und Kronberg im Taunus. Publikumserfolg nach einer Autorenbeschimpfung während einer Tagung der Gruppe 47 im Jahre 1966 in Princeton/USA. Ablehnung der traditionellen »Beschreibungspoesie«; Entwicklung eines neuen Theaterstils durch Negierung der überkommenen Darstellungsformen; Denunziation der normalen Wortbedeutungen; Befragung des Wort- und Satzsinnes durch ständige Verfremdung der Aussage (»Die Hornissen«; »Publikumsbeschimpfung«; »Der Hausierer«; »Kaspar«; »Die Angst des Tormanns beim Elfmeter«; »Der Ritt über den Bodensee«; »Der kurze Brief zum langen Abschied«; »Die Stunde der wahren Empfindung«; »Die linkshändige Frau«); »Wunschloses Unglück«; »Kindergeschichte«).

HARDENBERG, GEORG ANTON FREIHERR VON, geb. 1781, gest. 1825; einer der Brüder von Novalis, veröffentlichte dieses Sonett als Nachruf auf den frühverstorbenen Bruder unter dem Pseudonym Sylvester in dem 1807 von Karl Gottlieb Andreas Freiherrn von Hardenberg unter dem Pseudonym Rostorf herausgegebenen »Dichter-Garten«.

HARTMANN VON AUE, geb. um 1165, gest. nach 1210; alemannischer Herkunft, besuchte eine Klosterschule; Dienstmann der Herren von Aue; Teilnehmer am Kreuzzug von 1189; durch gelehrte Bildung und Belesenheit ausgezeichnet; Verfasser mehrerer Epen und Legenden (»Der arme Heinrich«; »Erec«; »Iwein«; »Gregorius«), auf kunstvoll gepflegte, reine und schwerelose Sprache bedacht; war bemüht, ritterlich-höfische Ideale und den entsprechenden Rittertyp zu gestalten; klare Diktion auch in den Minne- und Kreuzzugsliedern.

HAUFS, ROLF, geb. 1935 in Düsseldorf, Kaufmannslehre, bis 1960 Exportkaufmann. Lyriker und Erzähler (»Straße nach Kohlhasenbrück«; »Sonntage in Moabit«; »Vorstadtbeichte«; »Das Dorf«; »Der Linkshänder«), kritisches Engagement, Verfasser von Hörspielen und Kinderbüchern. Lebt als Rundfunkredakteur in West-Berlin.

HAUPTMANN, CARL, geb. 1858 in Bad Salzbrunn/Schlesien, gest. 1921 in Schreiberhau; Sohn eines Gasthofbesitzers und älterer Bruder von Gerhart Hauptmann, Studium in Jena, lebte in Zürich und Berlin, seit 1891 freier Schriftsteller in Schreiberhau/Riesengebirge. Grüblerischernster Dramatiker, Erzähler und Lyriker von unverwechselbarer schlesischer Eigenart, aber immer im Schatten seines erfolgreicheren Bruders, dabei mit einer nicht minder starken dichterischen Kraft begabt (»Waldleute«; »Sonnenwanderer«; »Mathilde«; »Des Königs Harfe«; »Einhart der Lächler«; »Die goldenen Straßen«; »Tantaliden«).

HAUPTMANN, GERHART, geb. 1862 in Bad Salzbrunn, gest. 1946 in Agnetendorf; Sohn eines Gasthofbesitzers, Realschule in Breslau, Landwirtschaftseleve; 1883/84 als Bildhauer in Rom, dann an der Dresdner Kunstakademie, anschließend historische Studien und Schauspielunterricht in Berlin; verschiedene Reisen, lebte seit 1891 meist in Agnetendorf. Bedeutendster Dramatiker des Naturalismus, dem er mit »Vor Sonnenaufgang« (1889) zum Durchbruch verhalf und dessen Hauptwerk »Die Weber« (1892) wurden. Bemühung um Sagen-, Mythen- und Märchenstoffe (»Hanneles Himmelfahrt«; »Und Pippa tanzt«); soziale Grundeinstellung und Verständnis für die Problematik der Notleidenden und Unterdrückten kennzeichnen viele seiner Werke (»Fuhrmann Henschel«, »Michael Kramer«, »Rose Bernd«); seine beste Komödie ist »Der Biberpelz«. Auch Erzähler und Romancier (»Der Ketzer von Soana«, »Der Narr in Christo Emanuel Quint«). Nobelpreis 1912.

HEBBEL, FRIEDRICH, geb. 1813 in Wesselburen in Holstein, gest. 1863 in Wien; Sohn eines Maurers, nach harter, entbehrungsreicher Jugend Lehr- und Studienjahre in Hamburg, Heidelberg, München; mit dänischem Reisestipendium in Paris, Rom und Wien. Wie Lessing hat auch Hebbel gegen geistige Beschränktheit, Vorurteile und gesellschaftliche Enge gekämpft; als Dramatiker schließt er die Entwicklung der klassischen deutschen Tragödie, die Lessing eingeleitet hatte, ab (»Maria Magdalena«; »Herodes und Mariamne«; »Agnes Bernauer«; »Gyges und sein Ring«; »Die Nibelungen«).

HEBEL, JOHANN PETER, geb. 1760 in Basel, gest. 1826 in Schwetzingen; fränkisch-alemannischer Herkunft, Gymnasium in Karlsruhe, Vikar in Lörrach, seit 1791 Gymnasiallehrer in Karlsruhe. Volkstümlicher Dichter der badischen Heimat, vor allem der Gegend um Hausen bei Schopfheim; alemannische Mundartdichtung und gemütstiefe, treuherzig-humorvolle Kalender- und Kurzgeschichten im »Rheinländischen Hausfreund« und »Schatzkästlein«. Die klassische Schlichtheit, Frömmigkeit und Grundeinfalt seiner Dichtungen verschaffte ihm Anerkennung und Weltruhm.

HEGEL, GEORG WILHELM FRIEDRICH, geb. 1770 in Stuttgart, gest. 1831 in Berlin; studierte 1788–93 im theologischen Stift in Tübingen, Freundschaft mit Hölderlin und Schelling; Hauslehrer in Bern und Frankfurt/Main; Dozent in Jena und Nürnberg; Professor in Heidelberg, dann in Berlin. Führte die Philosophie des deutschen Idealismus auf ihren Höhepunkt, wies ihr wieder die Aufgabe zu, das gesamte Leben und Sein dem Begriff zu unterwerfen. Dem subjektiven Idealismus Fichtes und dem objektiven Schellings stellte der den absoluten Idealismus entgegen.
Der Gedichtentwurf »Eleusis« ist offenbar nie an Hölderlin abgeschickt worden; er stammt aus dem Jahre 1843.

HEINE, HEINRICH, geb. 1797 in Düsseldorf, gest. 1856 in Paris; Sohn eines Kaufmanns, Banklehre, Studium der Rechte in Bonn und Göttingen, 1821 nach Berlin, 1831 nach Paris. Verkehr mit deutschen Emigranten in Paris, vor allem mit Karl Marx. Mehrere Reisen nach Deutschland, dichterisch ausgewertet (»Reisebilder«; »Die Harzreise«). In den letzten Lebensjahren durch ein Rückenmarkleiden an die »Matratzengruft« gefesselt. Bedeutendster deutscher Lyriker zwischen Romantik und Realismus. Verbindung von Schwermut, Weltschmerz und Sentimentalität mit geistreichem Spiel und Spott. Neben reiner Stimmungslyrik und bildstarken Liedern im Volksliedstil (»Loreley«), Liebeslyrik, Sonette, meisterhafte Balladen (»Belsazar«) und satirische Versepik. Schöpfer des modernen subjektiven Feuilletons.

HEINRICH VON VELDEKE, geb. Mitte des 12. Jhs., gest. um 1205; aus niederländischem Ministerialengeschlecht, gebildeter Epiker und Lyriker, Begründer des neuen höfischen Romans in deutscher Sprache. Begann um 1170 als religiöser Dichter mit der gereimten Heiligenlegende »Servatius«, kurz darauf den Äneas-Roman. Sein Hauptwerk ist die Verserzählung »Eneide«.

HEISE, HANS-JÜRGEN, geb. 1930 in Bublitz/Pommern; 1950 Übersiedlung nach West-Berlin, lebt als Archivlektor am Institut für Weltwirtschaft in Kiel. Lyriker, Verfasser kleiner bildhafter Verse (»Worte aus der Zentrifuge«; »Ein bewohnbares Haus«; »Küstenwind«; »Uhrenvergleich«; »Besitzungen in Untersee«) und skizzenhafter Szenerien; Autor von pointierter Kurzprosa (»Drehtür«); Essayist (»Formprobleme und Substanzfragen der Dichtung«; »Das Profil und die Maske«); Herausgeber von Anthologien.

HEMINGWAY, ERNEST, geb. 1899 in Oak Park/Illinois, gest. 1961 in Ketchum/Idaho; Sohn eines Landarztes, der sich schon früh gegen seine Eltern und das konventionelle Bürgertum auflehnte. Reporter, Journalist, Korrespondent in Italien, im Nahen Osten, in Paris, Kuba, Spanien, China; 1944/45 Teilnahme an der Invasion Frankreichs. Liebte das gefährliche kriegerische Leben, begeisterte sich für Sport, Jagd, Angeln, Rudern, Boxen; das Schwinden seiner Kräfte läßt ihn Selbstmord begehen. Als Exponent der »lost generation« Verfasser bedeutender Romane (»Fiesta«; »In einem andern Land«; »Wem die Stunde schlägt«; »Der Schnee vom Kilimandscharo«), Erzählungen und Kurzgeschichten, deren »Stakkato-Stil« ihn berühmt macht (Nobelpreis 1954); am bekanntesten ist seine Erzählung »Der alte Mann und das Meer«.

HERRMANN-NEISSE, MAX, geb. 1886 in Neiße/Schlesien, gest. 1941 in London. Studium der Literatur in München und Breslau, freier Schriftsteller und Journalist in Neiße, Theater- und Kabarettkritiker in Berlin. Emigrierte 1933 in die Schweiz, später über Frankreich und Holland nach London. Sozialer Lyriker mit starker Anteilnahme für die Armen und Entrechteten, daher besonderes Verständnis für das Werk Gerhart Hauptmanns. Zeitschriften-Mitarbeiter (»Aktion«; »Pan«; »Die Weißen Blätter«); gab dem Emigrantenschicksal ergreifenden Ausdruck (»Verbannung«; »Hilflose Augen«; »Der Flüchtling«; »Im Stern des Schmerzes«; »Der Todeskandidat«; »Mir bleibt mein Leid«; »Um uns die Fremde«; »Erinnerung und Exil«).

HERWEGH, GEORG, geb. 1817 in Stuttgart, gest. 1875 in Baden-Baden; Stiftsschüler in Tübingen wie Hegel, Hölderlin und Schelling, Aufgabe des Theologiestudiums, Übersiedelung in die Schweiz, später, aus Preußen ausgewiesen, nach Paris. Immer in der radikalen Opposition: »Gedichte eines Lebendigen« (1841). Nach Aufenthalt in Genf und Zürich 1866 Rückkehr nach Baden. Politisch-revolutionärer Lyriker im Gefolge des jungen Deutschland; Wegbereiter der Revolution von 1848. Neben den rhetorisch glanzvollen nur wenige nichtpolitische Gedichte voller Schwermut und Innerlichkeit. Übersetzer von Lamertine und Shakespeare.

HESSE, HERMANN, geb. 1877 in Calw/Württemberg, gest. 1962 in Montagnola; Sohn eines Missionspredigers und einer schwäbischen, in Indien geborenen Missionarstochter. Jugend in Calw, dann Basel und Göppingen, zum Theologen bestimmt. 1891 Seminar Maulbronn, dem Hesse entflieht. Buchhändlerlehrling, ab 1899 Buchhändler in Basel. 1904 freier Schriftsteller in Gaienhofen am Bodensee, Reisen durch Europa und nach Indien. Seit 1919 in Montagnola bei Lugano ansässig. Vertreter der traditionellen Erzählkunst und Lyrik in der Literatur zu Beginn des 20. Jahrhunderts mit bekenntnishaft-autobiographischem Grundton (»Peter Camenzind«; »Gertrud«; »Roßhalde«; »Demian«; »Siddharta«; »Der Steppenwolf«; »Narziß und Goldmund«; »Die Morgenlandfahrt«; »Das Glasperlenspiel«); sein »Weg nach Innen« führt ihn oft in die Nähe der Romantiker und Hölderlins. Auch Zeichner und Maler.

HEYM, GEORG, geb. 1887 in Hirschberg/Schlesien, gest. 1912 in Berlin; Sohn eines Militäranwalts; Kindheit ab 1900 in Berlin, Gymnasium in Neuruppin; Jurastudium in Würzburg, Berlin, Jena; Referendarzeit in Wusterhausen; Dr. jur. in Rostock. Mit einem Freund beim Eislauf auf der Havel ertrunken. Neben Stadler und Trakl bedeutendster Lyriker des Frühexpressionismus (»Der ewige Tag«; »Umbra vitae«; »Marathon«); Visionen von den kommenden Kulturkatastrophen der Kriegs- und Nachkriegszeit, von der Einsamkeit des Menschen. Auch Novellist und Dramatiker.

HEYSE, PAUL, geb. 1830 in Berlin, gest. 1914 in München; Sohn eines Sprachforschers; Gymnasium und Studium der klassischen Philologie in Berlin; von Geibel in den Kreis von Kugler und in den »Tunnel über der Spree« eingeführt; Studium der Romanistik und Kunstgeschichte in Bonn; 1854 von Maximilian II. nach München berufen; neben Geibel Haupt des Münchener Kreises. 1910 geadelt und Nobelpreis für Literatur.

Überaus fruchtbarer Epigone der klassizistisch-romantischen Bildungstradition ohne dichterische Gefühlstiefe. Durch seine »Falkentheorie« wichtiger Theoretiker der Novellenform. Verfasser lyrischer Lesedramen; Versepik, Zeitromane und Memoiren. Übersetzungen aus dem Italienischen.

HÖLDERLIN, FRIEDRICH, geb. 1770 in Lauffen am Neckar, gest. 1843 in Tübingen; Kindheit in Nürtingen, Stiftserziehung in Maulbronn und Tübingen. Studium der protestantischen Theologie, Hauslehrer auf Gut Waltershausen in Thüringen bei Charlotte von Kalb und im Haus Gontard in Frankfurt am Main; gewinnt in der Begegnung mit Susette Gontard, der Diotima seiner Dichtung, die Vorstellung vom Schönen und Göttlichen in der Welt. Die Trennung von Diotima verursachte seinen Zusammenbruch. Nach Aufenthalten in Stuttgart, in der Schweiz, in Bordeaux, in Homburg und zuletzt in Tübingen geistige Umnachtung.

Die Liebe zu der »Griechin« Susette Gontard – Diotima weckte in Hölderlin die Begeisterung für das Griechentum (»Hyperion«), wie es Winckelmann seiner Zeit nahegebracht hatte, für das Ideal des schönen, harmonischen Menschen und das schöpferische Interesse an Sophokles, dessen Tragödien »Ödipus der Tyrann« und »Antigone« er übersetzt. Hölderlin erkennt in Sophokles den »optimistischen Tragiker«, in dessen Werk Weltangst und Seinsvertrauen sich nicht ausschließen; das 1799 entstandene Epigramm »Sophokles« spricht diese Erkenntnis aus.

HÖLTY, LUDWIG HEINRICH CHRISTOPH, geb. 1748 in Mariensee bei Hannover, gest. 1776 in Hannover; Pastorensohn; Gymnasium in Celle; Theologiestudium in Göttingen; Mitbegründer des »Göttinger Hains« und Mitarbeiter am Göttinger Musenalmanach; lebte nach Abschluß seiner Studien als Privatgelehrter und Übersetzer in Göttingen und Hamburg; begab sich 1775 zu einer erfolglosen Tbc-Behandlung nach Hannover.

Bedeutendster Lyriker des »Göttinger Hains«, zwischen Anakreontik und Sturm und Drang. Schrieb elegante und seelenvolle Gedichte im Stile Klopstocks; gelegentlich auch volkstümlich-naive Frische (»Üb immer Treu und Redlichkeit«) und burleske Romanzen. Neben Bürger einer der ersten deutschen Balladendichter mit besonderer Liebe zu Gespensterballaden. Übersetzer aus dem Englischen (Shaftesbury).

HOFFMANN, DIETER, geb. 1934 in Dresden, dort später Feuilletonredakteur. Nach Berufsverbot 1957 Übersiedlung in die BRD. Schriftsteller und Redakteur in Karlsruhe und Stuttgart, lebt heute in Frankfurt a. M. Lyriker und Herausgeber von Anthologien.

HOFFMANN (GEN.) VON FALLERSLEBEN, AUGUST HEINRICH, geb. 1798 in Fallersleben/Lüneburg, gest. 1874 in Corvey/Weser; Kaufmannssohn; Gymnasium in Braunschweig; Studium der Theologie, Philologie und Archäologie in Göttingen und Bonn; Reisen, Forscher- und Sammlertätigkeit; Kustos an der Universitätsbibliothek in Breslau; aufgrund seiner »Unpolitischen Lieder« von seiner Professur für deutsche Sprache enthoben; unstetes Wanderleben; 1848 rehabilitiert; zuletzt Bibliothekar in Corvey. Fruchtbarer freiheitlich-poetischer Lyriker des Vormärz mit frischen, sangbaren volkstümlichen Trink-, Liebes- und Kinderliedern (»Alle Vögel sind schon da«); schrieb 1841 auf Helgoland das »Deutschlandlied«. Als Germanist und Literarhistoriker von Bedeutung.

HOFMANNSTHAL, HUGO VON, geb. 1874 in Wien, gest. 1929 in Rodaun; Sohn eines Juristen; Gymnasium in Wien, frühreifes Wunderkind; Jura- und Romanistikstudium; 1898 Dr. phil. in Wien. Zahlreiche Reisen, ab 1901 meist zurückgezogen in Rodaun bei Wien. Begründer der »Österreichischen Bibliothek«.
Österreichischer Lyriker, Dramatiker, Erzähler und Essayist der Jahrhundertwende. Schöpfer erlesener, verfeinerter und melodischer Wortkunst. Neuinterpret der antiken Tragödie, der mittelalterlichen Volksbühne und des geistlichen Mysterienspiels (»Jedermann«). Meister stimmungshafter Prosa in formvollendeten Novellen (»Das Märchen der 276. Nacht«), eines Romanfragments (»Andreas oder die Vereinigten«) sowie kulturkritischer Essays über Kunst und Literatur.

HOFMANNSWALDAU, CHRISTIAN HOFMANN VON, geb. 1617 in Breslau, gest. 1679 ebenda; Sohn eines kaiserlichen Kammerrats, Schulbildung in Danzig, Student in Leiden, Kavaliersreisen durch Holland, England, Frankreich, Italien. Schließlich Präsident des Ratskollegiums in Breslau. Verfasser galanter erotischer Liebesgedichte von höchster formaler Virtuosität, aber auch von einem schwülstig-bombastischen, geschraubten barocken Stilprunk gekennzeichnet (»Hundert in kurtzlangmäßigen vierzeiligen Reimen bestehende Grabschriften«; »Herrn von H. u. a. Deutschen auserlesene und bisher ungedruckte Gedichte«).

HOLTHUSEN, HANS EGON, geb. 1913 in Rendsburg; Sohn eines Pfarrers; Studium der Germanistik, Geschichte und Philosophie in Tübingen, Berlin und München; Verlagslektor und Privatlehrer, Soldat. Seit 1945 freier Schriftsteller; Vortragsreisen in Amerika, England, Irland, Frankreich. Programmgestalter am Goethe-Institut in New York.

Lyriker unter dem Einfluß von Rainer Maria Rilke, Essayist und Literaturwissenschaftler (»Klage um den Bruder«; »Hier in der Zeit«; »Der unbehauste Mensch«; »Labyrinthische Jahre«; »Ja und Nein«; »Das Schiff«; »Das Schöne und das Wahre«; »Kritisches Verstehen«).

HOLZ, ARNO, geb. 1863 in Rastenburg/Ostpreußen, gest. 1929 in Berlin; Sohn eines Apothekers. Seit 1875 in Berlin, begründete in Zusammenarbeit mit Johannes Schlaf den »konsequenten Naturalismus«. Opponierte mit dem »Buch der Zeit« gegen die überkommene Thematik früherer Epochen der lyrischen Dichtung, soziale Töne (»Das Buch der Zeit«; »Papa Hamlet«; »Familie Selicke«; »Sozialaristokraten«); stellte in seiner Lyrik, formal durch prosanahe, reimlose freie Rhythmen, natürlichen Sprachduktus her (»Phantasus«). Trotz seiner doktrinären Einstellung gegen Konventionen des Reimes, der Metrik, des »poetischen Vokabulars« zollte er dem Dichter der Romantik, Joseph von Eichendorff, seine Bewunderung.

HOMER, griechischer, blinder Sänger um etwa 800 v. Chr., aus Ionien stammend, arm, als »Vater der Dichtkunst« hymnisch gefeiert, umstrittener Verfasser der »Ilias« und »Odyssee«, die auf einer lange zurückreichenden Überlieferung beruhen. Seine Wirkung läßt sich schon bei Hesiod und den frühen Lyrikern feststellen. Im römischen Epos (Vergil) und nach der Neuentdeckung Homers im Abendland, in der Renaissance und im deutschen Neuhumanismus der Goethezeit zeigt sich die ungemein fruchtbare Wirkung des großen abendländischen Epikers.

HORAZ, QUINTUS HORATIUS FLACCUS, geb. 65 v. Chr. in Venusia, gest. 8 v. Chr. in Rom; Sohn eines Freigelassenen; Studium der griechischen und römischen Literatur und Rhetorik; Militärtribun; verlor sein väterliches Gut und nahm eine Schreiberstelle in Rom an; Maecenas schenkte ihm das Landgut Sabinum, wo er sorgenfrei leben konnte. Größter römischer Dichter neben Catull und Vergil; mehr Gedankenals Erlebnislyrik; strenge Selbstzucht in der Form. Verfasser von Trink- und Liebesliedern, von Satiren (»Sermones«); sein Hauptwerk sind die »Carmina«; seine »Ars poetica« behandelt literarische Fragen.

HUCH, RICARDA, geb. 1864 in Braunschweig, gest. 1947 in Schönberg/Taunus, aus niedersächsischer Patrizierfamilie, studierte Geschichte, Philosophie und Literatur, Lehrerin in Zürich und Bremen, seit 1900 freie Schriftstellerin, ständig wechselnde Aufenthalte, zuletzt in Frankfurt am Main. Bedeutende Erzählerin und Lyrikerin unter dem Einfluß von Gottfried Keller und C. F. Meyer; kultur- und literarhistorische Werke (»Die Romantik«), Biographien (»Gottfried Keller«; »Die Geschichte von Garibaldi«), umfangreiche historische Darstellungen zur deutschen Geschichte (»Der dreißigjährige Krieg«; »Wallenstein«), Wiederentdeckung der Romantik, im Alter auch religiös-weltanschauliche Betrachtungen (»Im alten Reich«; »Quellen des Lebens«; »Der falsche Großvater«; »Der lautlose Aufstand«).

HUCHEL, PETER, geb. 1903 in Berlin-Lichterfelde, gest. 1981 in Freiburg; Beamtensohn, Kindheit in der Mark Brandenburg, Gymnasium in Potsdam, Studium der Literatur und Philosophie in Berlin, Freiburg und Wien. Gedichtveröffentlichungen in der »Vossischen Zeitung« und in der »Literarischen Welt«. Im Zweiten Weltkrieg Soldat, russische Gefangenschaft. Danach Lektor, Chefdramaturg am Berliner Rundfunk und Chefredakteur der Zeitschrift »Sinn und Form«. Nach Berufsverbot in der DDR Leben in der Isolation. 1971 Übersiedlung nach Rom, anschließend nach Staufen bei Freiburg/Breisgau. Lyriker, dessen Gedichte durch eine besondere Intensität des Erlebens der Welt und Natur und eine unverbrauchte Bildkraft der Sprache gekennzeichnet sind. (»Chausseen, Chausseen«; »Die Sternreuse«; »Gezählte Tage«); Verfasser von Hörspielen und Funkdichtungen.

HUGO VON TRIMBERG, geb. um 1230 in Werna bei Würzburg, gest. um 1313, besuchte eine Klosterschule; Schulmeister und Rektor des Kollegiatstifts St. Gangolf in Bamberg. Frommer, christlicher Lehrdichter und Moralist, huldigte aber noch der Sitte der ritterlichen Zeit, indem er in seinem 24 600 Verse langen Lehrgedicht »Der Renner« die Dichter seiner Zeit und der Antike aufzählt und beurteilt. Walther von der Vogelweide widmet er vier Zeilen.

JAHNN, HANS HENNY, geb. 1894 in Hamburg-Stellingen, gest. 1959 in Hamburg; Sohn eines Schiffbauers, im Ersten Weltkrieg als überzeugter Pazifist in Norwegen, nach Kriegsende Rückkehr in seine Heimatstadt. Seit 1922 Orgelbauer, 1933 erneute Emigration zuerst in die Schweiz, dann nach Bornholm (Landwirt und Pferdezüchter). 1945 als Deutscher enteignet, seitdem wieder in Hamburg. Eigenwilliger Dramatiker und Erzähler auf der Suche nach einem utopischen imaginären Reich, in dem sich ein Ausgleich zwischen den dämonischen Triebmächten des Fleisches und dem geistigen Leben des »neuen Menschen« in kosmischer Harmonie verwirklichen soll; Streben nach einer Erneuerung der Welt aus einem heidnisch-naturhaften Grundgefühl heraus (»Perrudja«; »Fluß ohne Ufer«; »Die Nacht aus Blei«).

JANDL, ERNST, geb. 1925 in Wien, lebt dort als Gymnasiallehrer (Anglist). Einfallsreicher experimenteller Lyriker, Verfasser witzig-hintersinniger Sprachspiele, dessen Grundmotiv es ist, die Objekte seiner »konkreten Poesie« zu entmystifizieren und zu profanieren (»Laut und Luise«; »Sprechblasen«; »Der künstliche Baum«; »wischen möchten«; »für alle«).

Jandls Rilke-Gedichte beziehen sich auf das Rilkesche Sagen und Benennen der Dinge und auf Rilkes Selbstentäußerung, die Preisgabe seiner ontologischen Existenz, die sich »um ihr gewicht erleichtert«, um mit den Dingen eins zu werden.

JANSEN, ERICH, geb. 1897 in Stadtlohn/Westfalen, gest. 1968 ebenda. Lyriker; episodenhafte Darstellungen, von bestimmten Motiven (hier: Annettes Kutsche) angeregt.

JEAN PAUL (eig. Johann Paul Friedrich Richter), geb. 1763 in Wunsiedel, gest. 1825 in Bayreuth; Sohn eines Lehrers, Organisten und Pfarrers; dürftige Kindheit; Besuch des Gymnasiums in Hof; Studium der Theologie, dann Philosophie in Leipzig. Hauslehrer, gründete die Elementarschule in Schwarzenbach, lebte in Weimar, Berlin, Meiningen, Coburg, seit 1804 ständig in Bayreuth. Bedeutender Erzähler des deutschen Idealismus mit eigenartiger, unwiederholbarer Stilform und Elementen des englischen humoristischen Romans sowie Zügen des bürgerlichen Rokoko und der Empfindsamkeit. Heiter fabulierende Erzählkunst mit Neigung zum Skurrilen; Vorliebe für extreme Charaktere (»Leben des vergnügten Schulmeisterlein Maria Wuz«; »Blumen-, Frucht- und Dornenstücke oder Ehestand, Tod und Hochzeit des Armenadvokaten F. St. Siebenkäs«; »Leben des Quintus Fixlein«). Die Spannweite seines Schaffens reicht vom großen Bildungs- und Seelenroman (»Flegeljahre«) bis zu den theoretischen Abhandlungen der »Vorschule der Ästhetik« oder der »Fastenpredigt an Deutschland«. Seine Sprachspielereien, Metaphern und Bilder erschweren oft den Zugang zu seiner Thematik; auf diese Schwierigkeiten bezieht sich Grillparzers Epigramm.

JOKOSTRA, PETER, geb. 1912 in Dresden, studierte Philosophie und Literatur in Frankfurt am Main, München und Berlin. Nach 1933 Landwirt in Masuren und in Mecklenburg, dann Lehrer und Lektor in Chemnitz, 1958 Übersiedlung nach Südfrankreich, 1961 Lektor und Redakteur in München, lebt als freier Schriftsteller in Kasbach/Rhein. Metaphernreicher Lyriker mit Vorliebe für mythologische und symbolhafte Bezüge (»An der besonnten Mauer«; »Magische Straße«; »Hinab zu den Sternen«; »Die gewendete Haut«), auch Erzähler und Essayist (»Herzinfarkt«; »Das große Gelächter«).

KÄSTNER, ABRAHAM GOTTHELF, geb. 1719 in Leipzig, gest. 1800 in Göttingen; studierte Jura, Philosophie, Mathematik und Physik; Professor in Göttingen; Leiter der Sternwarte; Hofrat; Lehrer von Lessing und Lichtenberg. Epigrammatiker des Göttinger Dichterkreises; Verfasser von aggressiven Sinngedichten gegen die Torheiten der Zeit.

KÄSTNER, ERICH, geb. 1899 in Dresden, gest. 1974 in München; Sohn eines Sattlermeisters, erst Lehrerseminar, dann Bankbeamter, Redakteur, Journalist und freier Schriftsteller. 1933 Verbot und Verbrennung seiner Bücher. Feuilletonredakteur der »Neuen Zeitung« in München, Herausgeber der Jugendzeitschrift »Der Pinguin«. Als Lyriker und Epigrammatiker von geistreicher Dialektik und treffsicherer Prägnanz im Kampf gegen Heuchelei, falsches Pathos, Spießermoral und Militarismus, in diesem Sinne Bewunderer Friedrich Nietzsches. Erfolgreicher Verfasser von Romanen, Kinderbüchern, Dramen und Drehbüchern (»Herz auf Taille«; »Emil und die Detektive«; »Die Schule der Diktatoren«; »Lyrische Hausapotheke«; »Der kleine Grenzverkehr«; »Die kleine Freiheit«).

KASACK, HERMANN, geb. 1896 in Potsdam, gest. 1966 in Stuttgart, Sohn eines Arztes, Studium der Germanistik in Berlin und München, dann Lektor bei Kiepenheuer, S. Fischer, Suhrkamp, später freier Schriftsteller. Erzähler und Lyriker, anfangs Tendenz zum Expressionismus, danach Übergang zu mehr realistischer Vordergründigkeit (»Die Stadt hinter dem Strom«; »Das große Netz«); auch Dramatiker (»Die tragische Sendung«; »Vincent van Gogh«) und Essayist (»Mosaiksteine«); mit vielen Dichtern und Schriftstellern seiner Zeit befreundet.

KASCHNITZ, MARIE LUISE, geb. 1901 in Karlsruhe, gest. 1974 in Rom; Offizierstochter aus elsässischem Adelsgeschlecht, 1924 Buchhändlerin in Rom, lebte später in Königsberg, Marburg und Frankfurt am Main, zuletzt wieder in Rom. Erzählerin und Lyrikerin aus antikem und christlichem Erbe (»Elissa«; »Das Haus der Kindheit«; »Lange Schatten«; »Totentanz und Gedichte zur Zeit«); Verfasserin von Biographien, Bühnenwerken, Hörspielen.
Über den Anlaß zu ihrem Gedicht »Auf Elisabeth Langgässers Begräbnis« sagt sie folgendes: »Man erinnert sich, daß im Jahre 1950 die Dichterin Elisabeth Langgässer gestorben ist. Ich hatte über ihren Tod eine kurze Nachricht in der Zeitung gelesen, und diese Nachricht hatte mich erschüttert und erschreckt. Ich kam nicht auf den Gedanken, zur Beerdigung zu fahren, aber ich dachte sehr viel darüber nach, wie dieses unruhige, von einem überwachen Geist und dunkler Triebhaftigkeit bestimmte Leben und Schaffen wohl zu Ende gegangen war ... Ein paar Wochen vergingen, und während dieser Zeit verdichtete sich in mir die Vorstellung eines unendlich einsamen Sterbens zu der einer Beerdigung dritter Klasse, ohne Kränze, ohne Musik. Als ich endlich einen Augenzeugen fand, bestätigte mir dieser die Traurigkeit des Hergangs ...«

KEATS, JOHN, geb. 1795 in London, gest. 1821 in Rom; Sohn eines Fuhrunternehmers; studierte Medizin, gab 1816 seinen Beruf auf, um sich der Dichtung zu widmen. Freundschaft mit Shelley. 1817 erschien sein erster Gedichtband, ein Jahr später seine Dichtung »Endymion« (mit den Anfangszeilen: »A thing of beauty is a joy for ever...«). 1819 entstanden seine großen Oden. Infolge seines Lungenleidens fuhr er mit dem Maler Severn nach Neapel; wenige Monate später erlag er in Rom seinem Leiden. Keats ist einer der bedeutendsten Lyriker der englischen Romantik, Hauptvertreter des ästhetischen Sensualismus; schuf Verserzählungen, Oden, Sonette und visionäre Dichtungen von großer Schönheit.

KELLER, GOTTFRIED, geb. 1819 in Zürich, gest. 1890 ebenda; Sohn eines Drechslermeisters, wegen Unfugs von der Schule verwiesen und von der höheren Bildung ausgeschlossen; Autodidakt, wollte in München Maler werden, gab wegen eigener Unzulänglichkeit auf, kehrte nach Zürich zurück. Der politische Freiheitskampf in Deutschland 1846/48 erweckte in Keller den Lyriker. Seine freiheitlich-demokratische Gesinnung rückt ihn in die Nähe des »Jungen Deutschland« (Herwegh). Reisestipendium nach Heidelberg und Berlin, wo sein Roman »Der grüne Heinrich« und seine Novellen (»Die Leute von Seldwyla«; »Züricher Novellen«; »Romeo und Julia auf dem Dorfe«) entstehen. Rückkehr nach Zürich, 1861–1871 Staatsschreiber von Zürich, danach Alterswerke (»Martin Salander«).

KERNER, JUSTINUS, geb. 1786 in Ludwigsburg, gest. 1862 in Weinsberg; Student der Medizin in Tübingen, Arzt in Weinsberg, der sich in die Geheimnisse und Hintergründe des menschlichen Seelenlebens vertieft und den Magnetismus als wirkende und heilende Kraft bei der Behandlung seiner Patienten heranzieht. Zu seinem weinumrankten, von Obstbäumen umgebenen Hause pilgerten die Dichter und Fürsten seiner Zeit: Tieck, Achim von Arnim, Uhland, Hauff, Schwab, Lenau, Mörike, Auerbach, Geibel, Freiligrath, Heyse und viele andere. Tiefempfindender spätromantischer Lyriker, Balladendichter und stimmungsvoller Erzähler (»Reiseschatten«; »Die Seherin von Prevorst«; »Das Bilderbuch aus meiner Knabenzeit«; »Klexographien«).

KIRSCH, SARAH, geb. 1935 in Limlingerode/Harz, Tochter eines Fernmeldetechnikers; studierte Biologie und Literatur in Halle und Leipzig, dann freie Schriftstellerin in Ost-Berlin, übersiedelte 1977 nach West-Berlin. Sozialistische Lyrikerin; vorzugsweise Naturlyrik und gesellschaftskritische Idyllen (»Landaufenthalt«; »Die Vögel singen im Regen am schönsten«; »Zaubersprüche«; »Pantherfrau«; »Die ungeheuren berghohen Wellen auf See«; »Rückenwind«).

KLABUND (eig. Alfred Henschke), geb. 1890 in Crossen an der Oder, gest. 1928 in Davos; Apothekersohn, lungenkrank, häufiger Aufenthalt in Sanatorien; studierte Literatur und Philosophie in Lausanne und München. Freier Schriftsteller in München, Berlin und der

Schweiz. Von innerer Erregung und vagantenhafter Ruhelosigkeit umgetriebener Dichter, ein moderner Geistesverwandter des François Villon; hochbegabter, aber haltlos-verzweifelter Verfasser von Moritaten und Chansons, Volksliedern und Gassenhauern, expressionistischer Romane und einfühlsamer Nachdichtungen chinesischer Dramen (»Soldatenlieder«; »Die Himmelsleiter«; »Die Nachwandler«; »Franziskus«; »Der Kreidekreis«; »Die Harfenjule«; »Borgia«; »Totenklage«; »Rasputin«).

KLEIST, HEINRICH VON, geb. 1777 in Frankfurt/Oder, gest. 1811 in Wannsee; aus altmärkischer Adelsfamilie, für den Offiziersberuf bestimmt; wendete sich dem Studium der Philosophie zu, gab es wieder auf, reiste, wurde zum bedeutendsten deutschen Dramatiker (»Amphitryon«; »Das Käthchen von Heilbronn«; »Der Prinz von Homburg«) nach Schiller und Erzähler von ausgeprägter Eigenart (»Michael Kohlhaas«; »Die Marquise von O.«). Vom Unverständnis seiner Zeit, seelischer und wirtschaftlicher Not zermürbt, gibt er sich selbst den Tod.
Goethe, dem Kleist den »Zerbrochenen Krug« und »auf den Knien seines Herzens« das Trauerspiel »Penthesilea« überreicht hatte, begegnet ihm mit Zurückhaltung und Ablehnung; Kleist kontert mit einigen Epigrammen.

KLESSMANN, ECKART, geb. 1933 in Lemgo/Lippe; lebt als freier Schriftsteller und Journalist in Hamburg; veröffentlichte Dokumentationen (»Napoleons Rußlandfeldzug in Augenzeugenberichten«; »Die Befreiungskriege in Augenzeugenberichten«), eine Kulturgeschichte (»Die Welt der Romantik«), Biographien (»Prinz Louis Ferdinand von Preußen«; »Caroline«), Novellen, Lyrik und Essays. (»Einhornjagd«; »Undines Schatten«; »Seestücke«); Übersetzer von Herman Melville und Anne Sinclair Mehdevi.

KLOPSTOCK, FRIEDRICH GOTTLIEB, geb. 1724 in Quedlinburg, gest. 1803 in Hamburg; in Schulpforta erzogen, Studium der Theologie in Jena. 1746 in Leipzig im Kreis der »Bremer Beiträger«, die den Anfang des »Messias« drucken; Hauslehrer in Langensalza. Aufenthalt bei Bodmer in Zürich. 1751 Berufung nach Kopenhagen. 1770 folgte er Graf Bernstorff nach Hamburg, wo er bis zu seinem Tod lebte. Als Epiker, Lyriker und Dramatiker, Initiator des deutschen Irrationalismus und der Erlebnisdichtung; erweiterte die dichterischen Ausdrucksmöglichkeiten durch starke Gefühlshaftigkeit, Musikalität und Bilder sowie die Einbeziehung antiker Metren und freier Rhythmen. Auch Volkserzieher (»Gelehrtenrepublik«).

KOLMAR, GERTRUD (eig. Gertrud Chodziesner), geb. 1894 in Berlin, aus jüdischer Großbürgerfamilie, Lehrerin, Erzieherin in Dijon, dann in

Berlin. 1943 von den Nationalsozialisten verschleppt, in einem Vernichtungslager verschollen. Lyrikerin mit ausgeprägtem kosmischem Weltgefühl, Natur- und Tiergedichte voll visionärer Bildkraft und großer Formenvielfalt (»Preußische Wappen«; »Die Frau und die Tiere«; »Welten«; »Das lyrische Werk«). Die innere Beziehung Bobrowskis zu Gertrud Kolmar ist evident.

KROLOW, KARL, geb. 1915 in Hannover, Sohn eines Verwaltungsbeamten, Studium der Germanistik und Romanistik in Göttingen und Breslau. Seit 1942 freier Schriftsteller, lebt seit 1956 in Darmstadt. Anfangs Natur- und Landschaftslyrik, dann moderne reimlose Lyrik mit hintergründiger abstrakter Metaphorik, vom Surrealismus beeinflußt, Tendenz zur lyrischen Anekdote in leichter, schwereloser Form (»Heimsuchung«; »Auf Erden«; »Wind und Zeit«; »Fremde Körper«; »Unsichtbare Hände«; »Zeitvergehen«); auch Essayist und Theoretiker (»Aspekte zeitgenössischer deutscher Lyrik«; »Schattengefecht«) sowie Übersetzer (»Verlaine«).

KUNERT, GÜNTER, geb. 1929 in Berlin; Sohn eines kleines Gewerbetreibenden und einer Jüdin. Nach »staatlich verpfuschter Kindheit« Studium an der Kunsthochschule Berlin Weißensee. 1977 aus Ost-Berlin in die Bundesrepublik übergesiedelt. Lebt in Schleswig-Holstein. Von Brecht beeinflußt; begabter Verfasser von Kurzprosa (»Tagträume«; »Kramen in Fächern«; »Die Beerdigung findet in aller Stille statt«; »Tagträume in Berlin und andernorts«; »Ortsangaben«), Lyrik (»Wegschilder und Mauerninschriften«; »Unter diesem Himmel«; »Tagwerke«; »Verkündigung des Wetters«; »Notizen in Kreide«; »Offener Ausgang«; »Warnung vor den Spiegeln«; »Die Schreie der Fledermäuse«; »Camera obscura«) sowie des Romans »Im Namen der Hüte«; pointierter gestischer Stil.

KUNZE, REINER, geb. 1933 in Oelsnitz/Erzgebirge, Sohn eines Bergarbeiters, studierte Philosophie und Publizistik in Leipzig, 1955-1959 wissenschaftlicher Assistent, gab wegen politischer Schwierigkeiten sein Amt auf, arbeitete als Handwerker, dann freier Schriftsteller in Greiz/Thüringen. Fiel wie Huchel in der DDR in Ungnade, erhielt Publikationsverbot und darf 1977 aus der DDR ausreisen. Lyriker in der Tradition Brechts. Aggressiv-ironische Kritik an den Zuständen in der DDR. Scheinbar schlichte Sprachform mit Angelhaken (»Vögel über dem Tau«; »Aber die Nachtigall jubelt«; »Widmungen«; »Sensible Wege«; »Zimmerlautstärke«; »auf eigene hoffnung«). Kinderbuchautor (»Der Löwe Leopold«; »Der Dichter und die Löwenzahnwiese«), markanter Prosaist (»Die wunderbaren Jahre«), Publizist, Übersetzer und Hörspielautor.

LANGE, HORST, geboren 1904 in Liegnitz in Schlesien, gest. 1971 in München; nach dem Studium der Germanistik und Kunstgeschichte in

Berlin und Breslau freier Schriftsteller, zunächst in Berlin, nach dem Krieg als Flüchtling in Mittenwald und München. Epiker und Lyriker, bekannt durch seine Romane »Schwarze Weide« (1937), »Ulanenpatrouille« (1940), »Verlöschende Feuer« (1956) und seine Gedichtsammlung »Gedichte aus zwanzig Jahren« (1949).
Horst Lange öffnet sich den Eindrücken, Bildern und Zeichen der Jahreszeiten und versucht immer wieder »die wechselseitigen Wirkungen der Natur auf menschliche Stimmungen und Schicksale zu schildern«. So auch in dem Gedicht »Der Strom«, das den Wintertag vergegenwärtigt, an dem Georg Heym auf der Havel einbricht und ertrinkt.

LANGGÄSSER, ELISABETH, geb. 1899 in Alzey, gest. 1950 in Rheinzabern; Jugend in Rheinhessen, Lehrerin in Berlin. 1936 als Halbjüdin Schreib- und Berufsverbot. Erzählerin (»Das unauslöschliche Siegel«; »Der Gang durch das Ried«; »Das Labyrinth«) und Lyrikerin (»Der Wendekreis des Lammes«; »Die Tierkreisgedichte«; »Metamorphosen«) mit eigener christlich-dogmatischer Auslegung, Ringen um die Probleme der Sünde und Gnade, von inneren Gesichten ständig bedrängt (»Geist in den Sinnen behaust«).

LASKER-SCHÜLER, ELSE, geb. 1869 in Elberfeld, gest. 1945 in Jerusalem; Tochter eines jüdischen Bankiers, meist in Berlin, befreundet mit Däubler, Werfel, Trakl, Benn, Franz Marc; 1933 Emigration in die Schweiz, dann nach Ägypten und Israel. Expressionistische Lyrikerin, mystisch-schwärmerisch veranlagt, von tiefer Religiosität und mit einer grenzenlos schweifenden Phantasie begabt (»Der siebente Tag«; »Die Kuppel«; »Mein blaues Klavier«); Verfasserin von Dramen (»Die Wupper«), Romanen (»Mein Herz«), Erzählungen (»Der Prinz von Theben«), Essays (»Gesichte«); auch Zeichnerin und Illustratorin ihrer Gedichte.

LENAU, NIKOLAUS (Nikolaus Niembsch, Edler von Strehlenau), geb. 1802 in Czatad/Ungarn, gest. 1850 in Oberdobling/Wien; aus alter preußisch-schlesischer Familie; seelisch belastet von Kindheit an, irrte heimatlos umher, studierte ruhelos wechselnd Philosophie, Jura, Medizin und Ackerbau, kehrte von einer Amerika-Reise enttäuscht zurück, lebte danach abwechselnd in Schwaben und in Wien, starb in geistiger Umnachtung. Seine schwermütigen naturmelancholischen Gedichte (»Schilflieder«; »Waldlieder«) lassen Lenau bald eine Beziehung zu dem ihm geistesverwandten Hölty finden.

LENZ, MICHAEL REINHOLD, geb. 1751 in Seßwegen/Livland, gest. 1792 in Moskau; Pfarrerssohn, studierte in Königsberg und ging anschließend nach Straßburg. Begegnung mit Goethe, dessen Verhältnis mit Friederike Brion in Sesenheim er fortzusetzen versuchte. 1776 nach

Weimar, Goethe folgend, dann nach Emmendingen. Ausbrüche geistiger Störung; suchte Heilung bei Pfarrer Oberlin im Steintal/Vogesen. Zurück nach Livland, später nach Moskau, wo er im Elend starb. Begabter, genialischer Dramatiker der Sturm- und Drang-Epoche (»Der Hofmeister«; »Die Soldaten«); von unseliger Veranlagung; belastet auch durch die Verstoßung aus dem Elternhaus und ein Mißverhältnis zu seinen Mitmenschen.
Fouday. In Büchners »Lenz« Name eines Ortes, in dem ein Kind namens Friederike stirbt; Anspielung auf Lenz' unerwiderte Liebe zu Friederike Brion.

LESSING, GOTTHOLD EPHRAIM, geb. 1729 in Kamenz in Sachsen, gest. 1781 in Braunschweig, Pastorensohn, besuchte die Fürstenschule St. Afra in Meißen, fühlte sich schon als Student zur Bühne hingezogen. Redakteur und Rezensent in Berlin und Hamburg, während des Siebenjährigen Krieges Sekretär des Generals von Tauentzien in Breslau. Bewerbung um die Leitung der Kgl. Bibliothek in Potsdam, durch Friedrich II. abgewiesen; 1770 Leiter der Braunschweigischen Bibliothek in Wolfenbüttel. Dichter, Denker und Kritiker, Schöpfer des neuen deutschen Dramas und des deutschen bürgerlichen Trauerspiels (»Miss Sara Sampson«; »Emilia Galotti«), auch des gehobenen Charakterlustspiels (»Minna von Barnhelm«) und des weltanschaulichen Ideendramas (»Nathan der Weise«); Fabeldichter und Dramatiker (»Hamburgische Dramaturgie«); Begründer des klassischen Humanitätsideals; Wegbereiter und Lehrmeister der deutschen Klassik.
Zu Klopstock hatte Lessing enge Beziehungen; er versuchte, den »Messias« ins Lateinische zu übertragen, und traf wiederholt mit Klopstock in Hamburg zusammen.

LETTAU, REINHARD, geb. 1929 in Erfurt, studierte Germanistik und amerikanische Literatur in Heidelberg und USA, Universitätslaufbahn, Professor für Literatur in San Diego/Kalifornien. Pointierte Darstellung skurriler Begebenheiten (»Schwierigkeiten beim Häuserbauen«; »Feinde«); Verfasser witziger Parabeln und ironisch-aggressiver Kurzprosa (»Auftritt Manigs«; »Immer kürzer werdende Geschichten«); Lyriker (»Gedichte«). Verfasser eines kritischen Berichts über die USA (»Täglicher Faschismus«).

LILIENCRON, DETLEV VON, geb. 1844 in Kiel, gest. 1909 in Alt-Rahlstedt b. Hamburg; aus altem Holsteiner Adel, preußischer Offizier, Teilnahme an den Kriegen 1866 und 1870/71, Reise nach Amerika, von der er, wie Lenau, enttäuscht zurückkehrte, später Hardesvogt auf der Insel Pellworm und Kirchspielvogt in Kellinghusen. Stets verschuldet, bedrückend haltloses Dasein, dennoch voller Adelsstolz und Genußfreude, wenn auch oft von Schwermut und dem Gefühl der Todesnähe umschattet; daher seine Beziehung zu Lenau. Als Lyriker konsequenter Vertreter des deutschen Impressionismus, Bahnbrecher einer neuen, wirklichkeitsnahen, gegenständlichen Dichtung. Meister des ungekünstelten Erfassens lyrischer Augenblicke, voller Farbigkeit und Belebtheit; Themen aus Geschichte, Natur, Liebe, Soldatenleben. Daneben Balladendichter und Erzähler (»Kriegsnovellen«; »Die Abenteuer des Majors Glöckchen«; »Balladenchronik«).

LOEBEN, OTTO HEINRICH GRAF VON, geb. 1786 in Dresden, gest. 1825 ebenda; Sohn eines sächsischen Ministers, studierte in Wittenberg und Heidelberg; Freundschaft mit Eichendorff, Görres, Arnim, Brentano; lebte in Wien, Dresden und bei seiner Mutter in Görlitz, wurde wegen eines Gehirnleidens von Justinus Kerner magnetisch behandelt. Veröffentlichungen unter dem Pseudonym Isidorus Orientalis. Pseudoromantisch-sentimentaler Lyriker, Erzähler und Dramatiker (»Blätter aus dem Reisebüchlein eines andächtigen Pilgers«; »Der Schwan«; »Ritterehre und Minnedienst«; »Guido«).

LOERKE, OSKAR, geb. 1884 in Jungen/Westpreußen, gest. 1941 in Berlin; aus kinderreicher Bauernfamilie; Forst- und Landwirtschaftslehre; Studium der Germanistik, Philosophie, Musik und Geschichte in Berlin. 1914 Reise nach Nordafrika und Italien. Freier Schriftsteller und Dramaturg bei F. Block und seit 1917 bis zu seinem Tod Lektor bei S. Fischer in Berlin. Mitarbeiter der »Neuen Rundschau«, Entdecker und Förderer zahlreicher deutscher Dichter.

LORCA, FEDERICO GARCÍA, geb. 1898 in Fuentevaqueros/Granada, gest. 1936 in Viznar/Granada; Großbauernsohn; Schule in Almeria; Studium in Granada und Madrid. Hochbegabt und lebensfroh, reiste viel, nach New York, Kuba und Südamerika; wurde im Spanischen Bürgerkrieg von Falangisten erschossen. Eine der bedeutendsten Gestalten der modernen spanischen Literatur; Lyrik von großer Musikalität und Ausdruckskraft, wendet sich volkstümlichen Themen und der Zigeunerpoesie zu (»Romancero gitano«); bedeutender Dramatiker, Darsteller leidenschaftlicher menschlicher Konflikte (»Bluthochzeit«; »Bernarda Albas Haus«); zugleich Verfasser entzückender Kindergedichte und -geschichten; schrieb auch Schwänke und Puppenspiele.

MANN, THOMAS, geb. 1875 in Lübeck, gest. 1955 in Kilchberg b. Zürich; Sohn eines Getreidegroßhändlers und Lübecker Senators, Schulbesuch bis zur mittleren Reife, 1893 Übersiedlung nach München, Volontär einer Versicherungsgesellschaft, dann freier Schriftsteller. Bis 1933 vorwiegend in München, Emigration in die Schweiz, 1939 nach USA (Kalifornien). Seit 1952 in Kilchberg bei Zürich. Bedeutendster deutscher Erzähler des 20. Jahrhunderts, Verfasser zahlreicher Novellen und Erzählungen (»Der Tod in Venedig«) sowie großer Familienromane (»Die Buddenbrooks«), Bildungsromane, Zeitroma-

ne (»Der Zauberberg«), Künstler- und Schelmenromane (»Bekenntnisse des Hochstaplers Felix Krull«) bis zur Mythenparodie (»Joseph und seine Brüder«) in kunstvoll geschliffener, beziehungsreicher, teils sachlich-referierender, teils ironisierender Aussageweise.
Zuckmayers Gedicht bezieht sich auf die Schwierigkeiten der Anpassung des Emigranten Thomas Mann nach seiner Auswanderung in die Vereinigten Staaten. Die berühmte, von Gottfried Berman Fischer herausgegebene Stockholmer Gesamtausgabe der Werke Thomas Manns erschien 1938–1956.

MECKEL, CHRISTOPH, geb. 1935 in Berlin; Sohn des Schriftstellers Eberhard Meckel; er verlebte seine Kindheit in Berlin, Erfurt und Freiburg und studierte Malerei und Grafik in Freiburg und München; heute lebt er als freier Schriftsteller in Berlin und Südfrankreich. Er veröffentlichte von 1956 bis heute neben zahlreichen grafischen Zyklen Gedichtbände (»Tarnkappe«; »Hotel für Schlafwandler«; »Nebelhörner«; »Wildnisse«; »Bei Lebezeiten zu singen«; »Wen es angeht«; »Säure«), Erzählungen (»Manifest der Toten«; »Im Land der Umbranauten«; »Tullipan«; »Kranich«; »Licht«), einen Roman (»Bockshorn«) und Erinnerungen an seinen Vater (»Suchbild«). Rainer-Maria-Rilke-Preis für Lyrik 1978.

MEISTER, ERNST, geb. 1911 in Hagen-Haspe in Westfalen, gest. 15. 6. 1979 ebenda; Studium der Theologie, Philosophie, Germanistik, Kunstgeschichte. Kaufmännischer Angestellter in der väterlichen Fabrik. Soldat. Von 1960 bis zu seinem Tod freier Schriftsteller in Hagen-Haspe. Lyriker; Entwicklung einer freien Rhythmik, die von der Reduktion auf die »spröde« Aussage bestimmt ist. Naturmetaphern, religiöse Bilder (»Unterm schwarzen Schafspelz«; »Der Südwind sagte zu mir«; »Fermate«; »Zahlen und Figuren«; »Die Formel und die Stätte«; »Flut und Stein«; »Zeichen um Zeichen«; »Es kam die Nachricht«; »Wandloser Raum«); Erzähler, Dramatiker (»Ein Haus für meine Kinder«) und Hörspielautor.

MEYER, CONRAD FERDINAND, geb. 1825 in Zürich, gest. 1898 in Kilchberg b. Zürich; aus einer schweizerischen Patriziersfamilie, durch Schwermut bedroht, zunächst unter dem Einfluß der französischen Dichtung, seit 1870/71 Wendung zur deutschen Literatur. Neben Gotthelf und Keller der dritte große schweizerische Erzähler und Lyriker des 19. Jahrhunderts. Begann mit Balladen (»Zwanzig Balladen von einem Schweizer«); Verfasser historischer Erzählungen und Novellen (»Das Amulett«; »Jürg Jenatsch«; »Gustav Adolfs Page«; »Die Versuchung des Pescara«); Lyrik in einer formvollendeten, bild- und symbolhaft ausgefeilten Kunstsprache (»Romanzen und Bilder«; »Gedicht«).

MILTON, JOHN, geb. 1608 in London, gest. 1674 ebenda; Sohn eines Notars, puritanisch-humanistische Erziehung in Cambridge, zarte Natur, fühlte sich frühzeitig zum Dichter berufen. Der Bürgerkrieg in England brachte ihn zum Schweigen; als er die 1649 vollzogene Enthauptung Karls I. verteidigte, wurde er von Cromwell zum Staatssekretär ernannt. Die Rückkehr der Stuarts setzte seiner politischen Laufbahn ein Ende; als Blinder und zurückgezogen diktierte er seiner Tochter sein Lebenswerk: das Epos vom »Verlorenen Paradies«, eine Darstellung von Schöpfung und Sündenfall. In Deutschland wirkte er besonders auf Klopstock. Meisterhafte Sonette und pamphletistische Werke politischen Inhalts.

MÖRIKE, EDUARD, geb. 1804 in Ludwigsburg, gest. 1875 in Stuttgart; früh vaterlos, von der Mutter zum Theologiestudium bestimmt. Schüler der Klosterschule Urach, Theologe im Tübinger Stift, Pfarrer in Cleversulzbach bei Heilbronn; trat früh in den Ruhestand und lebte still und zurückgezogen ein von Freuden, aber auch von Leiden gekennzeichnetes Leben. Er gilt als der bedeutendste deutsche Lyriker nach Goethe; geschult an der Dichtung der Antike, der seine ganze Liebe galt, schrieb er formvollendete, makellos reine, von innerer Musikalität erfüllte Verse. Als Erzähler am ausgewogensten in spielerischen Märchen (»Das Stuttgarter Hutzelmännlein«) und der geschlossenen Novelle (»Mozart auf der Reise nach Prag«). Verfasser des romantisch-realistischen Künstlerromans »Maler Nolten«. Kongenialer Übersetzer griechischer und römischer Lyrik.

NIETZSCHE, FRIEDRICH WILHELM, geb. 1844 in Röcken bei Lützen, gest. 1900 in Weimar; Sohn eines protestantischen Pfarrers; auf Schulpforta herangebildet, schon mit 25 Jahren vor der Promotion Professor der klassischen Philologie in Basel. Freundschaft mit Jakob Burckhardt, Richard Wagner und Cosima Wagner. Nach dem Bruch mit fast allen Freunden vereinsamt in Italien und in der Schweiz (Sils Maria): 1889 geistiger Zusammenbruch, in Umnachtung gestorben. Bedeutendster Philosoph der Jahrhundertwende von maßgeblichem kulturkritischem Einfluß; bahnbrechender Überwinder der idealistischen Philosophie des 19. Jahrhunderts; zugleich sprachmächtiger Lyriker und gedankentiefer Aphoristiker (Dionysos-Dithyramben; »Also sprach Zarathustra«); gedanklich von epochemachender Wirkung auf die gesamte Literatur vom Naturalismus bis zum Expressionismus (»Die Geburt der Tragödie aus dem Geiste der Musik«; »Menschliches Allzumenschliches«; »Die fröhliche Wissenschaft«; »Jenseits von Gut und Böse«; »Der Antichrist«; »Ecce homo«; »Der Wille zur Macht«). Nietzsches Gedicht »An Goethe« (1882) bezieht sich auf die Schlußverse des »Faust« und setzt ihrer mystischen Weltinterpretation Nietzsches These von der Wiederkehr alles Gleichen im Bilde des rollenden Welttrades und die Idee des Sein und Schein mischenden Welt-Spiels entgegen.

NOSSACK, HANS ERICH, geb. 1901 in Hamburg, gest. 1977 ebenda; studierte Philologie und Jura in Jena, arbeitete dann als Fabrikarbeiter, Reisender, kaufmännischer Angestellter. Von 1933 bis 1945 Publikationsverbot. Als 1943 Hamburg in Flammen aufging, verbrannten seine Manuskripte. Seit 1956 freischaffender Schriftsteller in Aystetten bei Augsburg, Darmstadt, Frankfurt am Main und Hamburg. Erzähler, entwickelte eine eigene Spielart des Existentialismus; monologische Elemente; kühle, beherrschte, glasklare Prosa (»Interview mit dem Tode«; »Spätestens im November«; »Unmögliche Beweisaufnahme«; »Der jüngere Bruder«; »Nach dem letzten Aufstand«; »Dem unbekannten Sieger«); auch Lyriker (»Gedichte«) und Dramatiker (»Die Rotte Kain«; »Die Hauptprobe«; »Ein Sonderfall«).
Das Grundthema Nossacks ist das Verhalten des Menschen in Grenzsituationen, seine Suche nach einer rationalen Existenz und seine Bewährung »am Tage des Gerichts«. »Gesetz des Mannes: Aufrecht-Stehn im Nichts!« Aischylos ist ihm ein Beispiel hierfür.

NOVAK, HELGA M., geb. 1935 in Berlin; studierte Philosophie und Journalistik in Leipzig, heiratete 1961 nach Island, dort Arbeit in Teppichweberei und Fischfabrik; Rückkehr nach Leipzig, wo ihr 1966 die Staatszugehörigkeit der DDR aberkannt wurde. Lebt heute in West-Berlin. Sozialkritische Lyrikerin und Verfasserin von Erzählungen und Kurzprosa (»Ballade von der reisenden Anna«; »Colloquium mit vier Händen«; »Geselliges Beisammensein«; »Palisaden«; »Margarete mit dem Schrank«). Ihr erster Roman (»Die Eisheiligen«) erschien 1979.

NOVALIS (FRIEDRICH LEOPOLD FREIHERR VON HARDENBERG), geb. 1772 in Mansfeld, gest. 1801 in Weißenfels; entstammte einer thüringischen, pietistisch gestimmten Adelsfamilie, sollte Verwaltungsbeamter werden, besuchte das Gymnasium in Eisleben, studierte Jura in Jena und Leipzig, trat 1794 in Trennstädt in die kursächsische Verwaltung ein, um das Salinenwesen kennenzulernen; später Studium der Geologie und Bergassessor in Freiberg in Sachsen, zuletzt in Weißenfels. Größter frühromantischer Lyriker (»Hymnen an die Nacht«) und Erzähler des Jenaer Kreises. Erfinder des Symbols der Blauen Blume. Dichter einer magischen Traumwirklichkeit. Verfasser volkstümlicher »geistlicher Lieder« (»Wenn alle untreu werden«), allegorische Erzählungen (»Die Jünglinge zu Sais«), lieferte mit seinem fragmentarischen Bildungsroman »Heinrich von Ofterdingen« ein Gegenstück zum bürgerlichen »Wilhelm Meister«, trat für ein katholisch geeintes Abendland ein (»Die Christenheit oder Europa«); Autor kulturphilosophischer Schriften (»Blütenstaub« in der Zeitschrift »Athenäum«).
Bedeutend wurde für Novalis die Freundschaft mit Tieck. Am 6. 8. 1799 schrieb er ihm: »Deine Bekanntschaft hebt ein neues Buch in

meinem Leben an. Du scheinst mir jeden in der Blüte zu berühren und verwandt zu sein.« Im gleichen Jahr entstand das Gedicht »An Tieck«. Die Wörter *Mysterium* und *Morgenröte* sind Anspielungen auf Schriften Jacob Böhmes.

OSWALD VON WOLKENSTEIN, geb. 1377 auf Schloß Schöneck/Pustertal, gest. 1445 auf Burg Hauenstein/Schlern; Sproß der Südtiroler Adelsfamilie Vilanders, die sich nach einem ihrer Sitze, der Burg Wolkenstein im Grödnertal, benannte. Verlor durch Unfall in früher Jugend sein rechtes Auge, verließ als Zehnjähriger das Elternhaus und zog abenteuernd in vielen Ländern Europas umher. Wegen Erbstreitigkeiten durch seine Geliebte in den Kerker gelockt, nach Urfehdeschwur freigelassen. Südtiroler Ritter und Dichter von vitaler Kraft und starker Leidenschaftlichkeit, durch den der Minnesang, wenn auch nicht mehr auf der hohen Stufe von einst, in frischer, derber Sinnlichkeit und volkstümlicher Lebensnähe noch einmal zu einem letzten Glanz kommt.

PARINI, GIUSEPPE, geb. 1729 in Bosisio/Brianza, gest. 1799 in Mailand, entstammte einer Bauernfamilie; Priester, Hofmeister bei Adelsfamilien, Literaturprofessor und Schulinspektor. Geißelte in seinen Dichtungen das leere, verlogene, korrupte Leben der Mailänder Adelswelt und übte starke Kritik an den Mißständen seiner Zeit; Repräsentant des Neoklassizismus des 18. Jahrhunderts. Platen, selbst Schöpfer formstrenger Gedichte, bewundert die formvollendeten, von hoher sprachlicher Schönheit gekennzeichneten Dichtungen Parinis.

PAUL, JEAN (eig. Jean Paul Friedrich Richter), geb. 1763 in Wunsiedel, gest. 1825 in Bayreuth; Sohn eines Lehrers, Gymnasium in Hof, Studium in Leipzig, Hauslehrer, bis zum Tode seiner Mutter in Hof, später wechselnde Aufenthaltsorte. Große Romane in zum Teil barokkem Stil, deren Sprachspielereien, Metaphern und Bilder den Zugang zu der eigentlichen Thematik seiner Werke oft erschweren. Auf diese Schwierigkeit bezieht sich Grillparzers Epigramm.

PAVESE, CESARE, geb. 1908 in Stefano Belbo/Cuneo, gest. 1950 in Turin; Beamtensohn, Studium der Literatur, Lehrer, Lektor, 1935 wegen seiner politischen Gesinnung nach Kalabrien verbannt. Verfasser von Gedichten und Erzählungen, die sich auf seine Kindheit in Turin beziehen; dann von einer pessimistischen Grundeinstellung getragene Kurzromane (»Der schöne Sommer«; »Die einsamen Frauen«; »Die Verbannung«; »Das Haus auf der Höhe«; »Junger Mond«; »Der Teufel auf den Hügeln«), deren Gestalten stets voller Sensibilität und Skepsis sind; beging in tiefer Resignation Selbstmord in einem Turiner Hotel.

PINDAR, geb. um 518 v. Chr. bei Theben, gest. um 438 v. Chr. in Argos; aus altadligem Geschlecht der Aigiden. Zeuge der Freiheitskämpfe der Griechen gegen die Perser, aber auch der Strafexpedition gegen Theben 479, wobei sein Haus vor der Zerstörung bewahrt blieb; es stand noch, als Alexander im Jahre 335 Theben erneut zerstörte und wurde abermals aus Pietät des Makedonenkönigs gegen den hellenischen Dichter verschont. Pindars Gesänge sind von großer Dunkelheit; seine Preislieder auf die sportlichen Sieger der griechischen Nationalspiele sind Mythen, die eine graue, abgetane Vorzeit heraufbeschwören und vergegenwärtigen sollen.

PIONTEK, HEINZ, geb. 1925 in Kreuzburg/Oberschlesien; Studium der Germanistik und Kunstgeschichte in München, Aufenthalt in Dillingen/Donau, seit 1961 in München und Riederau/Ammersee. Lyriker, Weiterführung der Naturdichtung in Verbindung mit Elementen praktischer Bestandsaufnahme; neuartige balladeske Formen, neben freier Rhythmik komplizierte Verschränkungen (»Die Furt«; »Die Rauchfahne«; »Wassermarken«; »Klartext«; »Tot oder lebendig«). Erzähler, Darstellung der menschlichen Erfahrungen in einer knappen, zurückhaltenden Prosa (»Die mittleren Jahre«; »Augenblicke unterwegs«; »Liebeserklärungen in Prosa«; »Außenaufnahmen«); Literaturkritiker und Essayist (»Männer, die Geschichte machen«); Übersetzer, Verfasser von Reiseberichten (»Helle Tage anderswo«), Herausgeber und Hörspielautor.

PLATEN, AUGUST GRAF VON, geb. 1796 in Ansbach, gest. 1835 in Syrakus; aus niedersächsisch-fränkischer Adelsfamilie, nach dem Zusammenbruch Preußens 1806 Kadettenanstalt in München, danach Studium in Würzburg und Erlangen. 1826 verließ er Deutschland, um ausschließlich in Italien zu leben: Venedig, Florenz und Syrakus. Lyriker der Nachromantik mit großer Formbegabung, meisterhafte Beherrschung antiker, romanischer und orientalischer Versmaße (Ghasel). Neben klassizistischen Gedichten politisch-satirische Lieder, stimmungsvolle historische Balladen (»Das Grab am Busento«) und Romanzen. Von Aristophanes beeinflußte satirische Literaturkomödien. Auch Versepiker und Historiker (»Geschichten aus Königreichs Neapel«).

POUND, EZRA LOOMIS, geb. 1885 in Hailey/Idaho, gest. 1972 in Venedig; in Philadelphia aufgewachsen, studierte romanische Sprachen und Literatur; Magister und Lektor, verließ die USA, ging nach Spanien, London, Paris und schließlich nach Italien, das seine Wahlheimat wurde. Im Zweiten Weltkrieg für den Faschismus tätig, 1945 wegen Hochverrats angeklagt, italienisches Militärgefängnis, durchlebte Folterzeiten, entging der Verurteilung durch ein Militärgericht nur durch Einweisung in eine Nervenheilanstalt in USA. 1958 Entlassung und

Rückkehr nach Italien. Erneuerer der Lyrik durch neuartige, chiffrenhaft dunkle »Cantos«, kosmopolitischer Anreger der modernen anglo-amerikanischen Literatur, eigenwilliger universaler Geist, von T. S. Eliot, Thornton Wilder und Ernest Hemingway als »größter Lyriker unseres Jahrhunderts« gefeiert.

PROUST, MARCEL, geb. 1871 in Auteuil, gest. 1922 in Paris; Sohn eines Arztes, Mutter reiche Jüdin, Kindheit in Paris und im Seebad Cabourg, seit dem 9. Lebensjahr asthmaleidend, daher unregelmäßiger Schulbesuch, später ohne Beruf, finanziell unabhängig. Verwöhnt, übersensibel, zog er sich auf sich selbst zurück, schilderte, durch Krankheit ans Zimmer gebunden, sein bisheriges Leben als »temps perdu« (»Auf der Suche nach der verlorenen Zeit«) und die morbide gesellschaftliche Atmosphäre des französischen Großbürgertums in einer assoziativen Aufnahme von Wahrnehmungen und Erinnerungsbildern.

RABELAIS, FRANÇOIS, geb. 1494 auf dem Weingut seines Vaters bei Chinon/Touraine, gest. 1553 in Paris; Vater Advokat; Novize im Franziskanerorden, Mönch, Benediktiner, Chorherr, Weltgeistlicher; auch Mediziner, Spitalarzt in Lyon, Arzt in Montpellier und Metz. Weite humanistische Bildung, von Daseins- und Lebensfreude erfüllt; naturverbunden und freiheitsdurstig, gegen mittelalterliche Enge und weltabgewandte Askese. Seine Werke (»Gargantua und Pantagruel«, 1535), von der Sorbonne verboten, aber sehr erfolgreich wegen der derb-sinnlichen Aussage, die urnaive Sprachlust und Wortfülle mit humanistischer Gelehrsamkeit vermischt.
Thelem: Die im »Gargantua« beschriebene utopische Abtei von Thélème mit der Ordensregel: »Tu, was dir gefällt!«

RACINE, JEAN BAPTISTE, geb. 1639 in La Ferté-Milon/Champagne, gest. 1699 in Paris; Sohn eines Anwalts, mit 3 Jahren Vollwaise. Erzogen in der Klosterschule von Port Royal, Universitätsstudium in Paris, besonders der griechischen Antike zugewandt. Frühzeitig dramatische Versuche in der Nachfolge Corneilles; die von diesem geschaffene strenge Einheit von Raum, Zeit und Handlung führte Racine zur letzten Vollendung, zeigte aber sonst im Gegensatz zu Corneille »gebrochene« Helden in menschlicher Schwäche; seine eigentliche Schöpfung ist die Liebestragödie (»Phädra«; »Andromache«; »Bérenice«); großer Erfolg des Dramas »Britannicus« 1669; wegen Intrigen gegen seine »Phädra« zieht sich Racine 12 Jahre lang von der Bühne zurück.
Platens Epigramm spricht die wesentlichsten Fakten in prägnanter Kürze an.

REINIG, CHRISTA, geb. 1926 in Berlin; Fabrikarbeiterin, Blumenbinderin, Abendabitur, Studium der Kunstgeschichte und Archäologie in

Berlin (DDR), Museumsassistentin, kehrte nach einem Aufenthalt im Westen 1964 nicht in die DDR zurück, seitdem in München. Als Lyrikerin zuerst unter dem Einfluß Brechts, balladenhafte Gedichte im Bänkelsängerton (»Ballade vom blutigen Bomme«), wendet sich gegen jede Art von Totalitätsanspruch und Konformismus. Phantasiereiche Erzählerin (»Der Traum meiner Verkommenheit«; »Drei Schiffe«; »Orion tritt aus dem Haus«); Verfasserin von Kindergeschichten (»Hantipanti«) und Hörspielen, Übersetzerin.

REINMAR VON HAGENAU (auch Reinar der Alte), geb. um 1160 im Elsaß (oder Österreich), gest. vor 1210; aus Ministerialengeschlecht, lebte wohl seit 1190 am Wiener Hof; als Hofdichter Teilnahme an einem Kreuzzug (1190). Konventioneller Minnesänger und Lehrmeister des hohen Minnesangs im 13. Jahrhundert; schuf durch Sprachbeherrschung und maßvollen Stil die vorbildlich klassische Form. Er führte den Dienst an der unerreichbaren Herrin (in seinem berühmten Loblied der Frau »So wol dir, wip, wie reine ein nam«) zu ihrem Höhepunkt.

RILKE, RAINER MARIA, geb. 1875 in Prag, gest. 1926 in Val Mont bei Montreux; Sohn eines Militär-, später Eisenbahnbeamten; besuchte die Militäranstalt St. Pölten und die Militär-Oberrealschule in Mährisch-Weißkirchen; Handelsakademie in Linz; Studium der Kunst- und Literaturgeschichte in Prag, München und Berlin. Entschluß zum reinen Dichterdasein. Reisen nach Italien und Rußland, siedelte sich in Worpswede an, dann in Paris, Privatsekretär von Rodin. Erneutes Wanderleben. Gast auf Schloß Duino der Fürstin von Thurn und Taxis. Im 1. Weltkrieg überwiegend in München, danach in der Schweiz. Starb an Leukämie.
Bedeutendster und einflußreichster deutscher Lyriker der ersten Hälfte des 20. Jahrhunderts; erschloß der Dichtung neue Bereiche des Sagbaren; erreichte seine größte Breitenwirkung mit dem »Cornet« und seinen ersten lyrischen Höhepunkt mit dem »Stundenbuch«. Ausdruck der Krise in der Begegnung mit der Existenzphilosophie Kierkegaards ist der Roman »Malte Laurids Brigge«; er fand mit dem »Duineser Elegien« und den »Sonetten an Orpheus« zu einem neuen positiven Weltbild. Durch seine Sprach- und Formbegabung meisterhafter Übersetzer.

RIMBAUD, JEAN ARTHUR, geb. 1854 in Charleville/Ardennen, gest. 1891 in Marseille; nach Trennung der Eltern von der sehr religiösen, strengen Mutter erzogen; genial frühreifer Verfasser visionärer dithyrambischer Verse, begann mit 15 Jahren zu dichten (»Das trunkene Schiff«), reiste mit Verlaine, der voll Haß-Liebe in Brüssel mit einem Revolver auf ihn schoß und ihn schwer verwundete. Nach dem Bruch der Freundschaft unstetes Wanderleben. Ab 1874 endgültiger Verzicht auf literarische Aktivität. Als Hauslehrer, holländischer Kolonialsoldat, Dolmetscher einer Zirkustruppe, Handelsvertreter, Agent im Waffenhandel vagabundierte er über Java und Skandinavien, gichtkrank und vom Fieber gepackt, nach Zypern, Arabien, Abessinien, Ägypten. Vorläufer und Wegbereiter des Symbolismus und der Dekadenz. Erstaunliche Virtuosität in der poetischen Technik. Seine Dichtung ist Ausdruck eines sentimentalen und intellektuellen Nihilismus; Ablehnung der bestehenden Welt- und Gesellschaftsordnung. Mit den »Illuminations« schafft er einen Wendepunkt der französischen Lyrik.

RUDOLF VON EMS, geb. um 1200 in Hohenems/Vorarlberg, gest. zwischen 1250 und 1254 auf einem Italienzug unter Konrad IV. Ministeriale der Herren von Montfort; von hoher literarischer Bildung. Epigone besonders Gottfrieds von Straßburg und Wolframs von Eschenbach. In der Nachfolge Gottfrieds bettete auch er in seine Epen, so in das Versepos »Alexander«, »Dichterkataloge« ein.

RÜCKERT, FRIEDRICH, geb. 1788 in Schweinfurt/Franken, gest. 1866 in Neuseß/Coburg; Vater Rentamtmann bäuerlicher Herkunft; Studium der Philosophie und Rechtswissenschaften in Würzburg und Heidelberg; Habilitation in Jena; 1812 Gymnasiallehrer in Hanau, Privatgelehrter in Würzburg und Wien; Professor für orientalische Sprachen in Erlangen und Berlin, zog sich 1848 auf sein Familiengut zurück. Ungemein produktiver Dichter von Kriegs-, Liebes- und Kinderliedern. Nachdichter und Übersetzer orientalischer Lyrik, angeregt durch Goethes »West-östlichen Divan« (1819). Das Gedicht »Östliche Rosen« entstand 1822.

RÜHMKORF, PETER, geb. 1929 in Dortmund; Oberschule in Stade, Studium in Hamburg. Redakteur, Kritiker und Lektor, lebt als freier Schriftsteller in Hamburg. Lyriker und Essayist, parodiert und glossiert den »ewigen Vorrat deutscher Poesie« (»Irdisches Vergnügen in g.«; »Gemischtes Doppel«; »Die Jahre, die ihr kennt«; »Über das Volksvermögen«; »Strömungslehre«; »Haltbar bis Ende 1999«; »Auf Wiedersehn in Kenilworth«); Dramatiker (»Lombard gibt den letzten«; »Die Handwerker kommen«), stellt die Mechanismen eines wildwuchernden Kapitalismus und einer nicht mehr humanen Umgebung dar; Herausgeber von Texten der Sub- und Gegenkultur; Verfasser literarkritischer Schriften.

SACHS, HANS, geb. 1494 in Nürnberg, gest. 1576 ebenda, Sohn eines Schuhmachers; seit 1509 Schusterlehrling, dann Schuhmachermeister, zugleich Poet und Meistersinger. Bewältigte dichterisch eine unerschöpfliche Stoffülle, der er in 6000 Schwänken, Fastnachtsspielen, Spruchgedichten, Meisterliedern usw. mit handwerklicher Gestaltungskraft und volkstümlichem Humor Ausdruck gab, wobei er besonders biblische, historische, soziale und allgemein-menschliche Themen berücksichtigte.

SACHS, NELLY, geb. 1891 in Berlin, gest. 1970 in Stockholm; Jugendzeit in Berlin, 1940 kurz vor ihrer »Verschickung« durch die Nationalsozialisten Emigration nach Schweden auf Veranlassung von Selma Lagerlöf, die ihr Hilfe und Unterstützung gewährte. Seitdem bis zu ihrem Lebensende in Stockholm. Nobelpreis 1966. Aus einer intensiven Beschäftigung mit alttestamentlichen Schriften, dem Chassidismus und Jakob Böhme entwickelte sie ihre Ausdrucksweise (»In den Wohnungen des Todes«); ihr Thema sind Leiden und Verfolgung des jüdischen Volkes (»Sternverdunkelung«; »Und niemand weiß weiter«; »Flucht und Verwandlung«; »Fahrt ins Staublose«). Unter dem Titel »Zeichen im Sand« wurden ihre szenischen Dichtungen gesammelt (»Nachtwache«). Verfasserin von Legenden und Erzählungen. Bedeutende Übersetzerin aus dem Schwedischen.

SAPPHO, geb. 612 v. Chr. in Eresos auf Lesbos; aus adliger Familie; verbrachte ihr Leben meist in Mytilene; Verbannung nach Sizilien, nach der Rückkehr Unterweisung junger Mädchen. Schon von ihren Zeitgenossen hochgeschätzte Lyrikerin; Opfer der Legendenbildung; erst im Humanismus wurde die große Dichterin wieder bekannt. Lieder von zarter Innigkeit und großer Gefühlstiefe, von denen allerdings nur wenige Fragmente erhalten sind.

SCHAEFER, ODA, geb. 1900 in Berlin; baltischer Herkunft, studierte Graphik und Kunstgewerbe in Berlin, lebte 1926–1931 in Liegnitz/ Schlesien, seit 1933 mit dem Schriftsteller Horst Lange verheiratet; freie Schriftstellerin und Journalistin in Berlin, Mittenwald und München. Zarte, melodiöse Erlebnislyrik von hoher Formvollendung, die das Motiv der Verführung und Verzauberung durch die unergründliche Tiefe der Natur in schwebenden Versen gestaltet (»Die Windharfe«; »Irdisches Geleit«; »Der grüne Ton«); Erzählerin (»Die Kastanienknospe«); Feuilletonistin, Hörspielautorin, Herausgeberin.

SCHEFFEL, JOSEPH VIKTOR, geb. 1826 in Karlsruhe, gest. 1886 ebenda; Sohn eines Majors und Oberbaurats, Jurastudium in München, Heidelberg und Berlin, Rechtspraktikant in Heidelberg, Säckingen und Bruchsal. Italienreise als Malerpoet, danach Wanderleben als freier Schriftsteller. Später Bibliothekar in Donaueschingen, Meersburg und auf der Wartburg. Zuletzt seelisch erkrankt in seinem Heim bei Radolfzell/Bodensee. Seinerzeit beliebter volkstümlicher Lyriker und Verfasser frisch-fröhlicher Studenten- und Kommerslieder; »Butzenscheibenpoesie«; Riesenerfolg des historischen Romans »Ekkehard« (1855).

SCHICKELE, RENÉ, geb. 1883 in Oberehnheim/Elsaß, gest. 1940 in Vence/Nizza; Sohn eines deutschen Weingutsbesitzers und einer Französin, humanistisches Gymnasium, studierte Naturwissenschaften und Philosophie, begründete den »Stürmer«; Redakteur und Lektor in Berlin; Verlagsleiter. Während des Ersten Weltkriegs in Zürich; Herausgeber der »Weißen Blätter«; von 1920–1932 in Badenweiler, danach Emigration an die Côte d'Azur. Fruchtbarer Erzähler (»Das Erbe am Rhein«), Lyriker (»Der Ritt ins Leben«) und Dramatiker (»Hans im Schnakenloch«) im Gefolge des Expressionismus, geprägt durch innerlich zwiespältiges Grenzländertum, zeitlebens Kosmopolit und Kämpfer gegen Krieg und nationale Vorurteile.
Eine gewisse geistige Verwandtschaft mit dem Elsässer Gottfried von Straßburg läßt René Schickeles innere Beziehung zu diesem Dichter verstehen.

SCHILLER, FRIEDRICH VON, geb. 1759 in Marbach, gest. 1805 in Weimar; Sohn eines Wundarztes, Besuch der Karlsschule, Medizinstudium, vollendete als Zwanzigjähriger das Schauspiel »Die Räuber« und wurde dadurch schlagartig berühmt. Flucht aus Württemberg wegen Beschränkung persönlicher und dichterischer Freiheit nach Mannheim. Dort Theaterdichter, lebte später in Dresden und Rudolfstadt; auf Veranlassung Goethes 1789 Geschichtsprofessor in Jena, seit 1794 Freundschaft mit Goethe, 1799 Übersiedlung nach Weimar. Lyriker, Dramatiker, Erzähler, Ästhetiker und Historiker; im Gegensatz zu Goethe von reflexiv-dualistischem Weltgefühl mit gedanklich sentimentalischer Grundhaltung. In seiner Reifezeit Verfasser großer Weltanschauungsgedichte, vollendeter idealistischer Jambendramen (»Don Carlos«; »Wallenstein«; »Maria Stuart«) und des Schicksalsdramas (»Die Braut von Messina«); während seine Erzählwerke meist dem Broterwerb galten (»Verbrecher aus verlorener Ehre«), legte er mit seiner Untersuchung »Über naive und sentimentalische Dichtung« den Grund für eine Typologie des dichterischen Schaffens.
Schillers Gedicht »An Goethe« ist 1800 entstanden; es rechtfertigt Goethes Bemühen, die Weimarer Bühne zu einem Welttheater zu machen, obwohl die Aufführungen der französischen klassizistischen Stücke seit Lessing verpönt waren.

SCHWEDHELM, KARL, geb. 1915 in Berlin; studierte Literatur in Berlin, dann Buchhandelslehre; 1941–1945 Soldat, danach Lektor; seit 1955 Leiter der literarischen Abteilung im Süddeutschen Rundfunk, Stuttgart, lebt in Winnenden/Württ. Lyriker (»Fährte der Fische«), Übersetzer französischer und englischer Lyrik, Hörspielautor und Kritiker.

SHAKESPEARE, WILLIAM, geb. 1564 in Stratford on Avon, gest. 1616 ebenda; Sohn eines Handschuhmachers und einer Gutsbesitzerstochter, Jugend in Stratford, heiratete 18jährig eine 8 Jahre ältere Bauerntochter, ging mit 23 Jahren nach London zum Theater, dort Schauspieler, Stückeschreiber, später selbst Teilhaber am Globe-Theater. Erwarb 1597 ein eigenes Haus in Stratford, kehrte um 1608 von London nach Stratford zurück. Zwischen seinem Frühwerk, den Königsdramen »Heinrich VI.«, »Richard III.«, und dem Alterswerk »Timon von Athen« liegt eine Fülle von Dramen, Historien, Tragödien (»Hamlet«; »Macbeth«; »König Lear«), Komödien (»Sommernachtstraum«), Tragikomödien und Märchenspielen. Wegen der Vielseitigkeit und der Vielfalt nuancierter Charakterisierungsmittel gilt Shakespeares Leistung als ein Höhepunkt der Bühnenliteratur der Welt. Aber auch seine Sonetten sind in ihrer geschliffenen Form zum Vorbild in der Dichtung geworden.

SHELLEY, PERCY BYSSHE, geb. 1792 auf dem Herrensitz Field Place in Sussex, gest. 1822 bei La Spezia; Erbe eines großen Vermögens; in Eton erzogen, wo er rebellierte, Studium in Oxford, dort wegen revolutionärer Betätigung relegiert. Entführte die 16jähr. Tochter einer Gastwirtin, heiratete sie als Neunzehnjähriger; sie ertränkte sich, als Shelley sich der Tochter des Sozialrevolutionärs William Godwin zuwendete. Er heiratete diese, kämpfte vergeblich um die Kinder aus erster Ehe, führte ein unstetes Wanderleben in Wales, Irland und im Lake District (Keswick). 1814 Flucht in die Schweiz, Freundschaft mit Lord Byron, seit 1818 lungenkrank in Italien, ertrinkt im Golf von La Spezia bei einer Bootsfahrt mit seiner Jacht »Ariel« zusammen mit seinem Freund E. Williams. Die Leichen beider werden in Gegenwart von Lord Byron am Strande verbrannt. Neben Keats auf dem protestantischen Friedhof in Rom beigesetzt. Zarte, gefühlvolle Lyrik von großer Schönheit; romantische Hingabe an die Natur, aber auch leidenschaftlicher Kampf gegen Unterdrückung und Hoffnung auf kommende Verbrüderung aller Menschen; das Faszinierende, ätherisch Bezaubernde seines Wesens (»Ein Elfengeist«) wird von allen Zeitgenossen bezeugt, ebenso seine Sehnsucht nach Freiheit, sein Streben nach Reinheit und Harmonie sowie dem Aufgehen im Kosmos.

SOLSCHENIZYN, ALEXANDER, geb. 1918 in Kislowodsk, studierte an der Universität Rostow (am Don) Mathematik und Naturwissenschaften und wurde danach Mathematiklehrer. Am Zweiten Weltkrieg nahm er als Artillerieoffizier teil und wurde mehrfach ausgezeichnet. 1945 verhaftete ihn die sowjetische Geheimpolizei in Ostpreußen. Er war acht Jahre lang im Konzentrationslager, danach drei weitere Jahre in der Verbannung. 1956 wurde er entlassen, kehrte nach Rjasan zurück und lehrte in der Höheren Schule Mathematik. Seit 1962 lebte er als freier Schriftsteller in Rjasan. Im April 1970 wurde er aus dem sowjetischen Schriftstellerverband ausgeschlossen. Im gleichen Jahr erhielt er den Nobelpreis. Am 13. Februar 1974 wurde er aus der Sowjetunion ausgewiesen und lebt heute in den Vereinigten Staaten.

SOPHOKLES, geb. um 497 v. Chr. in Kolonos, gest. um 406 v. Chr. in Athen; umfassende Ausbildung, mit vielen bedeutenden Zeitgenossen bekannt (Perikles, Herodot); hat oft hohe staatliche Ämter bekleidet; auch als Priester wird er genannt. Griechischer Tragiker; nach Aristophanes von Byzanz schrieb er 130 Dramen. Erhalten sind nur sieben Tragödien (u. a. »Antigone«, »König Ödipus«, »Elektra«) und ein Satyrspiel. Hat gegenüber Aischylos viele wichtige Neuerungen eingeführt.

STIFTER, ADALBERT, geb. 1805 in Oberplan/Böhmerwald, gest. 1868 in Linz/Donau. Sohn eines Leinewebers und Flachshändlers, von den Großeltern erzogen, besuchte das Gymnasium der Benediktinerabtei Kremsmünster, studierte in Wien, machte aus Angst kein Examen; Hauslehrer in Wiener Adelshäusern, verliebte sich unglücklich, übersiedelte 1848 nach Linz, Schulrat und Inspektor der oberösterreichischen Volksschulen, gab wegen dauernder Schwierigkeiten mit den Behörden sein Amt auf, trat als Hofrat in den Ruhestand, wurde unheilbar krank und starb kurz nach einem wegen starker Schmerzen unternommenen Selbstmordversuch. Größter österreichischer Erzähler, der sich liebevoll in das Kleine und Unscheinbare versenkt, im stillen Walten der Natur das »sanfte Gesetz« und das wahrhaft Edle und Große erkannte und die Wechselbeziehung von Mensch und Natur schicksalhaft darstellte (»Der Nachsommer«; »Bunte Steine«; »Witiko«; »Die Mappe meines Urgroßvaters«). Weil Stifter Einfachheit und seelische Ausgeglichenheit über heroische Größe und Leidenschaftlichkeit stellt, gerät der Dramatiker Friedrich Hebbel in Gegensatz zu ihm. Die verhaltene Leidenschaft und Dämonie, die auch Stifters Werk innewohnt, hat Hebbel nicht erkannt.

STOLBERG, GRAF FRIEDRICH LEOPOLD ZU, geb. 1750 in Bramstedt/Holstein, gest. 1819 auf Schloß Sondermühlen bei Osnabrück; genialisch-literarischer Kämpfer gegen Fürstenwillkür und Tyrannenmacht, dem »Göttinger Hain« und Kreis der Stürmer und Dränger zugehörig, Verehrer des jungen Goethe als Verfasser des »Werther«. Er und sein Bruder Christian ritten gemeinsam mit Goethe im Wertherkostüm in die Schweiz. Ihre Begeisterung galt vor allem den Griechen; Friedrich Leopold zu Stolberg übersetzte bereits 1778 – drei Jahre vor Johann Heinrich Voß – Homers »Ilias« und die Tragödien des Aischylos. Das Gedicht »Homer« entstand 1776.

STRINDBERG, AUGUST, geb. 1849 in Stockholm, gest. 1912 ebenda; Sohn eines verarmten Dampfbootkommissionärs; schwierige Kindheit, ein Semester Medizinstudium in Upsala, dann Lehrer, Hauslehrer, Schauspielschüler. Journalist und Schriftsteller in Stockholm. 1883–86 in Frankreich und in der Schweiz, 1888 in Dänemark, 1892 in Berlin; Reise durch Europa; wirtschaftliche Not; Verfolgungswahn, seit 1899 endgültig in Stockholm. Als Dramatiker Initiator des Naturalismus mit ausgesprochenem Talent für die Gestaltung wirkungsvoller Dialoge und Szenenfolgen (»Fräulein Julie«; »Ein Traumspiel«; »Nach Damaskus«; »Gespenstersonate«; »Totentanz«); als alternder Mystiker auch Wegbereiter des Expressionismus. Schöpfer der modernen schwedischen Prosa (»Das rote Zimmer«; »Die Verheirateten«; »Inferno«); auch Lyriker; Übersetzungen aus dem Französischen, Englischen, Deutschen und Dänischen.

SZABO, WILHELM, geb. 1901 in Wien, Tischlerlehrling, Lehrerbildungsanstalt St. Pölten, dann Lehrer im niederösterreichischen Waldviertel, Oberschulrat, Hauptschuldirektor und freier Schriftsteller in Weitra/Niederösterreich. Formvollendeter, heimatverbundener Lyriker; Landschafts- und Dorfgedichte (»Das fremde Dorf«; »Im Dunkel der Dörfer«; »Herz in der Kelter«).

THEOKRIT, geb. um 310 v. Chr. in Syrakus, gest. um 250 v. Chr.; lebte auf Kos, um 275 am Hofe Hierons II. von Syrakus, lernte in Alexandrien Kallimachos kennen und bekannte sich zu dessen dichterischem Programm. Begründer der bukolischen Dichtung. Von ihm sind Idyllen und Epigramme erhalten. In der Einleitung zu seinen Theokrit-Übersetzungen kennzeichnete Eduard Mörike ihn und seine Dichtungen folgendermaßen: »Er blühte unter einer glücklichen Regierung. Seine Gedichte gehören gewiß zum Vollkommensten, was wir von klassischer Literatur irgend besitzen. Sie heißen Idyllen, worunter man nicht allein ländliche Poesien, sondern überhaupt kleine dichterische Gemälde zu verstehen hat. Darin begegnet uns die reizendste Naivität, heitere Ironie, kräftige Leidenschaft, selbst großartige Darstellung und die reichste Mannigfaltigkeit der Anschauungen.«

THOMAS, DYLAN, geb. 1914 in Swansea/Wales, gest. 1953 in New York; Sohn eines Lehrers, wurde mit 16 Jahren Journalist, ging 1934 nach London, arbeitete vor allem für die BBC, war im 2. Weltkrieg Kultur- und Dokumentarfilm-Autor, lebte seit 1949 in dem Fischerdorf Laugharne. Gilt als einer der bedeutendsten englischen Lyriker dieses Jahrhunderts; explosiver Geist, der Begriffe, Bilder und Gestalten in schier unerschöpflicher Fülle aufeinanderhäuft, so auch in dem Hörspiel »Unter dem Milchwald« (1954), an dem er zehn Jahre lang arbeitete und das in einem magischen Gemisch von Stimmen und Geräuschen Erlebnisse, Tun und Träume der Bewohner eines walisischen Fischerdorfes heraufbeschwört. Bobrowskis Gedicht spricht diese Stimmen und Gestalten an.

THÜMMEL, MORITZ AUGUST VON, geb. 1738 auf Gut Schönfeld/Sachsen, gest. 1817 in Coburg; aus sächsischem Adel, Klosterschule in Rißleben; Jura-Studium in Leipzig. Freundschaft mit Kleist und Gellert; Minister in Sachsen-Coburg-Gotha, Reisen in Österreich, den Niederlanden, Frankreich und Italien. Zog sich 1783 auf sein Gut Sonneborn zurück. Weltmännischer Rokoko-Schriftsteller mit klassischer Bildung, bekannt durch seinen Reiseroman »Reise in die Provinzen Frankreichs«; feiner Beobachter und gewandter Schilderer mit der Neigung zu halbverhüllter Sinnlichkeit; Übersetzer aus dem Französischen.

TIBULLUS, ALBIUS, geb. um 54 v. Chr., gest. 19 v. Chr.; neben Properz der bedeutendste Vertreter der römischen Elegiendichtung; allerdings sind nur sechs Elegien von ihm überliefert, in ihnen herrschen bukolische Elemente vor. Im Vorwort zu seinen Tibull-Übersetzungen sagt Mörike über ihn: »Tibullus, gewiß der liebenswürdigste Elegiker unter den Römern, war aus ritterlichem Geschlecht... Horaz, der ihn als feinen Kunstrichter hochhielt, gehörte unter seine Freunde. Man rühmt Tibulls schöne Gestalt, und er starb, tief betrauert, im frühen Mannesalter in Rom, nachdem er die letzten Lebensjahre meist in abgeschiedener Stille zugebracht hatte.
Als Dichter atmet er leidenschaftliche Liebe und eine schöne Pietät; dabei entschiedene Neigung für ländliche Zustände. Sein Lied bewegt sich unstet, rasch, seiner starken Empfindung gemäß.«

TIECK, LUDWIG, geb. 1773 in Berlin, gest. 1853 ebenda; Sohn eines Seilermeisters, Studium in Halle, Göttingen und Erlangen; 1794–99 meist in Berlin; um 1800 in Jena, Bekanntschaft mit Schlegel, Fichte, Novalis, Brentano, auch Goethe und Schiller. Seit 1801 vorwiegend in Dresden, wo er Dramaturg des Hoftheaters wird und seine berühmten Leseabende hält. 1841 von Friedrich Wilhelm IV. nach Berlin berufen. Vielseitiger, in allen Gattungen gewandter Dichter; begann als empfindsamer Erzähler (»Geschichte des Herrn William Lovell«), schrieb dann romantisierende Kunstmärchen (»Ritter Blaubart«; »Der gestiefelte Kater«; »Der blonde Eckbert«); verfaßte den Roman »Franz Sternbalds Wanderungen« und immer wieder Novellen (»Der Aufruhr in den Cevennen«). Im Alter vorwiegend Herausgeber und Übersetzer (»Don Quixote«).

TOLLER, ERNST, geb. 1893 in einem Dorf bei Bromberg, gest. 1939 in New York; Kaufmannssohn, Jurastudium in Grenoble, München und Heidelberg. Kriegsfreiwilliger im Ersten Weltkrieg, 1918 Teilnahme am Streik der Munitionsarbeiter in München und Vorstandsmitglied des Zentralrats der Arbeiter-, Bauern- und Soldatenräte Bayerns. 1919 zu 5 Jahren Festungshaft verurteilt. 1933 Emigration nach USA. Dort Selbstmord in Depression. Radikalsozialistischer expressionistischer

Dramatiker, Verfasser agitatorischer aufrüttelnder Zeitstücke (»Masse Mensch«; »Die Maschinenstürmer«; »Hinkemann«; »Hoppla, wir leben«; »Pastor Hall«); Kampf gegen die Unterdrückung des Menschen durch die Maschine, Eintreten für eine neue, humanere Menschenordnung. Auch Lyriker (»Das Schwalbenbuch«; »Weltliche Passion«) und Erzähler (»Eine Jugend in Deutschland«).

TRAKL, GEORG, geb. 1887 in Salzburg, gest. 1914 in Krakau; Sohn eines Eisenhändlers, Gymnasium Salzburg bis 7. Klasse, dann Pharmaziepraktikant. Wurde drogensüchtig. Kurzfristig Militärapotheker, 1914 Sanitätsleutnant in Galizien. Tiefe Depressionen nach der Schlacht von Grodek, starb im gleichen Jahr im Garnisonsspital zu Krakau an einer Überdosis von Drogen.
Bedeutender österreichischer Lyriker des Frühexpressionismus, dessen schwermütige Gedichte in visionärer Art Untergangs- und Todesstimmungen in einer schwer zugänglichen, dunklen Sprach- und Bilderwelt heraufbeschwören (»Herbst des Einsamen«; »Gesang der Abgeschiedenen«; »Aus goldenem Kelch«).
Die Bekanntschaft mit Else Lasker-Schüler förderte Trakls Hang zur Melancholie und Resignation und zur Flucht in eine Traumwelt.

TUMLER, FRANZ, geb. 1912 in Gries bei Bozen; Sohn eines Gymnasialprofessors, erst Lehrer, dann freier Schriftsteller. Im Zweiten Weltkrieg 1941–1945 bei der deutschen Kriegsmarine; nach dem Krieg in Altmünster/Oberösterreich, Linz und Berlin. Österreichischer Erzähler unter dem Einfluß Adalbert Stifters (»Das Tal von Lausa und Duron«; »Der Ausführende«; »Der alte Herr Lorenz«; »Heimfahrt«; »Ein Schloß in Österreich«; »Der Schritt hinüber«); feinsinniger Lyriker mit Sinn für das Kleine und Unbedeutende (»Anruf«; »Liebeslobpreisung«; »Sätze von der Donau«). Nationales Empfinden, besonders für Südtirol (»Das Land Südtirol«). Guter Schilderer von Landschaften.

UHLAND, LUDWIG, geb. 1787 in Tübingen, gest. 1862 ebenda; aus alter schwäbischer Familie, nach dem Studium 1812 Staatsdienst in Stuttgart; Landtagsabgeordneter und 1830 Professor für deutsche Sprache und Literatur in Tübingen. Nahm in romantisch-demokratischem Engagement an den parlamentarischen Verfassungskämpfen seiner Zeit teil; daneben umfangreiche Gelehrtenarbeit, Lieder- (»Der gute Kamerad«) und Balladendichtung (»Schwäbische Kunde«).
»Weh euch, ihr stolzen Hallen« ist ein Zitat aus Ludwig Uhlands Ballade »Des Sängers Fluch«.

VARNHAGEN VON ENSE, KARL AUGUST, geb. 1785 in Düsseldorf, gest. 1858 in Berlin; Arztsohn, Studium der Medizin in Berlin, Halle und Tübingen. 1809 Offizier im österreichischen Heer. 1814 Begleiter des preußischen Staatskanzlers Hardenberg zum Wiener Kongreß und nach Paris. Ministerresident in Karlsruhe. Ließ sich in Berlin nieder und hielt mit seiner Frau den berühmten literarischen Salon. Publizist, Dramatiker, Erzähler (»Deutsche Erzählungen«), Lyriker und Biograph (»Biographische Denkmale«). Verfasser von »Denkwürdigkeiten« und Tagebüchern; veröffentlichte 1823 »Goethe in Zeugnissen der Mitlebenden«.

VEGA CARPIO, LOPE FELIX DE, geb. 1562 in Madrid, gest. 1635 ebenda; Sohn eines Kunststickers, besuchte die Madrider Jesuitenschule, Universität Alcala, frühzeitig Sekretär, erlebte den Untergang der Armada mit, danach wiederum Sekretär (u. a. beim Herzog von Alba), mehrere leidenschaftliche Liebesabenteuer und Entführungen schöner Frauen, die ihm Prozesse und Verbannung eintrugen; 1613 Eintritt in den geistlichen Stand und Priesterweihe, Reue über sein wenig beispielhaftes, zügelloses Leben. Fruchtbarster und genialster Barockdichter Spaniens (etwa 1800 Dramen, u. a. »Richter von Zalamea«; »Jüdin von Toledo«), auch Epiker und Lyriker; unerschöpfliche Phantasie, Schöpfer des spanischen Nationaltheaters und zahlloser charakteristischer Typenfiguren, Motive und wirkungsvoller Theaterszenen, worauf Grillparzers Gedicht anspielt; er bewundert Lope de Vega aufs höchste und hat ihn eigentlich auch für Deutschland entdeckt.

VERGILIUS, MARO PUBLIUS, geb. 70 v. Chr. in Andes bei Mantua, gest. 19 v. Chr. in Brindisi; aus bescheidenen bäuerlichen Verhältnissen; gründliche Erziehung, verlor infolge der Landverteilung an Veteranen sein Gut, bekam es später durch Kaiser Augustus zurück, mit dem Maecenas ihn bekanntgemacht hat. Elf Jahre lang arbeitete er in Neapel zu Ehren Augustus' an der »Äneis«. Auf einer Griechenlandreise traf er Augustus in Athen, kehrte krank zurück und starb nach der Landung in Brindisi. In Neapel begraben. Gilt als der größte römische Dichter, anfangs unter dem Einfluß Catulls, dann Theokrits, schließlich eigener bukolischer Stil. Verkünder der römischen Rechts- und Gesetzesordnung als Grundlage der weltgeschichtlichen Bestimmung Roms. Weitreichende Wirkung seiner Werke zu seinen Lebzeiten und in späteren Jahrhunderten.

VILLON, FRANÇOIS (eig. de Montcorbier oder des Loges), geb. um 1430 in Paris, gest. nach 1463; Sohn armer Eltern, aufgezogen von dem reichen Kaplan Guillaume de Villon, der ihn an der Sorbonne studieren ließ. Von ihm übernahm er den Namen. Geriet in schlechte Gesellschaft, tötete im Streit einen Priester, mußte aus Paris fliehen. Führte ein wildes, zügelloses Vagantenleben, wurde wiederholt gefangengesetzt, verurteilt, amnestiert, schließlich nach einer Messerstecherei 1463 zum Tode am Galgen verurteilt, zu 10 Jahren Verbannung begnadigt, verkam irgendwo spurlos. Balladesker Stil seiner tanzliedartigen, bänkelsängerhaften Dichtungen (»Das kleine Testament«; »Das große Testament«), die Erlebnisse seines verbummelten, zuchtlosen Lebens schildern; hin- und hergerissen zwischen Extremen; voller Ironie und Zynismus, gelegentlich auch Frömmigkeit und Reue.

VOLTAIRE (eig. François-Marie Arouet), geb. 1694 in Paris, gest. 1778 ebenda; Sohn eines Notars, im Jesuitenkolleg Louis-le-Grand erzogen, führte ein von Freundschaft und Protektion des französischen Hofes begünstigtes, aber wegen seiner scharfen Zunge, seiner Kritiksucht und Frivolität äußerst bewegtes Leben; wiederholt Haft in der Bastille wegen satirischer Äußerungen, Exil in England, Flucht nach Frankreich, als Freigeist in Ungnade; 1750-1753 am Hof Friedrichs des Großen in Potsdam, seiner Polemik wegen entlassen, zog sich auf ein Landgut bei Genf zurück, führte umfangreiche Korrespondenz (14000 Briefe), 1778 in Paris als nationaler Held gefeiert, 1791 im Panthéon beigesetzt. Eine umstrittene, schillernde Persönlichkeit; der vollkommenste Vertreter der Aufklärung und Wegbereiter der französischen Revolution; wegen der Schärfe seiner Gedanken und der Eleganz seines Stils, seines »esprit« allgemein bewundert; als Kritiker aber gefürchtet und gehaßt.

VRING, GEORG VON DER, geb. 1889 in Brake/Oldenburg, gest. 1968 in München; entstammte einer Seemannsfamilie, wurde nach dem Ersten Weltkrieg (amerikanische Kriegsgefangenschaft in Südfrankreich) Kunsterzieher, dann freier Schriftsteller. Realistischer Erzähler mit Themen aus Krieg, Gefangenschaft und Heimkehr (»Soldat Suhren«), später Verfasser von Unterhaltungsromanen aus Geschichte und Gegenwart (»Und wenn du willst, vergiß«) sowie stimmungsvoller Naturlyriker (»Abendfalter«; »Kleiner Faden blau«; »Die Lieder«).

WAGNER, RICHARD, geb.1813 in Leipzig, gest. 1883 in Venedig; Sohn eines Polizeiaktuars, Musikstudium in Leipzig, Chor- und Musikdirektor in Würzburg, Magdeburg, Königsberg, Riga; Hofkapellmeister in Dresden, später in München (nach vorübergehendem Aufenthalt im Ausland); Freundschaft mit Nietzsche, die aber 1872 zerbrach; heiratete 1870 Cosima von Bülow, die Tochter Franz Liszts; kurz darauf Übersiedlung nach Bayreuth, Einweihung des Festspielhauses 1876; erfolgreiche Aufführungen seiner großen Opern und Opernzyklen. Nicht nur Komponist und Musiktheoretiker, sondern auch Dichter und Lyriker, der die Texte seiner Musikdramen selbst verfaßte; stabreimende, freirhythmische Verse, altdeutscher Sprachgestaltung nachempfunden; Person und Werk heftig umstritten: teils überschwenglich bewundert, teils energisch befehdet und herabgesetzt.
Sowohl Richard Wagner wie Friedrich Hebbel haben das Nibelungenepos dramatisiert und romantisch-heroisch verbrämt auf die Bühne gebracht.

WALTHER VON DER VOGELWEIDE, geb. um 1170 in Niederösterreich, gest. um 1230, vermutlich bei Würzburg; aus besitzlosem Ministerialengeschlecht, erlernte den Minnesang von Reinmar von Hagenau, in dessen Nähe er am Wiener Hof lebte. Zog als fahrender Sänger durch Deutschland und begleitete das wechselvolle Schicksal des Reiches von 1198 bis 1228 mit kühner politischer Spruchdichtung. Etwa seit 1212 Beziehungen zu Friedrich II. von Hohenstaufen, der ihm 1220 ein kleines Lehen bei Würzburg schenkte. Walthers Teilnahme am Kreuzzug 1228 ist nicht bezeugt.
Walthers Verhältnis zu Reinmar, seinem »Lehrer«, ist von Auflehnung gegen ihn gekennzeichnet; in einem ständigen dichterischen Wettkampf sucht er ihn zu übertreffen; Reinmars Tod aber veranlaßt Walther zu dem ehrenden Nachruf, in dem er ihn preist und ihm dankt.

WERFEL, FRANZ, geb. 1890 in Prag, gest. 1945 in Beverly Hills/Kalifornien; jüdischer Kaufmannssohn, Freund Max Brods und Franz Kafkas in Prag; 1910 Volontär in einem Speditionsunternehmen, dann Verlagslektor. Nach Militärdienst 1915–1917 freier Schriftsteller in Wien. Heiratete Alma Mahler, die Witwe Gustav Mahlers. Reisen nach Italien, Ägypten und Palästina. 1938 Emigration nach Frankreich, nach Besetzung durch deutsche Truppen Flucht über Lourdes (Gelübde), durch Spanien und Portugal nach Amerika.
Lyriker, Dramatiker und Erzähler mit idealistischer, von der Liebe zum Mitmenschen getragener, tiefreligiöser Grundhaltung und einem optimistischen Glauben an die »Reinheit« des Menschen. Begann als expressionistischer Lyriker (»Der Weltfreund«; »Wir sind«), ging zu spekulativer Problematik in seinen Ideendramen über (»Der Spiegelmensch«) und wendete sich dem psychologischen und historischen Realismus in seinem Erzählwerk zu (»Nicht der Mörder, der Ermordete ist schuldig«; »Der Tod des Kleinbürgers«; »Der Abiturientag«; »Die Geschwister von Neapel«) sowie Allegorien und Utopien (»Der Stern der Ungeborenen«); Neigung zum Katholizismus (»Der Weg der Verheißung«; »Der veruntreute Himmel«; »Das Lied von Bernadette«).

WERNHER DER GARTENAERE, 2. Hälfte des 13. Jahrhunderts, Fahrender unbekannter Herkunft, führte ein unstetes Wanderleben. Mittelhochdeutscher Erzähler, bekannt durch das Versepos »Meier Helmbrecht«, die älteste deutsche Dorfgeschichte über einen Bauernsohn, der trotz eindringlicher Warnungen seines Vaters nach ritterlicher Lebensführung strebt und für seinen Übermut schrecklich bestraft wird.

WEYRAUCH, WOLFGANG, geb. 1907 in Königsberg/Ostpreußen, gest. 7. 11. 1980 in Darmstadt; Sohn eines Landmessers; Jugend- und Schulzeit in Frankfurt am Main, Studium der Germanistik, Romanistik und Geschichte in Berlin; vor dem Zweiten Weltkrieg Schauspieler, 1940 bis 1945 Soldat; nach dem Krieg Redakteur, Lektor, von 1959 bis zu seinem Tod freier Schriftsteller in München und Darmstadt. Erzähler (»Auf der bewegten Erde«; »Die Feuersbrunst«; »Bericht an die Regierung«; »Mein Schiff, das heißt Taifun«; »Geschichten zum Weiterschreiben«), Hörspielautor und Lyriker mit zeitkritischer Einstellung (»Lerche und Sperber«; »An die Wand geschrieben«; »Die Spur«).

WHITMAN, WALT, geb. 1819 in West Hills/New York, gest. 1892 in Camden/New Jersey; Sohn eines Zimmermanns, Druckergehilfe und Journalist, später kleiner Beamter in Washington, endete in dürftigen Verhältnissen. Der Sänger Amerikas und der Demokratie, begründete 1855 durch seine Gedichtsammlung »Leaves of Grass« (»Grashalme«) eine neue Stiltradition freier, sehr rhythmisierter Verse hymnischer Art: eine »Stimme des Daseins«, die in impressionistischer Bildhaftigkeit persönliche Eindrücke und Erfahrungen, Lebensbezüge wiedergibt.

WIELAND, CHRISTOPH MARTIN, geb. 1733 in Oberholzheim bei Biberach, gest. 1813 in Weimar; Pastorensohn, pietistische Erziehung, Studium in Erfurt und Tübingen, Gast Bodmers in Zürich, Senator in Biberach, Philosophieprofessor in Erfurt, seit 1772 in Weimar. Repräsentativer Dichter der deutschen Aufklärung, weniger analytischer Denker als empfindungsoffener Schöngeist von großer Sprach- und Formgewandtheit, rokokohafter Grazie. Verfasser anmutiger, phantasievoller Verserzählungen (»Oberon«), mit seinem »Agathon« Begründer des modernen deutschen philosophischen Bildungsromans.

WOLFRAM VON ESCHENBACH, geb. um 1170 in Eschenbach (jetzt Wolframseschenbach) bei Ansbach/Mittelfranken, gest. nach 1220 ebenda; aus ritterlichem Ministerialengeschlecht Ostfrankens, fahrender Dichter im Dienste der Grafen von Wertheim am Main und der Herren von Dürne auf Burg Wildenberg bei Amorbach/Odenwald, wo auch Teile des »Parzival« entstanden sind; reiste an den Hof des Landgrafen Hermann von Thüringen und traf auf der Wartburg vermutlich mit Walther von der Vogelweide zusammen; später in der Steiermark, zuletzt wieder in Wertheim am Main und in Eschenbach.
Bedeutendster mittelhochdeutscher Epiker, dessen gedankenreicher, aber auch schwieriger und dunkler Stil bei seinen Zeitgenossen (vor allem bei Gottfried von Straßburg) auf Ablehnung stieß. Rudolf von Ems kennzeichnet die in sich verschlungene, fremdartige und sprunghafte (»wilde«) Art seiner Dichtungen.

WOLKEN, KARL ALFRED, geb. 1929 auf Wangerooge; lebte dort bis 1943; nach dem Zweiten Weltkrieg Tischlerlehre, Ausbildung als Schreiner;

danach zunächst in Stuttgart freier Schriftsteller, seit 1965 in Rom. Lyriker von klarem, ungebrochenem Wirklichkeitsbezug, oft mit balladeskem Einschlag (»Halblaute Einfahrt«; »Wortwechsel«; »Klare Verhältnisse«); als Erzähler an der Realität des Berufslebens orientiert (»Zahltag«) oder an vitalen Leidenschaften (»Die Schnapsinsel«); Herausgeber, Literaturkritiker, Übersetzer.

ZECH, PAUL, geb. 1881 in Briesen/Westpreußen, gest. 1946 in Buenos Aires; Sohn eines Lehrers, nach dem Studium freiwillig Bergarbeiter, später Kommunalbeamter, Redakteur, Dramaturg, Lektor und Bibliothekar in Berlin. 1933 entlassen, 1934 Emigration nach Südamerika. Gehört thematisch und auch stilistisch in die Nähe des Expressionismus. Einflüsse Rilkes und Heyms. Sozialrevolutionärer Arbeiterdichter, Anklage gegen Verstädterung und Industrialisierung (»Der Wald«). Problemtiefe Dramen, Novellen (»Der schwarze Baal«) und Romane (»Peregrins Heimkehr«) um dumpfe, schicksalhafte Geschehnisse; Hoffnung auf sozialen Umbruch. Übersetzer von Villon, Balzac, Baudelaire, Verlaine, Rimbaud, Pegny.

ZUCKMAYER, CARL, geb. 1896 in Nackenheim am Rhein, gest. 1977 in Saas-Fee/Wallis; Sohn eines Fabrikanten, seit 1900 in Mainz, Gymnasium, im Ersten Weltkrieg Soldat, Studium in Frankfurt am Main und Heidelberg, 1920 Berlin. Freier Schriftsteller und Dramaturg in Kiel, München, Berlin (Dt. Theater mit Bertolt Brecht). 1926 Henndorf bei Salzburg, wegen antifaschistischer Einstellung Emigration in die Schweiz und nach USA, Farmer und Schriftsteller. Nach Kriegsende 1947 Rückkehr nach Europa, seit 1958 in Saas-Fee/Wallis. Erfolgreichster Dramatiker nach Gerhart Hauptmann mit ausgesprochenem Sinn für plastische Menschengestaltung und bühnenwirksame Dialoge von vitaler Kraft (»Der fröhliche Weinberg«; »Schinderhannes«; »Der Hauptmann von Köpenick«; »Des Teufels General«); als Mensch wie Hauptmann voller Sinnenfreude und Lebensbejahung. Auch Verfasser bilderreicher, stimmungsvoller Geschichten und Romane (»Herr über Leben und Tod«; »Engele von Loewen«; »Die Fastnachtsbeichte«; »Salware oder die Magdalena von Bozen«); seine Lyrik zeugt von großer Sensibilität und Naturverbundenheit (»Der Baum«); Autobiographie (»Als wär's ein Stück von mir«).

Quellenverzeichnis (Ältere Autoren)

Achim von Arnim: *An Tieck* (S. 89)
Aus: A.v.A., Werke. Hrsg. von M. Jacobs, Berlin o. J.

Carl August Varnhagen von Ense: *Goethes Werke* (S. 62)
Aus: C.A.V.v.E., Denkwürdigkeiten und vermischte Schriften, Mannheim 1837

Hoffmann von Fallersleben: *Goethescher Farbenwechsel* (S. 66)
Aus: H.v.F., Gedichte und Lieder, Hamburg 1974

Ferdinand Freiligrath: *Bei Grabbes Tod* (S. 117)
Aus: F.F., Gedichte. Stuttgart (Cotta) 1861

Emanuel Geibel: *An Ludwig Achim von Arnim* (S. 94)
Aus: E.G., Werke. Hrsg. von W. Stammler, Leipzig o. J.

Johann Wilhelm Ludwig Gleim: *Lessing und Kunz und Klaus* (S. 53)
Aus: J.W.L.G., Sämtliche Werke. Hrsg. von W. Körte, Leipzig/Halberstadt 1811 bis 1813

Johann Wolfgang von Goethe: *Hans Sachsens poetische Sendung* (S. 43), *Epilog zu Schillers Glocke* (S. 72), *Lord Byron* (S. 198)
Aus: J.W.v.G., Sämtliche Werke. Hrsg. von E. Beutler, Zürich 1950

Franz Grillparzer: *Jean Paul* (S. 85), *Richard Wagner* (S. 128), *Lope de Vega* (S. 189)
Aus: F.G., Sämtliche Werke. Hrsg. von A. Sauer und R. Backmann, Wien 1937

Friedrich von Hagedorn: *Hofmann von Hofmannswaldau* (S. 51)
Aus: F.v.H., Poetische Werke, Hamburg 1800

Georg Anton von Hardenberg: *An Novalis* (S. 93)
Aus: G.A.v.H., Dichtergarten, Würzburg 1807

Friedrich Hebbel: *Lessing und seine Nachfolger* (S. 53), *Die alten Naturdichter Brockes, Geßner und ihre modernen Nachzügler wie z. B. Adalbert Stifter* (S. 54), *Goethes Biographie* (S. 62), *Schiller in seinen ästhetischen Aufsätzen* (S. 69), *Kleist* (S. 86), *Platen* (S. 104), *Ariost* (S. 188), *Shakespeare* (S. 190), *Shakespeares Testament* (S. 190)
Aus: F.H., Werke. Hrsg. von Theodor Poppe, Berlin/Leipzig o. J.

Georg Wilhelm Friedrich Hegel: *Eleusis – An Hölderlin* (S. 77)
Aus: G.W.F.H., Literarhistorisches Taschenbuch. Hrsg. von R. E. Prutz, Leipzig 1843

Georg Herwegh: *Hölderlin* (S. 76), *Ludwig Uhland* (S. 104), *Platen* (S. 105), *Heinrich Heine* (S. 111), *Zum Andenken an Georg Büchner* (S. 119), *Shelley* (S. 198)
Aus: G.H., Werke. Hrsg. von Hans-Georg Werner, Berlin und Weimar 1967

Paul Heyse: *Hebbel* (S. 122), *Voltaire* (S. 195)
Aus: P. H., Gesammelte Werke, Berlin 1895

Friedrich Hölderlin: *Sophokles* (S. 22)
Aus: F.H., Werke. Hrsg. von Friedrich Beißner, Tübingen o. J.

Abraham Gotthelf Kästner: *Voltaire's Taufe* (S. 194)
Aus: A.G.K., Gesammelte Poetische und Prosaische Werke, Berlin 1841

Gottfried Keller: *Herwegh* (S. 123)
Aus: G.K., Werke. Hrsg. von J. Keller, Zürich 1951

Heinrich von Kleist: *Herr von Goethe* (S. 62), *Voltaire* (S. 194)
Aus: H.v.K., Sämtliche Werke und Briefe. Hrsg. von H. Sembdner, München 1961

Friedrich Gottlieb Klopstock: *Gespenstergeschichte* (Voltaire) (S. 195)
Aus: F.G.K., Sämtliche Werke, Leipzig 1854

Nikolas Lenau: *Am Grabe Höltys* (S. 57)
Aus: N.L., Werke. Hrsg. von Walter Dietze, Frankfurt/M. 1971

Gotthold Ephraim Lessing: *Klopstock* (S. 52), *Grabschrift auf Voltaire 1779* (S. 195)
Aus: G.E.L., Werke. Hrsg. von J. Petersen, Berlin/Leipzig o. J.

Otto Heinrich von Loeben: *An Novalis* (S. 93)
Aus: O.H.v.L., Reisebüchlein eines andächtigen Pilgers, Mannheim 1808

Mittelhochdeutsche Dichter
Walther von der Vogelweide: *Reinmar von Hagenau* (S. 35), Gottfried von Straßburg: *Dichterkatalog: Hartmann von Aue – Heinrich von Veldeke – Reinmar von Hagenau – Walther von der Vogelweide* (S. 36), Rudolf von Ems: *Dichterkatalog: Heinrich von Veldeke – Hartmann von Aue – Wolfram von Eschenbach – Gottfried von Straßburg* (S. 39), Hugo von Trimberg: *Walther von der Vogelweide* (S. 41)
Aus: Deutsche Dichtung des Mittelalters. Hrsg. von Fr. v. der Leyen, Frankfurt/M. 1962. – Dichter über Dichter in mhd. Literatur. Hrsg. von Günther Schweikle, Tübingen 1970.

Conrad Ferdinand Meyer: *Schillers Bestattung* (S. 72), *Miltons Rache* (S. 191)
Aus: C.F.M., Sämtliche Werke. Hrsg. von H. Zeller und A. Zäch, Bern 1963

Eduard Mörike: *Theokrit* (S. 28), *Tibullus* (S. 29)
Aus: E.M., Sämtliche Werke. Hrsg. von Gerhard Baumann und S. Grosse, Stuttgart 1961

Friedrich Nietzsche: *An Goethe* (S. 67)
Aus: F.N., Werke. Kritische Gesamtausgabe. Hrsg. von G. Colli und M. Montinari, Berlin 1967

Novalis: *An Tieck* (S. 90)
Aus: N., Schriften. Hrsg. von P. Kluckhohn und R. Samuel, Stuttgart 1960

August von Platen: *Homers Odyssee* (S. 20), *Sophokles* (S. 22), *Pindar* (S. 28), *Klopstock und Horaz* (S. 52), *Goethes Romane* (S. 62), *Das Sonett an Goethe* (S. 64), *An Jean Paul* (S. 85), *Corneille* (S. 191), *Racine* (S. 193), *Voltaire* (S. 195), *Parini* (S. 196)
Aus: A.v.P., Sämtliche Werke. Hrsg. von M. Koch und E. Petzet, Leipzig o. J.

Friedrich Rückert: *Östliche Rosen – Zu Goethes West-Östlichem Diwan* (S. 65)
Aus: F.R., Gesammelte Poetische Werke. Hrsg. von H. Rückert, Frankfurt/M.
1968

Friedrich Schiller: *An Goethe* (S. 63)
Aus: F.S., Werke. Hrsg. von Arthur Kutscher, Berlin/Leipzig o. J.

Friedrich Leopold zu Stolberg: *Homer* (S. 19)
Aus: F.L.z.S., Der Göttinger Dichterbund. Hrsg. von A. Sauer, Berlin o. J.
– Der Deutsche Merkur. Hrsg. von Chr. M. Wieland, Weimar 1776

Ludwig Tieck: *An Novalis* (S. 92)
Aus: L.T., Werke. Hrsg. von M. Thalmann, München 1963 ff

Moritz August von Thümmel: *Der Leser des Horaz* (S. 29)
Aus: M.A.v.T., Sämtliche Werke, Leipzig 1854

Christoph Martin Wieland: *Goethe* (S. 61)
Aus: Ch.M.W., Werke. Hrsg. von F. Martini und W. Seiffert, München 1965–1968

Quellenverzeichnis (Neuere Autoren)

Richard Anders: *Traum vom Tod Georg Heyms* (S. 147)
Aus: R.A., Preußische Zimmer. J. G. Bläschke Verlag, Darmstadt 1975

Kurt Bartsch: *Chausseestr. 125* (S. 159)
Aus: K.B., Die Lachmaschine. Verlag Klaus Wagenbach, Berlin 1971

Gottfried Benn: *Räuber-Schiller* (S. 69), *Für Oskar Loerke* (S. 135), *Der junge Hebbel* (S. 122), *Für Klabund* (S. 142)
Aus: G.B., Gesammelte Werke in vier Bänden, Band 3. Herausgegeben von Dieter Wellershoff, München und Wiesbaden 1960. Mit freundlicher Genehmigung der Verlagsgemeinschaft Klett–Cotta, Stuttgart

Horst Bienek: *Schattengestalt* (S. 164)
Aus: Hommage für Peter Huchel. Herausgegeben von Otto Ferdinand Best. R. Piper & Co. Verlag, München 1968

Wolf Biermann: *Ermutigung* (S. 165)
Aus: W.B., Mit Marx- und Engelszungen. Verlag Klaus Wagenbach, Berlin 1968
Herr Brecht (S. 159), *Ballade auf den Dichter François Villon* (S. 184)
Aus: W.B., Die Drahtharfe. Verlag Klaus Wagenbach, Berlin 1965

Friedrich Bischoff: *Werkstatt zwischen Himmel und Erde* (S. 48), *Andreas Gryphius* (S. 51), *Das Lied der Ewigkeit* (S. 101), *Carl Hauptmann* (S. 131)
Aus: F.B., Schlesischer Psalter. Berlin 1937. Rechte beim Autor

Johannes Bobrowski: *Trauer um Jahnn* (S. 157), *Villon* (S. 184), *Joseph Conrad* (S. 204), *Dylan Thomas* (S. 212)
Aus: J.B., Sarmatische Zeit. Deutsche Verlags-Anstalt, Stuttgart 1961
Hölderlin in Tübingen (S. 82), *Brentano in Aschaffenburg* (S. 98), *Else Lasker-Schüler* (S. 133), *An Nelly Sachs* (S. 152), *Gertrud Kolmar* (S. 155), *Ode auf Thomas Chatterton* (S. 196)
Aus: J.B., Schattenland Ströme. Deutsche Verlags-Anstalt, Stuttgart 1962
An Klopstock (S. 52)
Aus: J.B., Wetterzeichen. Verlag Klaus Wagenbach, Berlin 1967
Sappho (S. 21), *Pindar* (S. 27), *Eichendorff* (S. 100), *Trakl* (S. 151), *Rabelais* (S. 188), *Proust* (S. 205)
Aus: J.B., Im Wintergesträuch. Deutsche Verlags-Anstalt, Stuttgart 1970
Nußknacker (S. 176)
Aus: J.B., Literarisches Klima. Deutsche Verlags-Anstalt, Stuttgart 1978

Heinrich Böll: *Für Peter Huchel* (S. 168)
Aus: Hommage für Peter Huchel, herausgegeben von Otto Ferdinand Best. R. Piper & Co. Verlag, München 1968

Rainer Brambach: *Brief an Hans Bender* (S. 173)
Aus: R.B., Wirf eine Münze. Diogenes Verlag AG, Zürich 1977

Felix Braun: *Auf den Tod des Dichters Georg Heym* (S. 145)
Aus: F.B., Das neue Leben. Neue Gedichte. Berlin 1912. Mit freundlicher Genehmigung von Frau Ulrike Popović.

Bertolt Brecht: *Der Schuh des Empedokles* (S. 23), *Beim Lesen des Horaz* (S. 29), *Lenz' »Hofmeister«* (S. 60), *Über Schillers Gedicht »Die Glocke«* (S. 70), *Über Schillers Gedicht »Die Bürgschaft«* (S. 70), *Über Kleists Stück »Der Prinz von Homburg«* (S. 86), *Über Nietzsches »Zarathustra«* (S. 128), *Grabschrift für Gorki* (S. 205).
Aus: B.B., Gesammelte Werke, Band 9 und 10. Suhrkamp Verlag, Frankfurt/M. 1967

Hermann Broch: *Zum Beispiel: Walt Whitman* (S. 201)
Aus: H.B., Gesammelte Werke. Suhrkamp Verlag, Frankfurt/M. 1968

Paul Celan: *Zürich, Zum Storchen* (S. 153), *In memoriam Paul Eluard* (S. 207)
Aus: P.C., Ausgewählte Gedichte. Suhrkamp Verlag, Frankfurt/M. 1975
Tübingen, Jänner (An Hölderlin) (S. 83)
Aus: P.C., Die Niemandsrose / Sprachgitter. Gedichte. Fischer Taschenbuch Verlag, Frankfurt/M. 1980

Hermann Claudius: *Matthias Claudius* (S. 54)
Aus: H.C., Zuhause. Albert Langen / Georg Müller, München 1940. Abdruck mit freundlicher Genehmigung von Frau Gisela Claudius, Grönwohld

Edwin Wolfram Dahl: *Celan in memoriam* (S. 174), *Nach dem Tod von Ingeborg Bachmann* (S. 176)
Aus: E.W.D., Gesucht wird Amfortas. Bechtle Verlag, Esslingen 1974

Richard Dehmel: *Nachruf auf Nietzsche* (S. 126)
Aus: R.D., Erlösungen. S. Fischer Verlag, Berlin 1923

Günter Eich: *Unterm Schlern* (S. 41), *Wiepersdorf, die Arnimschen Gräber* (S. 95)
Aus: G.E., Gesammelte Werke. Suhrkamp Verlag, Frankfurt/M., 1973

Erich Fried: *Empedokles* (S. 26)
Aus: E.F., Gedichte. Claasen Verlag, Düsseldorf 1968
Beim Lesen der Gesammelten Werke Bertolt Brechts (S. 160)
Aus: E.F., Die Beine der größeren Lügen. Klaus Wagenbach Verlag, Berlin 1969

Walter Helmut Fritz: *Cesare Pavese* (S. 210), *Albert Camus zum Gedenken* (S. 211)
Aus: W.H.F., Veränderte Jahre. Stuttgart 1963. Mit freundlicher Genehmigung des Autors

Stefan George: *Goethe-Tag* (S. 67), *Nietzsche* (S. 125)
Aus: St.G., Werke. Verlag Helmut Küpper vorm. Georg Bondi, München 1958

Günter Grass: *Racine läßt sein Wappen ändern* (S. 193)
Aus: G.G., Die Vorzüge der Windhühner. Hermann Luchterhand Verlag, Neuwied 1956
Goethe oder Eine Warnung an das Nationaltheater zu Mannheim (S. 68)
Aus: G.G., Gesammelte Gedichte. Hermann Luchterhand Verlag, Neuwied 1971

Walter Gross: *An Cesare Pavese* (S. 211)
Aus: W.G., Antworten. R. Piper & Co. Verlag, München 1964

Michael Guttenbrunner: *Raron* (S. 142)
Aus: M.G., Die lange Zeit. Claasen Verlag, Hamburg 1965

Peter Hacks: *Der Heine auf dem Weinbergsweg* (S. 116)
Aus: P.H., Lieder, Briefe, Gedichte.
Peter Hammer Verlag, Wuppertal 1974

Wolfgang Hädecke: *Heym* (S. 145)
Aus: W.H., Leuchtspur im Schnee. Carl Hanser Verlag, München 1963

Peter Härtling: *Hölderlin* (S. 78), *Nürtingen...* (S. 79), *Mörike* (S. 110), *Heine* (S. 113), *Kaschnitz* (S. 163), *Franz Tumler* (S. 171), *Karl Krolow* (S. 172), *Für Christa Reinig* (S. 175)
Aus: P.H., Anreden. Hermann Luchterhand Verlag, Darmstadt und Neuwied 1977
Für Günter zum Fünfzigsten (S. 178)
Mit freundlicher Genehmigung des Autors

Rolf Haufs: *Bei Johannes Bobrowski* (S. 173)
Aus: R.H., Straße nach Kohlhasenbrück. Neuwied 1962. Mit freundlicher Genehmigung des Autors

Hans-Jürgen Heise: *Der Herr Hofmeister Hölderlin* (S. 80), *Günter Eich* (S. 169)
Aus: H.-J.H., Ein bewohnbares Haus. S. Fischer Verlag, Frankfurt/M. 1968
Gottfried Benn (S. 138)
Aus: H.-J.H., Wegloser Traum. Limes Verlag, Wiesbaden 1964

Max Herrmann-Neiße: *Die Hauptmann-Menschen* (S. 130)
Aus: M.H.-N., Die Neue Rundschau, 43. Jahrgang, 1932, Heft 11. Mit freundlicher Genehmigung

Hermann Hesse: *Ode an Hölderlin* (S. 75)
Aus: H.H., Gesammelte Dichtungen. Suhrkamp Verlag, Frankfurt/M. 1969

Dieter Hoffmann: *Justinus Kerner* (S. 103)
Aus: D.H., Veduten. S. Fischer Verlag, Frankfurt/M. 1969

Hugo von Hofmannsthal: *Zu Heinrich Heines Gedächtnis* (S. 115), *Nach einer Dante-Lektüre* (S. 183)
Aus: H.v.H., Gesammelte Werke (Gedichte und lyrische Dramen). Hrsg. von H. Steiner. S. Fischer Verlag, Stockholm 1946

Hans-Egon Holthusen: *Mit Rosen in Raron* (S. 141)
Aus: H.-E.H., Hier in der Zeit. R. Riper & Co. Verlag, München 1949

Arno Holz: *Eichendorff* (S. 99), *An Gottfried Keller* (S. 124), *An Joseph Viktor von Scheffel* (S. 125), *Richard Wagner als Dichter* (S. 129)
Aus: A.H., Werke, Band V. Neuwied 1962. Mit freundlicher Genehmigung des Nachlaßverwalters Herrn Klaus M. Rarisch

Peter Huchel: *Lenz* (S. 57), *Wiepersdorf* (S. 97)
Aus: P.H., Die Sternenreuse. R. Piper & Co. Verlag, München 1967
Widmung (Für Hans Henny Jahnn) (S. 156)
Aus: P.H., Chausseen Chausseen. S. Fischer Verlag, Frankfurt/M. 1972
Alt Seidenberg (S. 47), *Gehölz (Für Heinrich Böll)* (S. 169)
Aus: P.H., Gezählte Tage. Suhrkamp Verlag, Frankfurt/M. 1972

Ernst Jandl: *rilke reimlos* (S. 140), *rilkes gewicht* (S. 141)
Aus: E. J., Gedichte. Hermann Luchterhand Verlag, Neuwied 1970 ff

Erich Jansen: *Annettes Kutsche auf Rüschhaus* (S. 106)
Aus: E. J., Aus den Briefen eines Königs. Verlag Kiepenheuer & Witsch, Köln 1963

Peter Jokostra: *Bei Proust* (S. 206), *Ode an Lorca* (S. 208)
Aus: P. J., Hinab zu den Sternen; Magische Straße. Neuwied 1960/61. Mit freundlicher Genehmigung des Autors

Erich Kästner: *Nietzsche – sein Porträt* (S. 128)
Aus: E. K., Kurz und bündig. Atrium Verlag, Zürich 1950

Hermann Kasack: *Zum 60. und 70. Geburtstag von Hermann Hesse* (S. 136)
Aus: H. K., Das ewige Dasein. Suhrkamp Verlag, Berlin und Frankfurt/M. 1949

Marie Luise Kaschnitz: *Auf Elisabeth Langgässers Begräbnis* (S. 162)
Aus: Hans Bender, Mein Gedicht ist mein Messer. München 1961
Für Peter Huchel (S. 166)
Aus: Hans Mayer (Hg.), Über Peter Huchel. edition suhrkamp 647. Suhrkamp Verlag, Frankfurt/M. 1973. Auch in: Otto F. Best (Hg.), Hommage für Peter Huchel. R. Piper & Co. Verlag, München 1968

Sarah Kirsch: *Der Droste würde ich gern Wasser reichen* (S. 105)
Aus: S. K., Zaubersprüche. Verlag Langewiesche Brandt, Ebenhausen 1974
Wiepersdorf (S. 96)
Aus: S. K., Rückenwind. Verlag Langewiesche Brandt, Ebenhausen 1974

Eckart Kleßmann: *Vergil* (S. 30)
Aus: E. K., Einhornjagd. Stuttgart 1963. Mit freundlicher Genehmigung des Autors
Percy Bysshe Shelly (S. 199)
Aus: E. K., Seestücke. Frankfurt/M. 1975. Mit freundlicher Genehmigung des Autors

Karl Krolow: *Stele für Catull* (S. 30)
Aus: K. K., Gesammelte Gedichte. Suhrkamp Verlag, Frankfurt/M. 1965

Günter Kunert: *Schillers Bett* (S. 71)
Aus: G. K., Warnung vor den Spiegeln. Carl Hanser Verlag, München 1970

Reiner Kunze: *Zuflucht noch hinter der Zuflucht* (S. 167), *Wolf Biermann singt* (S. 178), *8. Oktober 1970* (S. 213)
Aus: R. K., Zimmerlautstärke. S. Fischer Verlag, Frankfurt/M. 1972

Horst Lange: *Der Strom* (S. 148)
Aus: H. L., Gedichte aus zwanzig Jahren. R. Piper & Co. Verlag, München 1948

Else Lasker-Schüler: *Richard Dehmel* (S. 132), *Theodor Däubler* (S. 134), *Giselher dem Tiger* (S. 137), *Paul Zech* (S. 144), *Georg Trakl* (S. 150), *Franz Werfel* (S. 151), *Ernst Toller* (S. 154)
Aus: E. L.-S., Gesammelte Werke in drei Bänden, Band 1, Gedichte 1902–1943. Kösel Verlag, München 1966

Reinhard Lettau: *Der Liebhaber von Originalsprachen* (S. 177), *Interessante Begegnung* (S. 179), *Wie entsteht ein Gedicht?* (S. 179)
Aus: Immer kürzer werdende Geschichten. Carl Hanser Verlag, München 1973

Detlev von Liliencron: *An Lenau* (S. 107), *An Conrad Ferdinand Meyer* (S. 124)
Aus: D.v.L., Gesammelte Werke. Verlag Loeffler und Schuster, Berlin 1921

Oskar Loerke: *Beim Lesen Herders* (S. 56)
Aus: O.L., Gedichte. Frankfurt/M. 1959

Christoph Meckel: *Widmung an P. J. Hebel* (S. 60), *An Mörike* (S. 107)
Aus: Ch. M., Wildnisse. S. Fischer Verlag, Frankfurt/M. 1962
Meletomenus (S. 50)
Aus: Ch.M., Bei Lebzeiten zu singen. Klaus Wagenbach Verlag, Berlin 1967

Ernst Meister: *Anfang mit Pindar* (S. 27)
Aus: E.M., Zahlen und Figuren. Limes Verlag, Wiesbaden 1958

Hans Erich Nossak: *Aeschylos* (S. 22), *Kleist* (S. 87), *Kleists Totenmaske* (S. 89), *Hebbel* (S. 123), *Barlach* (S. 134), *Strindberg* (S. 202)
Aus: H.E.N., Gedichte. Wolfgang Krüger Verlag, Hamburg 1947

Helga M. Novak: *dunkle Seite Hölderlins* (S. 81)
Aus: H.M.N., Margarete mit dem Schrank. Rotbuch Verlag, Berlin 1978

Heinz Piontek: *Erscheinung eines Österreichers* (S. 111)
Aus: H.P., Klartext. Hoffmann & Campe Verlag, Hamburg 1966
Auf den Tod Hemingways (S. 209)
Aus: H.P., Gesammelte Gedichte. Hamburg 1975, Mit freundlicher Genehmigung des Autors

Rainer Maria Rilke: *An Hölderlin* (S. 84), *Zu der Zeichnung, John Keats im Tode darstellend* (S. 200), *Sonett (Auf Elisabeth Barett-Browning)* (S. 200), *Baudelaire* (S.201)
Aus: R.M.R., Sämtliche Werke. Herausgegeben von E. Zinn. Insel Verlag, Frankfurt/M. 1975

Peter Rühmkorf: *Variationen auf das »Abendlied« des Matthias Claudius* (S. 55)
Aus: P.R., Kunststücke. Rowohlt Verlag, Reinbek 1962
Auf eine Weise des Freiherrn von Eichendorff (S. 102), *Heinrich Heine-Gedenklied* (S. 116)
Aus: P.R., Gesammelte Gedichte. Rowohlt Verlag, Reinbek 1976
Lied der Benn-Epigonen (S. 138)
Aus: P.R. (und Werner Riegel), Heiße Lyrik. Limes Verlag, Wiesbaden 1956

Oda Schaefer: *Sappho* (S. 21)
Aus: O.Sch., Der grüne Ton. R. Piper & Co. Verlag, München 1973
Die Verzauberte (S. 167)
Aus: Hommage für Peter Huchel. Herausgegeben von Otto Ferdinand Best. R. Piper & Co. Verlag, München 1968

René Schickele: *Gottfried von Straßburg* (S. 38)
Aus: R.S., Die Leibwache. Verlag Paul Cassierer, Berlin 1914

Karl Schwedhelm: *Rimbaud in Luxor* (S. 202)
Aus: Personen. Hrsg. von Societätsverlag, Frankfurt/M. 1966

Wilhelm Szabo: *Wernher der Gartenaere: Meier Helmbrecht* (S. 42)
Aus: W.S., Das Herz in der Kelter. Salzburg 1954. Mit freundlicher Genehmigung des Autors

Georg von der Vring: *Grabstätte der Ricarda Huch* (S. 162)
Aus: G.v.d.V., Der Mann am Fenster. München 1964. Mit freundlicher Genehmigung von Frau Wilma von der Vring

Wolfgang Weyrauch: *Tod des Brecht* (S. 157), *Ezra Pround* (S. 206)
Aus: W.W., Die Spur. Olten 1963. Mit freundlicher Genehmigung des Autors.

Karl Alfred Wolken: *Kleists Ende* (S. 88)
Aus: Lyrik in unserer Zeit (Bremer Beiträge VI). Verlag B. C. Heye, Bremen 1964

Carl Zuckmayer: *Trinkspruch für Gerhart Hauptmann* (S. 129), *Kleine Sprüche aus der Sprachverbannung* (S. 139), *Totenlied für Klabund* (S. 143)
Aus: C.Z., Gesammelte Werke I, S. Fischer Verlag, Frankfurt/M. 1961

Bitte umblättern:

auf den nächsten Seiten informieren
wir Sie über weitere interessante
Fischer Taschenbücher.

Lyrik

Ilse Aichinger
verschenkter Rat
Gedichte. Band 5126

Vicente Aleixandre
Gesicht hinter Glas
Gedichte/Dialoge. Band 2255

Rose Ausländer
Im Atemhaus wohnen
Gedichte. Mit einem Nachwort von Jürgen Serke
Band 2189

Wolfgang Bächler
Ausbrechen
Gedichte aus 20 Jahren
Band 5127

Hans Bender (Hrsg.)
In diesem Lande leben wir
Deutsche Gedichte der Gegenwart
Band 5006

Heribert Breidenbach
Leben mit Gedichten
Epochen deutscher Lyrik vom Barock
bis zum Expressionismus
Beispiele und Interpretationen
Band 2194/in Vorbereitung

Gisela Brinker-Gabler (Hrsg.)
**Deutsche Dichterinnen vom 16. Jahrhundert
bis zur Gegenwart**
Gedichte – Lebensläufe. Band 1994

Charles Bukowski/Carl Weissner
Terpentin on the rocks
Die besten Gedichte aus der amerikanischen
Alternativpresse 1966–1977
Band 5123

Fischer Taschenbuch Verlag

Lyrik

Paul Celan
Die Niemandsrose / Sprachgitter
Gedichte. Band 2223

Das deutsche Gedicht
Vom Mittelalter bis zum 20. Jahrhundert
Band 155

Odysseas Elytis
To Axion Esti –
Gepriesen sei
Gedichte und Prosa des griechischen
Nobelpreisträgers
Band 5029

Erich Fried
Warngedichte. Band 2225

André Heller
Sie nennen mich den Messerwerfer
Lieder. Worte. Bilder
Band 1466

Stephan Hermlin
Gesammelte Gedichte. Band 5125

Erich Kästner
Die kleine Freiheit
Chansons und Prosa. Band 1807

Der tägliche Kram
Chansons und Prosa. Band 2025

Michael Krüger
Diderots Katze
Gedichte. Band 2256

Günter Kunert
Verlangen nach Bomarzo
Reisegedichte. Band 5018

Fischer Taschenbuch Verlag

Lyrik

Reiner Kunze
Zimmerlautstärke
Gedichte. Band 1934

Christoph Meckel
Säure
Gedichte. Band 5122

Edgar Neis (Hrsg.)
Gedichte über Dichter
Band 2156

Fritz Pratz (Hrsg.)
Deutsche Gedichte von 1900 bis zur Gegenwart
Band 2197

Thomas Rothschild (Hrsg.)
Von großen und kleinen Zeiten
Politische Lyrik von den Bauernkriegen
bis zur Gegenwart. Band 5124

Ralf-Rainer Rygulla (Hrsg.)
Fuck you!
Underground-Gedichte
englisch-deutsch. Band 2254

Fischer Taschenbuch Verlag

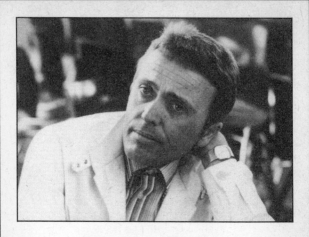

Reiner Kunze

auf eigene hoffnung
Gedichte. 112 Seiten.

Die wunderbaren Jahre
Prosa.
131 Seiten, Leinen
und Fischer Taschenbuch Band 2074

Der Film Die wunderbaren Jahre
Lesefassung des Drehbuches. Mit Original-Farb-Fotos
aus dem Film. S. Fischer Theater Film Funk Fernsehen
Originalausgabe
Fischer Taschenbuch Band 7053

Zimmerlautstärke
Gedichte.
Fischer Taschenbuch Band 1934

Der Löwe Leopold
Fast Märchen, fast Geschichten.
Fischer Taschenbuch Band 1534
Ausgezeichnet mit dem Deutschen Jugendbuchpreis.

Reiner Kunze. Materialien und Dokumente.
Herausgegeben von Jürgen P. Wallmann
239 Seiten, kartoniert

S. Fischer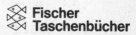

Ilse Aichinger

Meine Sprache und ich
Erzählungen
Fischer Taschenbuch Band 2081

zu keiner Stunde
Szenen und Dialoge
143 S. Ln.

verschenkter Rat
Gedichte
100 S. Ln.
(auch als Fischer Taschenbuch Band 5126 lieferbar)

schlechte Wörter
Mit einem Nachwort von Heinz F. Schafroth
»Die Dimensionen der Atemlosigkeit«.
135 S. Ln.

Die größere Hoffnung
Roman
Mit einem Nachwort von Heinz Politzer.
Fischer Bibliothek. 315 S. Geb.
Fischer Taschenbuch Band 1432

Besuch im Pfarrhaus
Ein Hörspiel. Drei Dialoge. 94 S. Kart.

Auckland
4 Hörspiele. 152 S. Brosch.

S. Fischer Verlag
Fischer Taschenbuch Verlag

„Durch die Reife des Ausdrucks und die überzeugende Menschlichkeit der Inhalte ihrer Gedichte wurde Hilde Domin, die die Lesungen im Stadttheater einleitete, einer der Mittelpunkte des Lyrikertreffens."

Münsterer Anzeiger, 21.5.79

Werkverzeichnis Hilde Domin

Lyrik

Nur eine Rose als Stütze
S. Fischer 1959,
16. Tsd. 1979

Rückkehr der Schiffe
S. Fischer 1962,
10. Tsd. 1979

Hier
S. Fischer 1964,
10. Tsd. 1979

Ich will Dich
Piper 1970, 4. Aufl.,
10. Tsd. 1980

Prosa

Das zweite Paradies
Fischer Taschenbuch,
Bd. 5001, 2. Aufl.,
15. Tsd. 1981

Von der Natur nicht vorgesehen
Serie Piper, 1974, 3. Aufl.,
15. Tsd. 1981

Theorie

Wozu Lyrik heute
Serie Piper 1968, 4. Aufl.,
16. Tsd. 1981

S. Fischer Verlag
Fischer Taschenbuch Verlag
Piper Verlag

Klassiker der Moderne

Joseph Conrad
Almayers Wahn
Roman. Bd. 2057
Der Freibeuter
Roman. Bd. 2055
**Der Nigger
von der »Narzissus«**
Eine Seemannsgeschichte
Bd. 2054
Die Rettung
Ein Roman von den Untiefen
Bd. 2058
Die Schattenlinie
Ein Bekenntnis »meiner
unauslöschlichen
Achtung würdig«
Roman. Bd. 2059
Der Verdammte der Inseln
Roman. Bd. 2056

Lion Feuchtwanger
Erfolg
Drei Jahre Geschichte einer
Provinz
Roman. Bd. 1650
Die Geschwister Oppermann
Roman. Bd. 2291
Exil
Roman. Bd. 2128
Jud Süß
Roman. Bd. 1748
**Goya oder Der arge Weg
der Erkenntnis**
Roman. Bd. 1923
**Die häßliche Herzogin
Margarete Maultasch**
Roman. Bd. 5055

Otto Flake
Es wird Abend
Bericht aus einem
langen Leben
Bd. 2272
Große Damen des Barock
Historische Porträts
Bd. 2273
**Hortense oder
Die Rückkehr nach
Baden-Baden**
Roman. Bd. 2271
Marquis de Sade
Bd. 2275

Knut Hamsun
Vagabundentage
und andere Erzählungen
Bd. 2065

Ernest Hemingway
Wem die Stunde schlägt
Roman. Bd. 408

Karl Jakob Hirsch
Kaiserwetter
Roman. Bd. 2297

Hugo von Hofmannsthal
**Das Märchen der 672. Nacht /
Reitergeschichte /
Das Erlebnis des
Marschalls von Bassompierre**
Bd. 1357
Deutsches Lesebuch
Eine Auswahl deutscher Prosa
aus dem Jahrhundert
1750–1850
Bd. 1930

Fischer Taschenbuch Verlag

Klassiker der Moderne

Hugo von Hofmannsthal
Gesammelte Werke in zehn Einzelbänden
Herausgegeben von
Bernd Schoeller
in Beratung mit Rudolf Hirsch
Bd. 2159–2168

Franz Kafka
Amerika
Roman. Bd. 132
Der Prozeß
Roman. Bd. 676
Das Schloß
Roman. Bd. 900
Das Urteil
und andere Erzählungen
Bd. 19
Beschreibung eines Kampfes
Novellen, Skizzen,
Aphorismen aus dem Nachlaß
Bd. 2066
Hochzeitsvorbereitungen auf dem Lande
und andere Prosa
aus dem Nachlaß
Bd. 2067
Sämtliche Erzählungen
Bd. 1078
Tagebücher 1910–1923
Bd. 1346

Annette Kolb
Das Exemplar
Roman. Bd. 2298
Daphne Herbst
Roman. Bd. 2299

Heinrich Mann
Zwischen den Rassen
Roman. Bd. 1812

Thomas Mann
Königliche Hoheit
Roman. Bd. 2
Der Tod in Venedig
und andere Erzählungen
Bd. 54
Herr und Hund
Ein Idyll
Bd. 85
Lotte in Weimar
Roman. Bd. 300
Bekenntnisse des Hochstaplers Felix Krull
Der Memoiren erster Teil
Bd. 639
Buddenbrooks
Verfall einer Familie
Roman. Bd. 661
Der Zauberberg
Roman. Bd. 800
Joseph und seine Brüder
Romantetralogie
3 Bände: 1183/1184/1185
Doktor Faustus
Bd. 1230
Tonio Kröger
Mario und der Zauberer
Zwei Erzählungen
Bd. 1381
Der Erwählte
Roman. Bd. 1532
Die Erzählungen
2 Bände: 1591/1592
Essays
3 Bände: Literatur. Bd. 1906
Politik. Bd. 1907. Musik und
Philosophie. Bd. 1908

Fischer Taschenbuch Verlag

Klassiker der Moderne

Arthur Schnitzler

Casanovas Heimfahrt
Erzählungen. Bd. 1343
**Gesammelte Werke
in Einzelausgaben
Das erzählerische Werk**
7 Bände: 1960–1966
Das dramatische Werk
8 Bände: 1967–1974
Jugend in Wien
Eine Autobiographie
Bd. 2068

Franz Werfel

Der Abituriententag
Roman. Bd. 1893
Die Geschwister von Neapel
Roman. Bd. 1806
Das Lied von Bernadette
Bd. 1621
Der Tod des Kleinbürgers
und andere Erzählungen
Bd. 2060
**Der veruntreute Himmel
Die Geschichte einer Magd**
Roman. Bd. 5053
**Die vierzig Tage des
Musa Dagh**
Roman. Bd. 2062
**Jeremias.
Höret die Stimme**
Roman. Bd. 2064
**Nicht der Mörder,
der Ermordete ist schuldig**
und andere Erzählungen
Bd. 5054
Stern der Ungeborenen
Ein Reiseroman
Bd. 2063
Verdi Roman der Oper
Bd. 2061

Virginia Woolf

Die Dame im Spiegel
und andere Erzählungen
Bd. 1984
Die Fahrt zum Leuchtturm
Roman. Bd. 2119
Die Jahre
Roman. Bd. 2120
Die Wellen
Roman. Bd. 2121
Ein Zimmer für sich allein
Bd. 2116
Flush
Bd. 2122
Mrs. Dalloway
Roman. Bd. 1982
Orlando
Roman. Bd. 1981
Zwischen den Akten
Roman. Bd. 1983

Carl Zuckmayer

Als wär's ein Stück von mir
Bd. 1049
Aufruf zum Leben.
Porträts und Zeugnisse
aus bewegten Zeiten
Bd. 5214
Eine Liebesgeschichte
Bd. 1560
Der Seelenbräu
Erzählung. Bd. 140
Die Fastnachtsbeichte
Bd. 1599
Herr über Leben und Tod
Erzählung. Bd. 6
Rembrandt
Ein Film
Bd. 2296

Fischer Taschenbuch Verlag

Klassiker der Moderne

Arnold Zweig
Der Streit um den Serganten Grischa
Roman. Bd. 1275
Erziehung vor Verdun
Roman. Bd. 1523
Junge Frau von 1914
Roman. Bd. 1335

Stefan Zweig
Die Hochzeit von Lyon
und andere Erzählungen
Bd. 2281
Länder, Städte, Landschaften
Bd. 2286
Menschen und Schicksale
Bd. 2285
Phantastische Nacht
Erzählungen
Bd. 5703
Schachnovelle
Bd. 1522
Ungeduld des Herzens
Roman. Bd. 1679
Verwirrung der Gefühle
und andere Erzählungen
Bd. 2129
Zeit und Welt
Bd. 2287
Drei Dichter ihres Lebens
Casanova. Stendhal. Tolstoi
Bd. 2290
Drei Meister
Balzac. Dickens. Dostojewski
Bd. 2289
Der Kampf mit dem Dämon
Hölderlin. Kleist. Nietzsche
Bd. 2282
Europäisches Erbe
Bd. 2284
Das Geheimnis des künstlerischen Schaffens
Bd. 2288
Sternstunden der Menschheit
Zwölf historische Miniaturen
Bd. 595
Die Welt von Gestern
Erinnerungen eines Europäers
Bd. 1152

Das Stefan Zweig Buch
Mit einem Nachwort
von Max von der Grün
S. Fischer 1981. 408 S. Geb.
ISBN 3-10-097034-9

Fischer Taschenbuch Verlag